Angela Davis

MULHERES, RAÇA E CLASSE

Tradução: Heci Regina Candiani

© desta edição Boitempo, 2016
© Angela Y. Davis, 1981

Tradução do original em inglês *Women, Race & Class*
(Nova York, Random House, 1981; Vintage, 1983), publicada mediante
acordo com a Random House, divisão da Penguin Random House LLC.

Direção editorial	Ivana Jinkings
Edição	Bibiana Leme
Assistência editorial	Thaisa Burani e Carolina Yassui
Tradução	Heci Regina Candiani
Preparação	Mariana Tavares
Coordenação de produção	Juliana Brandt
Assistência de produção	Livia Viganó
Capa, abertura e imagens internas	Ronaldo Alves
Diagramação	Antonio Kehl

Equipe de apoio: Allan Jones / Ana Yumi Kajiki / Artur Renzo / Eduardo Marques / Elaine Ramos / Giselle Porto / Isabella Marcatti / Ivam Oliveira / Kim Doria / Leonardo Fabri / Marlene Baptista / Maurício Barbosa / Renato Soares / Thaís Barros / Tulio Candiotto

---

CIP-BRASIL. CATALOGAÇÃO NA PUBLICAÇÃO
SINDICATO NACIONAL DOS EDITORES DE LIVROS, RJ

D292m

Davis, Angela, 1944-
    Mulheres, raça e classe / Angela Davis ; tradução Heci Regina Candiani. - 1. ed. - São Paulo: Boitempo, 2016.

    Tradução de: Women, race and class
    ISBN 978-85-7559-503-9

    1. Mulheres - Estados Unidos - História. 2. Sexo - Diferenças (Psicologia). 3. Racismo - Estados Unidos. 4. Feminismo. 5. Estados Unidos - Relações raciais. 6. Mulheres - Estados Unidos - Condições sociais. I. Candiani, Heci Regina. II. Título.

16-34484   CDD: 305.4
                                                     CDU: 316.346.2-055.2

É vedada a reprodução de qualquer parte deste livro sem a expressa autorização da editora.

1ª edição: agosto de 2016
19ª reimpressão: outubro de 2024

BOITEMPO
Jinkings Editores Associados Ltda.
Rua Pereira Leite, 373
05442-000 São Paulo SP
Tel.: (11) 3875-7250 / 3875-7285
editor@boitempoeditorial.com.br
boitempoeditorial.com.br | blogdaboitempo.com.br
facebook.com/boitempo | twitter.com/editoraboitempo
youtube.com/tvboitempo | instagram.com/boitempo

Para minha mãe, Sallye B. Davis.

Agradeço às seguintes pessoas por sua ajuda: Kendra Alexander; Stephanie Allen; Rosalyn Baxandall; Hilton Braithwaite; Alva Buxenbaum; Fania Davis; Kipp Harvey; James Jackson; Phillip McGee, reitor da Escola de Estudos Étnicos da Universidade Estadual de São Francisco; Sally McGee; Victoria Mercado; Charlene Mitchell; Toni Morrison; Eileen Ahearn; e ao Programa de Estudos sobre Mulheres da Universidade Estadual de São Francisco.

NOTAS DA EDIÇÃO

Publicado originalmente em 1981, este livro contém algumas referências a lugares, fatos e eventos que podem não existir mais nos dias que correm (como o *apartheid* na África do Sul, à época ainda em vigor).

Os colchetes explicativos ou com traduções ao longo do texto são da edição brasileira; aqueles em citações, tanto os de supressões como os de acréscimos, são da autora.

SUMÁRIO

Prefácio à edição brasileira – *Djamila Ribeiro* 11
1. O legado da escravidão: parâmetros para uma nova condição da mulher 15
2. O movimento antiescravagista e a origem dos direitos das mulheres 43
3. Classe e raça no início da campanha pelos direitos das mulheres 57
4. Racismo no movimento sufragista feminino 79
5. O significado de emancipação para as mulheres negras 95
6. Educação e libertação: a perspectiva das mulheres negras 107
7. O sufrágio feminino na virada do século: a crescente influência do racismo 117
8. As mulheres negras e o movimento associativo 133
9. Mulheres trabalhadoras, mulheres negras e a história do movimento sufragista 143
10. Mulheres comunistas 155
    Lucy Parsons 158
    Ella Reeve Bloor 160
    Anita Whitney 164
    Elizabeth Gurley Flynn 166
    Claudia Jones 171
11. Estupro, racismo e o mito do estuprador negro 177
12. Racismo, controle de natalidade e direitos reprodutivos 205
13. A obsolescência das tarefas domésticas se aproxima: uma perspectiva da classe trabalhadora 225

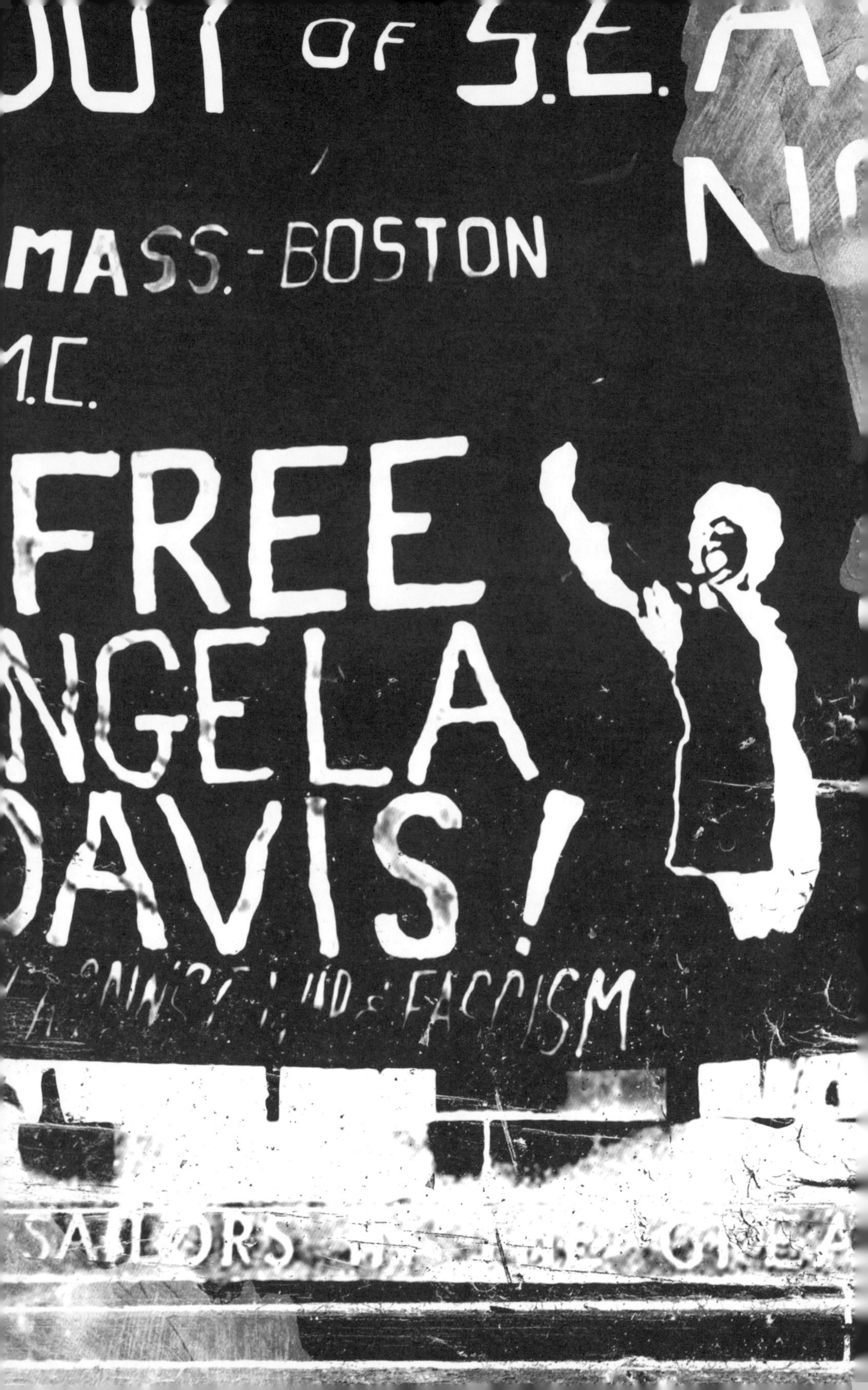

OF S.E.
MASS.-BOSTON
FREE
NGELA
AVIS!
FASCISM
SAILORS

PREFÁCIO À EDIÇÃO BRASILEIRA

Djamila Ribeiro

Angela Yvonne Davis é uma mulher à frente de seu tempo. E dizer isso não é afirmar que ela esteja desatenta às questões que afetam a sociedade em seu momento histórico; ao contrário, significa apontar o potencial revolucionário de seu pensamento, que nos inspira a pensar além e a sair do lugar-comum.

Nascida na década de 1940, no estado do Alabama, Estados Unidos, Davis mobilizou uma campanha mundial a favor de sua libertação nos anos 1970. Militante dos Panteras Negras e do Partido Comunista dos Estados Unidos, ela fora presa acusada de envolvimento em um atentado. Na época, além de pautar o debate racial de forma contundente, os Panteras Negras haviam se engajado na luta pela liberdade de três ativistas negros encarcerados: George Jackson, Fleeta Drumgo e John Clutchette – conhecidos como os "irmãos Soledad", por estarem detidos na prisão de Soledad, em Monterey, Califórnia. Numa ação que previa o sequestro de um juiz como moeda de troca pela liberdade dos rapazes, o irmão de Jackson e outros membros dos Panteras Negras interromperam um julgamento. Na troca de tiros, o juiz Harold Haley foi morto, e Davis, posteriormente, acusada de ter comprado a arma utilizada na ação.

Em razão desse evento, em agosto de 1970, o nome de Angela foi incluído na lista dos dez fugitivos mais procurados pelo FBI. Após meses escondida, a ativista e intelectual foi presa, e o mundo parou por conta da campanha conhecida como "Libertem Angela Davis", nome do documentário que conta sua história[1]. Após dezoito meses, ela foi inocentada de todas as acusações. Professora de filosofia e aluna de Herbert Marcuse, foi impedida de lecionar na Universidade da Califórnia por causa de sua ligação com o Partido Comunista, organização pela qual foi candidata a vice-presidente da República em 1980 e 1984, compondo a chapa de Gus Hall.

---

[1] O documentário, cujo título original é *Free Angela and All Political Prisoners*, foi dirigido por Shola Lynch e lançado em 2013.

Davis alia de forma brilhante academia e militância, recusando uma suposta neutralidade epistemológica. Sua obra é marcada por um pensamento que visa romper com as assimetrias sociais. A visão de ativista aguça seu olhar. Exemplo disso, *Mulheres, raça e classe* é uma obra fundamental para se entender as nuances das opressões. Começar o livro tratando da escravidão e de seus efeitos, da forma pela qual a mulher negra foi desumanizada, nos dá a dimensão da impossibilidade de se pensar um projeto de nação que desconsidere a centralidade da questão racial, já que as sociedades escravocratas foram fundadas no racismo. Além disso, a autora mostra a necessidade da não hierarquização das opressões, ou seja, o quanto é preciso considerar a intersecção de raça, classe e gênero para possibilitar um novo modelo de sociedade.

Davis apresenta o debate sobre o abolicionismo penal como imprescindível para o enfrentamento do racismo institucional. Denuncia o encarceramento em massa da população negra como mecanismo de controle e dominação. Dessa forma, questiona a ideia de que a mera adesão a uma lógica punitivista traria soluções efetivas para o combate à violência, considerando-se que o sujeito negro foi aquele construído como violento e perigoso, inclusive a mulher negra, cada vez mais encarcerada. Analisar essa problemática tendo como base a questão de raça e classe permite a Davis fazer uma análise profunda e refinada do modo pelo qual essas opressões estruturam a sociedade. Neste livro, tal discussão é sinalizada pela autora por meio de sua abordagem do sistema de contratação de pessoas encarceradas nos Estados Unidos, que já durante o período escravocrata permitia às autoridades ceder homens e mulheres negros presos para o trabalho, em uma relação direta entre escravidão e encarceramento como forma de controle social.

Nesse sentido, mesmo sendo marxista, Davis é uma grande crítica da esquerda ortodoxa que defende a primazia da questão de classe sobre as outras opressões. Em "As mulheres negras na construção de uma nova utopia", a autora destaca a importância de refletir sobre de que maneira as opressões se combinam e entrecruzam:

> As organizações de esquerda têm argumentado dentro de uma visão marxista e ortodoxa que a classe é a coisa mais importante. Claro que classe é importante. É preciso compreender que classe informa a raça. Mas raça, também, informa a classe. E gênero informa a classe. Raça é a maneira como a classe é vivida. Da mesma forma que gênero é a maneira como a raça é vivida. A gente precisa refletir bastante para perceber as intersecções entre raça, classe e gênero, de forma a perceber que

entre essas categorias existem relações que são mútuas e outras que são cruzadas. Ninguém pode assumir a primazia de uma categoria sobre as outras.[2]

A recusa a um olhar ortodoxo mantém Davis atenta às questões contemporâneas, que abarcam desde a cantora Beyoncé à crise de representatividade. A discussão feita por ela sobre representação foge de dicotomias estéreis e nos auxilia numa nova compreensão. Acredita que representação é importante, sobretudo no que diz respeito à população negra, ainda majoritariamente fora de espaços de poder. No entanto, tal importância não pode significar a incompreensão de seus limites. Para além de simplesmente ocupar espaços, é necessário um real comprometimento em romper com lógicas opressoras. Nesse sentido, acompanhar suas entrevistas é fundamental.

Davis traz as inquietações necessárias para que o conformismo não nos derrote. Pensa as diferenças como fagulhas criativas que podem nos permitir interligar nossas lutas e nos coloca o desafio de conceber ações capazes de desatrelar valores democráticos de valores capitalistas. Essa é sua grande utopia. Nessa construção, para ela, cabe às mulheres negras um papel essencial, por se tratar do grupo que, sendo fundamentalmente o mais atingido pelas consequências de uma sociedade capitalista, foi obrigado a compreender, para além de suas opressões, a opressão de outros grupos.

Mulheres, raça e classe é a tradução do conceito de interseccionalidade. Angela Davis traz um potencial revolucionário, e ler sua obra é tarefa essencial para quem pensa um novo modelo de sociedade.

São Paulo, julho de 2016

---

[2] Artigo publicado no portal Geledés – Instituto da Mulher Negra. Disponível em: <http://www.geledes.org.br/as-mulheres-negras-na-construcao-de-uma-nova-utopia-angela-davis/>.

O LEGADO DA ESCRAVIDÃO:
PARÂMETROS PARA UMA NOVA CONDIÇÃO DA MULHER

Em 1918, quando o influente acadêmico Ulrich B. Phillips declarou que a escravidão no Velho Sul* imprimiu o glorioso selo da civilização[1] nos africanos selvagens e em seus descendentes nascidos nos Estados Unidos, ele lançou as bases para um longo e acalorado debate. Com o passar das décadas e a ampliação desse debate, um historiador após o outro declarava, confiante, ter decifrado o verdadeiro sentido da "instituição peculiar"**. Em meio a toda essa atividade intelectual, porém, a situação específica das *mulheres* escravas permanecia incompreendida. As discussões incessantes sobre sua "promiscuidade sexual" ou seus pendores "matriarcais" obscureciam, mais do que iluminavam, a situação das mulheres negras durante a escravidão. Herbert Aptheker continua sendo um dos poucos historiadores a tentar criar um alicerce mais realista para a compreensão da mulher escrava[2].

---

* No original, "*Old South*", expressão usada para designar o Sul escravagista antes da Guerra Civil dos Estados Unidos (1861-1865), também chamada Guerra de Secessão. (N. T.)

[1] Ulrich Bonnell Phillips, *American Negro Slavery: A Survey of the Supply, Employment, and Control of Negro Labor as Determined by the Plantation Regime* (Nova York/Londres, D. Appleton, 1918). Ver também, do mesmo autor, o artigo "The Plantation as a Civilizing Factor", *Sewanee Review*, v. 12, jul. 1904, republicado em *The Slave Economy of the Old South: Selected Essays in Economic and Social History* (Baton Rouge, Louisiana State University Press, 1968). O trecho a seguir consta desse texto: "O estado de nosso problema é o seguinte: 1. Há um ou dois séculos, os negros eram selvagens nas florestas da África. 2. Aqueles que foram trazidos para os Estados Unidos e seus descendentes adquiriram certa soma de civilização e agora estão, em certo grau, aptos para a vida na sociedade civilizada moderna. 3. Esse progresso dos negros tem sido, em grande medida, resultado de sua associação com pessoas brancas civilizadas. 4. Uma grande massa de negros certamente permanecerá, por tempo indefinido, em meio à nação branca civilizada. O problema é: como podemos nos preparar para sua permanência pacífica e seu progresso futuro nesta nação de homens brancos, e como podemos nos defender de seus deslizes de volta à barbárie? Como uma possível solução para grande parte do problema, eu sugiro o sistema de latifúndios monocultores" (p. 83).

** Eufemismo usado nos Estados Unidos para se referir à escravidão. (N. T.)

[2] Reflexões sobre a condição especialmente difícil das escravas negras podem ser encontradas em vários livros, artigos e antologias escritos e editados por Herbert Aptheker, incluindo *American*

Durante os anos 1970, o debate sobre a escravidão ressurgiu com vigor renovado. Eugene Genovese publicou *A terra prometida*[3]. Também foram editados *The Slave Community*[4] [A comunidade escrava], de John Blassingame, o malconcebido *Time on the Cross*[5] [Tempo crucificado], de Robert Fogel e Stanley Engerman, e o monumental *The Black Family in Slavery and Freedom*[6] [A família negra na escravidão e na liberdade], de Herbert Gutman. Em reação ao ressurgimento desse debate, Stanley Elkins decidiu que era hora de publicar uma edição ampliada de seu estudo *Slavery*[7] [Escravidão], de 1959. Nessa onda de publicações, é evidente a ausência de um livro especificamente dedicado à questão das mulheres escravas. Quem, entre nós, aguardava com ansiedade uma análise séria sobre as mulheres negras durante o período da escravidão permanece, até o momento, decepcionado. Igualmente decepcionante tem sido a descoberta de que, com exceção do tema tradicionalmente debatido sobre promiscuidade *versus* casamento e sexo forçado *versus* sexo voluntário com homens brancos, os autores dessas novas obras têm dado atenção insuficiente às mulheres.

O mais esclarecedor de todos esses estudos recentes é a investigação de Herbert Gutman sobre a família negra. Ao trazer evidências documentais de que a vitalidade da família se mostrou mais forte do que os rigores desumanizantes da escravidão, Gutman destronou a tese do matriarcado negro, popularizada em 1965 por Daniel Moynihan e outros[8]. Ainda assim, como as observações que ele faz sobre as mulheres escravas são geralmente elaboradas para confirmar

---

Negro Slave Revolts (1948) (Nova York, International Publishers, 1970); *To Be Free: Studies in American Negro History* (1948) (Nova York, International Publishers, 1969); *A Documentary History of the Negro People in the United States* (1951), v. 1 (Nova York, The Citadel Press, 1969). Em fevereiro de 1948, Aptheker publicou o artigo intitulado "The Negro Woman", *Masses and Mainstream*, v. 2, n. 2.

[3] Eugene D. Genovese, *Roll, Jordan, Roll: The World the Slaves Made* (Nova York, Pantheon, 1974) [ed. bras.: *A terra prometida: o mundo que os escravos criaram*, trad. Maria Inês Rolim e Donaldson Garschagen, Rio de Janeiro, Paz e Terra, 1988].

[4] John W. Blassingame, *The Slave Community: Plantation Life in the Antebellum South* (Londres/Nova York, Oxford University Press, 1972).

[5] Robert W. Fogel e Stanley Engerman, *Time on the Cross: The Economics of Slavery in the Antebellum South* (Boston, Little, Brown & Co., 1974), 2 v.

[6] Herbert Gutman, *The Black Family in Slavery and Freedom, 1750-1925* (Nova York, Pantheon, 1976).

[7] Stanley Elkins, *Slavery: A Problem in American Institutional and Intellectual Life* (3. ed. rev., Chicago/Londres, University of Chicago Press, 1976).

[8] Ver Daniel P. Moynihan, *The Negro Family: The Case for National Action* (Washington, Ministério do Trabalho dos Estados Unidos, 1965), reeditado em Lee Rainwater e William L. Yancey, *The Moynihan Report and the Politics of Controversy* (Cambridge, MIT Press, 1967).

que elas tinham uma propensão a se tornarem esposas, fica fácil extrair disso a implicação de que elas se diferenciavam de suas congêneres brancas apenas na medida em que suas aspirações domésticas eram frustradas pelas exigências do sistema escravocrata. De acordo com Gutman, embora as normas institucionalizadas da escravidão concedessem às escravas um alto grau de liberdade sexual antes do casamento, elas terminavam por se casar e constituir famílias com base tanto em suas decisões quanto nas de seus maridos. Os argumentos convincentes e bem documentados de Gutman contra a tese do matriarcado são extremamente valiosos. Mas seu livro seria muito mais contundente se ele tivesse explorado de modo concreto o papel multidimensional das mulheres negras no interior da família e da comunidade escrava como um todo.

Se, e quando, alguém conseguir acabar, do ponto de vista histórico, com os mal-entendidos sobre as experiências das mulheres negras escravizadas, ela (ou ele) terá prestado um serviço inestimável. Não é apenas pela precisão histórica que um estudo desses deve ser realizado; as lições que ele pode reunir sobre a era escravista trarão esclarecimentos sobre a luta atual das mulheres negras e de todas as mulheres em busca de emancipação. Como leiga, posso apenas propor algumas hipóteses que talvez sejam capazes de orientar um reexame da história das mulheres negras durante a escravidão.

Proporcionalmente, as mulheres negras sempre trabalharam mais fora de casa do que suas irmãs brancas[9]. O enorme espaço que o trabalho ocupa hoje na vida das mulheres negras reproduz um padrão estabelecido durante os primeiros anos da escravidão. Como escravas, essas mulheres tinham todos os outros aspectos de sua existência ofuscados pelo trabalho compulsório. Aparentemente, portanto, o ponto de partida de qualquer exploração da vida das mulheres negras na escravidão seria uma avaliação de seu papel como trabalhadoras.

O sistema escravista definia o povo negro como propriedade. Já que as mulheres eram vistas, não menos do que os homens, como unidades de trabalho lucrativas, para os proprietários de escravos elas poderiam ser desprovidas de gênero. Nas palavras de um acadêmico, "a mulher escrava era, antes de tudo, uma trabalhadora em tempo integral para seu proprietário, e apenas ocasionalmente esposa, mãe e dona de casa"[10]. A julgar pela crescente ideologia da

---

[9] Ver W. E. B. Du Bois, "The Damnation of Women", em *Darkwater* (Nova York, Harcourt, Brace & Howe, 1920).
[10] Kenneth M. Stampp, *The Peculiar Institution: Slavery in the Antebellum South* (Nova York, Vintage, 1956), p. 343.

feminilidade do século XIX, que enfatizava o papel das mulheres como mães protetoras, parceiras e donas de casa amáveis para seus maridos, as mulheres negras eram praticamente anomalias.

Embora as mulheres negras desfrutassem de alguns duvidosos benefícios da ideologia da feminilidade, não raro presume-se que a típica escrava era uma trabalhadora doméstica – cozinheira, arrumadeira ou *mammy** na "casa-grande". Pai Tomás e Sambo sempre tiveram como companheiras fiéis Tia Jemima e *Mammy* – estereótipos que pretendem capturar a essência do papel da mulher negra durante o período de escravidão. Como em geral acontece, porém, a realidade se opõe diametralmente ao mito. Tal qual a maioria dos escravos, a maior parte das escravas trabalhava na lavoura. Embora nos estados localizados na fronteira entre o Norte e o Sul dos Estados Unidos uma quantidade significativa de escravas realizasse trabalhos domésticos, as escravas do extremo Sul – o verdadeiro núcleo do escravismo – eram predominantemente trabalhadoras agrícolas. Por volta de meados do século XIX, sete em cada oito pessoas escravizadas, tanto mulheres como homens, trabalhavam na lavoura[11].

Da mesma forma que os meninos eram enviados para o campo ao atingir certa idade, as meninas eram designadas para trabalhar o solo, coletar algodão, cortar cana, colher tabaco. Uma idosa entrevistada durante os anos 1930 descreveu sua iniciação na lavoura, durante a infância, em uma fazenda de algodão do Alabama:

> Nossas cabanas eram velhas e mal-acabadas, feitas de estacas. Algumas fendas eram tapadas com lama e musgo, outras não. Nossas camas não eram boas, só armações de estacas pregadas na parede com velhos colchões rasgados jogados por cima. Claro que era difícil dormir, mas para os nossos ossos cansados depois das longas jornadas

---

* As figuras evocadas são personagens de livros, filmes e canções que se tornaram parte do imaginário popular e passaram a personificar certos estereótipos. O nome Sambo é atribuído a um dos escravos de *A cabana do Pai Tomás* e também ao personagem do livro infantil britânico *The Story of Little Black Sambo*; na cultura popular dos Estados Unidos no século XIX, era usado como uma referência, carregada de conotações pejorativas, à figura do homem negro como preguiçoso, despreocupado e malandro, tentando se aproveitar de situações para enganar os brancos. Tia Jemima, por sua vez, vem de uma canção dos shows de variedades do século XIX ("Old Aunt Jemima", de 1875) e, posteriormente, tornou-se uma marca comercial de produtos de café da manhã, razão pela qual a expressão passou a ser usada para se referir à cozinheira negra. Já Mammy designava as mulheres negras que se incumbiam das crianças, provendo-lhes todo o cuidado de saúde, higiene e alimentação e, eventualmente, realizando outras tarefas da casa; foi também nome de uma personagem do livro *E o vento levou...*, assim como do filme nele baseado. (N. T.)

[11] Ibidem, p. 31, 49, 50 e 60.

de trabalho na lavoura, a sensação era boa. Eu cuidava das crianças quando era pequena e tentava fazer a limpeza da casa como a senhora mandava. E então, assim que fiz dez anos, o senhor disse: "Leve essa preta para aquela plantação de algodão".[12]

A experiência de Jenny Proctor era típica. A maioria das meninas e das mulheres, assim como a maioria dos meninos e dos homens, trabalhava pesado na lavoura do amanhecer ao pôr do sol. No que dizia respeito ao trabalho, a força e a produtividade sob a ameaça do açoite eram mais relevantes do que questões relativas ao sexo. Nesse sentido, a opressão das mulheres era idêntica à dos homens.

Mas as mulheres também sofriam de forma diferente, porque eram vítimas de abuso sexual e outros maus-tratos bárbaros que só poderiam ser infligidos a elas. A postura dos senhores em relação às escravas era regida pela conveniência: quando era lucrativo explorá-las como se fossem homens, eram vistas como desprovidas de gênero; mas, quando podiam ser exploradas, punidas e reprimidas de modos cabíveis apenas às mulheres, elas eram reduzidas exclusivamente à sua condição de fêmeas.

Quando a abolição do tráfico internacional de mão de obra escrava começou a ameaçar a expansão da jovem e crescente indústria do algodão, a classe proprietária de escravos foi forçada a contar com a reprodução natural como o método mais seguro para repor e ampliar a população de escravas e escravos domésticos. Por isso, a capacidade reprodutiva das escravas passou a ser valorizada. Nas décadas que precederam a Guerra Civil, as mulheres negras passaram a ser cada vez mais avaliadas em função de sua fertilidade (ou da falta dela): aquela com potencial para ter dez, doze, catorze ou mais filhos era cobiçada como um verdadeiro tesouro. Mas isso não significa que, como mães, as mulheres negras gozassem de uma condição mais respeitável do que a que tinham como trabalhadoras. A exaltação ideológica da maternidade – tão popular no século XIX – não se estendia às escravas. Na verdade, aos olhos de seus proprietários, elas não eram realmente mães; eram apenas instrumentos que garantiam a ampliação da força de trabalho escrava. Elas eram "reprodutoras" – animais cujo valor monetário podia ser calculado com precisão a partir de sua capacidade de se multiplicar.

Uma vez que as escravas eram classificadas como "reprodutoras", e não como "mães", suas crianças poderiam ser vendidas e enviadas para longe,

---

[12] Mel Watkins e Jay David (orgs.), *To Be a Black Woman: Portraits in Fact and Fiction* (Nova York, William Morrow & Co., 1970), p. 16. Citação retirada da obra de Benjamin A. Botkin (org.), *Lay My Burden Down: A Folk History of Slavery* (Chicago, University of Chicago Press, 1945).

como bezerros separados das vacas. Um ano após a interrupção do tráfico de populações africanas, um tribunal da Carolina do Sul decidiu que as escravas não tinham nenhum direito legal sobre suas filhas e filhos. Assim, de acordo com essa medida, as crianças poderiam ser vendidas e separadas das mães em qualquer idade, porque "crianças escravas [...] estão no mesmo nível de outros animais"[13].

Como mulheres, as escravas eram inerentemente vulneráveis a todas as formas de coerção sexual. Enquanto as punições mais violentas impostas aos homens consistiam em açoitamentos e mutilações, as mulheres eram açoitadas, mutiladas e também estupradas. O estupro, na verdade, era uma expressão ostensiva do domínio econômico do proprietário e do controle do feitor sobre as mulheres negras na condição de trabalhadoras.

Os abusos especialmente infligidos a elas facilitavam a cruel exploração econômica de seu trabalho. As exigências dessa exploração levavam os proprietários da mão de obra escrava a deixar de lado suas atitudes sexistas ortodoxas, exceto quando seu objetivo era a repressão. Assim como as mulheres negras dificilmente eram "mulheres" no sentido corrente do termo, o sistema escravista desencorajava a supremacia masculina dos homens negros. Uma vez que maridos e esposas, pais e filhas eram igualmente submetidos à autoridade absoluta dos feitores, o fortalecimento da supremacia masculina entre a população escrava poderia levar a uma perigosa ruptura na cadeia de comando. Além disso, uma vez que as mulheres negras, enquanto trabalhadoras, não podiam ser tratadas como o "sexo frágil" ou "donas de casa", os homens negros não podiam aspirar à função de "chefes de família", muito menos à de "provedores da família". Afinal, homens, mulheres e crianças eram igualmente "provedores" para a classe proprietária de mão de obra escrava.

Nas plantações de algodão, tabaco, milho e cana-de-açúcar, as mulheres trabalhavam lado a lado com seus companheiros. Nas palavras de um ex-escravo: "O sino toca às quatro horas da manhã e elas têm meia hora para ficar prontas. Homens e mulheres começam juntos, e as mulheres devem trabalhar com o mesmo afinco e realizar as mesmas tarefas que os homens"[14].

---

[13] Barbara Wertheimer, *We Were There: The Story of Working Women in America* (Nova York, Pantheon, 1977), p. 109.

[14] Ibidem, p. 111. Citação retirada da obra de Lewis Clarke, *Narrative of the Sufferings of Lewis and Milton Clarke, Sons of a Soldier of the Revolution* (Boston, [B. Marsh,] 1846), p. 127.

A maioria dos proprietários utilizava um sistema de cálculo do rendimento do trabalho escravo com base nas taxas médias de produtividade exigida. As crianças, assim, eram frequentemente consideradas um quarto de força de trabalho. Em geral, as mulheres eram uma força de trabalho completa – a menos que tivessem sido expressamente designadas para as funções de "reprodutoras" ou "amas de leite", casos em que às vezes sua força de trabalho era classificada como incompleta[15].

Obviamente, os proprietários buscavam garantir que suas "reprodutoras" dessem à luz tantas vezes quantas fosse biologicamente possível. Mas não iam tão longe a ponto de isentar do trabalho na lavoura as mulheres grávidas ou as mães com crianças de colo. Enquanto muitas mães eram forçadas a deixar os bebês deitados no chão perto da área em que trabalhavam, outras se recusavam a deixá-los sozinhos e tentavam trabalhar normalmente com eles presos às costas. Um ex-escravo descreveu um caso desses na fazenda em que vivia:

> Diferente de outras mulheres, uma jovem se recusou a deixar seu bebê no fim da fileira em que trabalhava e inventou uma espécie de mochila, feita de trapos de lençóis, na qual ela prendia a criança, muito pequena, nas costas; e ficava assim o dia todo, usando a enxada como os outros.[16]

Em outras fazendas, as mulheres deixavam seus bebês aos cuidados de crianças pequenas ou de escravas mais velhas, fisicamente incapazes de realizar o trabalho pesado da lavoura. Impossibilitadas de amamentar ao longo do dia, elas suportavam a dor causada pelo inchaço das mamas. Em um dos relatos mais populares do período, Moses Grandy descreve a difícil situação das escravas que eram mães:

> Na fazenda a que me refiro, as mulheres que tinham bebês em fase de amamentação sofriam muito quando suas mamas enchiam de leite, enquanto as crianças ficavam em casa. Por isso, elas não conseguiam acompanhar o ritmo dos outros: vi o feitor espancá-las com chicote de couro cru até que sangue e leite escorressem, misturados, de suas mamas.[17]

---

[15] Kenneth M. Stampp, *The Peculiar Institution*, cit., p. 57.

[16] Charles Ball, *Slavery in the United States: A Narrative of the Life and Adventures of Charles Ball, a Black Man* (Lewistown, J. W. Shugert, 1836), p. 150-1, citado em Gerda Lerner (org.), *Black Women in White America: A Documentary History* (Nova York, Pantheon, 1972), p. 48.

[17] Moses Grandy, *Narrative of the Life of Moses Grandy: Late a Slave in the United States of America* (Boston, [O. Johnson,] 1844), p. 18, citado em E. Franklin Frazier, *The Negro Family in the United States* (1939) (Chicago, University of Chicago Press, 1969).

As mulheres grávidas não apenas eram obrigadas a realizar o trabalho agrícola usual como também estavam sujeitas às chicotadas que trabalhadoras e trabalhadores normalmente recebiam se deixassem de cumprir a cota diária ou se protestassem com "insolência" contra o tratamento recebido.

> Uma mulher que diga algum desaforo enquanto trabalha no campo e que esteja em gravidez avançada é obrigada a deitar em um buraco feito para que caiba todo seu corpo e é açoitada com um chicote ou espancada com uma pá cheia de furos; a cada pancada se forma uma bolha. Uma das minhas irmãs foi punida dessa forma com tanta crueldade que o trabalho de parto se adiantou, e a criança nasceu no campo. Esse mesmo feitor, sr. Brooks, matou uma garota chamada Mary desse jeito. O pai e a mãe dela estavam na lavoura na hora.[18]

Nas lavouras e fazendas onde as grávidas eram tratadas com mais indulgência, isso raramente se devia a razões humanitárias. Simplesmente, os proprietários valorizavam uma criança escrava nascida com vida do mesmo modo que valorizavam bezerros ou potros recém-nascidos.

Na época em que começaram as primeiras tentativas de industrialização no Sul, antes da Guerra Civil, o trabalho escravo complementava o trabalho livre – e frequentemente competia com ele. Industriais que possuíam escravos empregavam homens, mulheres e crianças da mesma maneira, e quando os proprietários de terras e fazendeiros arrendavam a força de trabalho de suas escravas e escravos, percebiam que as mulheres e as crianças eram tão solicitadas quanto os homens[19].

> Mulheres e crianças constituíam grande parte da força de trabalho na maioria das fábricas de tecido, cânhamo e tabaco que utilizavam mão de obra escrava. [...] Às vezes, mulheres e crianças trabalhavam em setores mais "pesados", como a refinação de açúcar e a moagem de arroz. [...] Outras indústrias pesadas, como as de transporte e de madeira, empregavam mão de obra escrava de mulheres e crianças em número considerável.[20]

As mulheres não eram "femininas" demais para o trabalho nas minas de carvão e nas fundições de ferro, tampouco para o corte de lenha e a abertura

---

[18] Idem.
[19] Robert S. Starobin, *Industrial Slavery in the Old South* (Londres/Nova York, Oxford University Press, 1970), p. 165 e seg.
[20] Ibidem, p. 164-5.

de valas. Quando o canal Santee foi construído, na Carolina do Norte, as escravas corresponderam a 50% da força de trabalho[21]. As mulheres também trabalharam nos diques em Louisiana, e muitas linhas férreas que ainda estão em operação no Sul foram construídas, em parte, pelo trabalho das escravas[22].

O emprego de escravas como substitutas de animais de carga para puxar vagões nas minas do Sul[23] faz lembrar o modo terrível como o trabalho das mulheres brancas foi utilizado na Inglaterra, segundo a descrição de Karl Marx em *O capital*:

> Na Inglaterra, ocasionalmente ainda se utilizam, em vez de cavalos, mulheres para puxar etc. os barcos nos canais, porque o trabalho exigido para a produção de cavalos e máquinas é uma quantidade matematicamente dada, ao passo que o exigido para a manutenção das mulheres da população excedente está abaixo de qualquer cálculo.[24]

Como seus colegas britânicos, os industriais do Sul não faziam segredo das razões que os motivavam a empregar mulheres em seus empreendimentos. As escravas eram muito mais lucrativas do que os trabalhadores do sexo masculino, tanto livres quanto escravos. Seu "custo de exploração e manutenção é menor do que o de homens no auge da força"[25].

Obrigadas pelos senhores de escravos a trabalhar de modo tão "masculino" quanto seus companheiros, as mulheres negras devem ter sido profundamente

---

[21] Ibidem, p. 165.

[22] Ibidem, p. 165-6.

[23] "Fundições de ferro e minas também enviavam mulheres e crianças escravas para puxar vagões de carga e jogar o minério de ferro dentro dos trituradores e das fornalhas", ibidem, p. 166.

[24] "*In England werden gelegentlich statt der Pferde immer noch Weiber zum Ziehn usw. bei den Kanalbooten verwandt, weil die zur Produktion von Pferden und Maschinen erheischte Arbeit ein mathematisch gegebenes Quantum, die zur Erhaltung von Weibern der Surplus-population dagegen unter aller Berechnung steht*", Karl Marx, *Das Kapital: Kritik der politischen Ökonomie* (Berlim, Dietz, 1965), p. 415-6. Ed. em inglês: *Capital*, v. 1 (Nova York, International Publishers, 1968), p. 391 [ed. bras.: *O capital: crítica da economia política*, Livro I: *O processo de produção do capital*, trad. Rubens Enderle, São Paulo, Boitempo, 2013, p. 467].

[25] "Proprietários de mão de obra escrava usavam mulheres e crianças de várias maneiras a fim de aumentar a competitividade dos produtos do Sul. Primeiro, porque o custo de exploração e manutenção de mulheres e crianças escravas é menor do que o de homens no auge da força. John Ewing Calhoun, um fabricante têxtil da Carolina do Sul, calculava que o sustento de crianças escravas custava dois terços do de um escravo adulto em um moinho de algodão. Outro empresário local calculava que a diferença de custo entre uma escrava e um escravo era ainda maior do que aquela entre um escravo e um trabalhador livre. Indícios de empresas usando mulheres e crianças escravas sustentam a conclusão de que elas reduziam substancialmente os custos com mão de obra", Robert S. Starobin, *Industrial Slavery in the Old South*, cit., p. 166.

afetadas pelas vivências durante a escravidão. Algumas, sem dúvida, ficaram abaladas e destruídas, embora a maioria tenha sobrevivido e, nesse processo, adquirido características consideradas tabus pela ideologia da feminilidade do século XIX. Um viajante daquela época observou escravas e escravos que voltavam para casa após o trabalho no campo, no Mississippi, e relatou que o grupo incluía

> quarenta das maiores e mais fortes mulheres que já vi juntas; todas vestiam um uniforme simples, xadrez azulado; suas pernas estavam nuas e os pés, descalços; elas tinham uma postura altiva, cada uma com uma enxada no ombro, e caminhavam com um passo livre, firme, como soldados [*chasseurs*] em marcha.[26]

Embora seja pouco provável que essas mulheres estivessem expressando orgulho pelo trabalho realizado sob a constante ameaça do açoite, elas deviam ter consciência de seu enorme poder – sua capacidade de produzir e criar. Como diz Marx, "o trabalho é o fogo vivo, conformador; a transitoriedade das coisas, sua temporalidade, como sua conformação pelo tempo vivo"[27]. É possível, claro, que as observações desse viajante estivessem contaminadas pela variedade paternalista do racismo, mas, se não for esse o caso, essas mulheres podem ter aprendido a extrair das circunstâncias opressoras de sua vida a força necessária para resistir à desumanização diária da escravidão. A consciência que tinham de sua capacidade ilimitada para o trabalho pesado pode ter dado a elas a confiança em sua habilidade para lutar por si mesmas, sua família e seu povo.

Quando as tentativas pré-Guerra Civil de estabelecer o sistema fabril nos Estados Unidos deram espaço a uma aposta agressiva na industrialização, a experiência de realizar um trabalho produtivo foi roubada de muitas mulheres brancas. As fábricas têxteis tornaram obsoletas suas máquinas de fiar. A parafernália que usavam para fazer velas se tornou acervo de museu, assim como várias outras ferramentas que as ajudavam a produzir os artigos necessários à sobrevivência de sua família. À medida que a ideologia da feminilidade – um subproduto da industrialização – se popularizou e se disseminou por meio das novas revistas femininas e dos romances, as mulheres brancas passaram a ser vistas como habitantes de uma esfera totalmente separada do mundo do

---

[26] Frederick Law Olmsted, *A Journey in the Back Country* (Nova York, [Mason Brothers,] 1860), p. 14-5, citado em Kenneth M. Stampp, *The Peculiar Institution*, cit., p. 34.

[27] "*Die Arbeit ist das lebendige, gestaltende Feuer; die Vergänglichkeit der Dinge, ihre Zeitlichkeit, als ihre Formung durch die lebendige Zeit*", Karl Marx, *Grundrisse der Kritik der politischen Ökonomie* (Berlim, Dietz, 1953), p. 266 [ed. bras.: *Grundrisse: manuscritos econômicos de 1857-1858 – Esboços da crítica da economia política*, trad. Mario Duayer et al., São Paulo, Boitempo, 2011, p. 288].

trabalho produtivo. A clivagem entre economia doméstica e economia pública, provocada pelo capitalismo industrial, instituiu a inferioridade das mulheres com mais força do que nunca. Na propaganda vigente, "mulher" se tornou sinônimo de "mãe" e "dona de casa", termos que carregavam a marca fatal da inferioridade. Mas, entre as mulheres negras escravas, esse vocabulário não se fazia presente. Os arranjos econômicos da escravidão contradiziam os papéis sexuais hierárquicos incorporados na nova ideologia. Em consequência disso, as relações homem-mulher no interior da comunidade escrava não podiam corresponder aos padrões da ideologia dominante.

Muito tem sido dito sobre o modo como os proprietários de escravos definiam a família negra: uma estrutura biológica matrilocal. Os registros de nascimento em muitos latifúndios omitiam o nome do pai, contendo apenas a mãe da criança. Por todo o Sul, as legislações estaduais adotavam o princípio do *partus sequitur ventrem* – a criança herda a condição de escrava da mãe. Essas eram imposições dos proprietários, eles mesmos pais de muitas crianças escravas. Mas seriam essas também as normas pelas quais escravas e escravos regiam seus próprios relacionamentos domésticos? A maioria das análises históricas e sociológicas sobre a família negra durante a escravidão presume simplesmente que a recusa do senhor de reconhecer a paternidade entre seus escravos se converteu de forma direta em um arranjo familiar matriarcal criado pela própria população escravizada.

O notório estudo *Negro Family* [Família negra], feito pelo governo em 1965 – e popularizado com o título *Moynihan Report* [Relatório Moynihan] –, relacionava diretamente os problemas sociais e econômicos da comunidade negra da época à suposta estrutura familiar matriarcal. "Essencialmente", escreveu Daniel Moynihan,

> a comunidade negra tem sido forçada a uma estrutura matriarcal que, por estar em desacordo com o restante da sociedade estadunidense, atrasa seriamente o progresso do grupo como um todo, impõe um peso esmagador sobre o homem negro e, em consequência disso, também sobre um grande número de mulheres negras.[28]

De acordo com a tese do relatório, a origem da opressão era mais profunda do que a discriminação racial que produziu desemprego, habitação de má qualidade, educação inadequada e atendimento médico precário. Sua raiz era

---

[28] Citado em Robert Staples (org.), *The Black Family: Essays and Studies* (Belmont, Wadsworth, 1971), p. 37. Ver também John Bracey Jr. et al. (org.), *Black Matriarchy: Myth or Reality* (Belmont, Wadsworth, 1971), p. 140.

descrita como um "emaranhado de patologias" que resultava da ausência de autoridade masculina entre o povo negro! O polêmico final do relatório Moynihan era um apelo à introdução dessa autoridade (no sentido de supremacia masculina, é claro!) na família negra e na comunidade como um todo.

Um dos apoiadores "liberais" de Moynihan, o sociólogo Lee Rainwater, discordava das soluções recomendadas pelo documento[29]. No lugar delas, Rainwater propunha a criação de empregos, maiores salários e outras reformas econômicas. Chegou a encorajar protestos e manifestações frequentes por direitos civis. No entanto, como a maioria dos sociólogos brancos – e também alguns negros –, ele reiterava a tese de que a escravidão havia de fato destruído a família negra. Como resultado, ao povo negro supostamente só restava "a família matrifocal, que enfatiza a primazia da relação entre a mãe e a criança e apenas laços frágeis com o homem"[30]. Segundo ele, hoje,

> Em muitos casos, os homens não têm uma verdadeira casa; eles se mudam de uma família, onde estabelecem laços sexuais ou de parentesco, para outra. Vivem em hotéis baratos ou pensões; passam todo o tempo em instituições. Não são integrantes da família nas únicas "casas" que possuem – a casa de sua mãe ou a de sua companheira.[31]

Nem Moynihan nem Rainwater inventaram a teoria da deterioração interna da família negra devido à escravidão. O primeiro trabalho a defender essa tese foi realizado nos anos 1930 pelo renomado sociólogo negro E. Franklin Frazier. Em seu livro *The Negro Family*[32], publicado em 1939, Frazier descreve de modo dramático o terrível impacto da escravidão sobre o povo negro, mas subestima a capacidade dessas pessoas de resistir à influência da escravidão na vida social que criaram para si. Frazier também interpretou mal o espírito de independência e de autossuficiência que as mulheres negras desenvolveram por necessidade e, por isso, lamentou o fato de que "nem a necessidade econômica nem a tradição incutiram [na mulher negra] o espírito de subordinação à autoridade masculina"[33].

---

[29] Ibidem, p. 81. (O artigo de Lee Rainwater, "Crucible of Identity: The Negro Lower-Class Family", foi publicado originalmente em *Daedalus*, v. 95, 1966, p. 172-216.)
[30] Ibidem, p. 98.
[31] Idem.
[32] E. Franklin Frazier, *The Negro Family in the United States*, cit.
[33] Ibidem, p. 102.

Motivado pela polêmica desencadeada pela publicação do relatório Moynihan, bem como por suas dúvidas a respeito da validade da teoria de Frazier, Herbert Gutman deu início a uma pesquisa sobre a família escrava. Cerca de dez anos depois, em 1976, publicou o excelente *The Black Family in Slavery and Freedom*[34]. Sua investigação levantou evidências impressionantes de prosperidade e desenvolvimento familiar sob a escravidão. Não foi a infame família matriarcal que ele descobriu, e sim uma família que envolvia esposa, marido, crianças e, frequentemente, outros familiares, além de parentescos por adoção.

Ao se dissociar das questionáveis conclusões econométricas de Fogel e Engerman, que alegavam que a escravidão deixara a maioria das famílias intacta, Gutman confirmou que inúmeras famílias escravizadas foram desfeitas à força. A separação por meio da venda indiscriminada de maridos, esposas e crianças foi uma das terríveis marcas do estilo estadunidense de escravidão. Mas, como ele aponta, os laços amorosos e afetivos, as normas culturais que governavam as relações familiares e o desejo preponderante de permanecerem juntos sobreviveram ao golpe devastador da escravidão[35].

Com base em cartas e documentos, tais como certidões de nascimento encontradas em fazendas e que traziam tanto o nome do pai quanto o da mãe, Gutman demonstra não apenas que escravas e escravos aderiam às rígidas normas que regulavam seus arranjos familiares, mas também que tais normas diferiam daquelas que regiam a vida das famílias brancas ao seu redor. Interdições matrimoniais, práticas de nomeação e costumes sexuais – que, aliás, sancionavam a relação sexual antes do casamento – diferenciavam a população escravizada de seus senhores[36]. À medida que tentavam desesperada e cotidianamente manter sua vida familiar, usufruindo o máximo possível da autonomia de que conseguiam se apoderar, escravos e escravas manifestaram um talento impecável para

---

[34] Herbert Gutman, *The Black Family in Slavery and Freedom*, cit.
[35] O primeiro capítulo do livro é intitulado "Send Me Some of the Children's Hair" [Mande-me mechas de cabelo das crianças], pedido feito por um escravo em uma carta à sua esposa, de quem ele havia sido forçado a se separar ao ser vendido: "Mande-me mechas de cabelo das crianças em papéis separados com seus nomes [...]. Está para nascer a mulher que se sentirá tão próxima de mim quanto você. Você vive o dia de hoje como eu vivo. Diga às crianças que elas devem se lembrar do bom pai que têm, um pai que se preocupa com elas e que pensa nelas todos os dias [...]. Laura, eu também amo você. Meu amor por você *nunca* morrerá. Laura, é verdade, tenho outra esposa e lamento por isso. Você é e continuará sendo minha amada esposa, como sempre foi, Laura. Você sabe como trato minha esposa e você sabe como sou com meus filhos. Você sabe que sou um homem que ama os filhos", ibidem, p. 6-7.
[36] Ibidem, caps. 3 e 4.

humanizar um ambiente criado para convertê-los em uma horda subumana de unidades de força de trabalho.

> As escolhas cotidianas feitas por escravos e escravas – como manter o mesmo cônjuge por muitos anos, dar ou não à criança o sobrenome do pai, assumir como esposa uma mulher com filhos de pais desconhecidos, dar a crianças recém-nascidas o nome de um pai, uma tia ou um tio, um avô ou uma avó e dissolver um casamento incompatível – contradiziam em comportamento, e não em retórica, a poderosa ideologia que via a escrava e o escravo como uma eterna "criança" ou um "selvagem" amansado. [...] Seus arranjos domésticos e suas redes de parentesco, em conjunto com as comunidades ampliadas que nasciam desses laços primordiais, deixavam claro para suas crianças que escravos e escravas não eram "não homens" e "não mulheres".[37]

É lamentável que Gutman não tenha tentado determinar a real posição das mulheres no interior da família escrava. Ao demonstrar a existência de uma vida familiar complexa envolvendo igualmente maridos e esposas, o autor removeu um dos principais pilares de sustentação da tese do matriarcado. Contudo, ele não contestou, em essência, a afirmação adicional de que, nas famílias nucleares tradicionais, a mulher dominava o homem. Sua própria pesquisa confirma, entretanto, que a vida social nas senzalas era, em grande medida, uma extensão da vida familiar. Assim, o papel que as mulheres exerciam no interior da família deve ter determinado, largamente, sua condição social na comunidade escrava como um todo.

Na interpretação da maioria dos estudos acadêmicos, a vida familiar escrava enaltecia as mulheres e diminuía os homens, mesmo quando mãe e pai estavam presentes. De acordo com Stanley Elkins, por exemplo, o papel da mãe "a aproximava muito mais da criança escrava do que o do pai. Ela controlava as poucas atividades – cuidar da casa, preparar os alimentos e criar os filhos – que restavam para a família escrava"[38].

De acordo com Elkins, o modo sistemático como os senhores denominavam seus escravos de "meninos" era reflexo de sua incapacidade para exercer as funções paternas. Kenneth Stampp foi ainda mais longe nessa linha de raciocínio:

> [...] a típica família escrava era matriarcal em sua estrutura, pois o papel da mãe era muito mais importante do que o do pai. A família envolvia uma parcela signi-

---

[37] Ibidem, p. 356-7.
[38] Stanley Elkins, *Slavery*, cit., p. 130.

ficativa de responsabilidades que tradicionalmente pertenciam às mulheres, como limpar a casa, preparar a comida, costurar roupas e criar os filhos. O marido era, quando muito, o ajudante da esposa, seu companheiro e parceiro sexual. Era quase sempre visto como propriedade dela [o Tom da Mary], assim como a cabana em que viviam.[39]

É verdade que a vida doméstica tinha uma imensa importância na vida social de escravas e escravos, já que lhes propiciava o único espaço em que podiam vivenciar verdadeiramente suas experiências como seres humanos. Por isso – e porque, assim como seus companheiros, também eram trabalhadoras –, as mulheres negras não eram diminuídas por suas funções domésticas, tal como acontecia com as mulheres brancas. Ao contrário dessas, aquelas não podiam ser tratadas como meras "donas de casa". Daí a afirmar, porém, que, por causa disso, elas dominavam seus homens é basicamente distorcer a realidade da vida sob a escravidão.

Em um artigo que escrevi em 1971[40] – usando os poucos recursos que me eram permitidos na cela da prisão –, descrevi a importância das funções domésticas da escrava da seguinte maneira:

> No infinito anseio de prover as necessidades de homens e crianças ao seu redor [...], ela realizava o *único* trabalho da comunidade escrava que não podia ser direta ou imediatamente reivindicado pelo opressor. Não havia compensações pelo trabalho na lavoura, que de nada servia aos propósitos dos escravos. O trabalho doméstico era o único trabalho significativo para a comunidade escrava como um todo. [...] Foi justamente por meio dessa labuta – que há muito tem sido expressão central do caráter socialmente condicionado da inferioridade feminina – que a mulher negra escravizada conseguiu preparar o alicerce de certo grau de autonomia, tanto para ela como para os homens. Mesmo submetida a um tipo único de opressão por ser mulher, era levada a ocupar um lugar central na comunidade escrava. Ela era, assim, essencial à *sobrevivência* da comunidade.

Desde então, percebi que a característica especial do trabalho doméstico durante a escravidão, sua centralidade para homens e mulheres na condição de servidão, envolvia afazeres que não eram exclusivamente femininos. Os escravos executavam importantes tarefas domésticas e não eram, portanto – como afirmado por Kenneth Stampp –, meros ajudantes de suas companheiras.

---

[39] Kenneth M. Stampp, *The Peculiar Institution*, cit., p. 344.
[40] Angela Y. Davis, "The Black Woman's Role in the Community of Slaves", *Black Scholar*, v. 3, n. 4, dez. 1971.

Enquanto as mulheres cozinhavam e costuravam, por exemplo, os homens caçavam e cuidavam da horta. (Inhame, milho e outros vegetais, bem como animais selvagens como coelhos e gambás, eram sempre deliciosos acréscimos às monótonas refeições diárias.) Essa divisão sexual do trabalho doméstico não parece ter sido hierárquica: as tarefas dos homens certamente não eram nem superiores nem inferiores ao trabalho realizado pelas mulheres. Ambos eram igualmente necessários. Além disso, ao que tudo indica, a divisão de trabalho entre os sexos nem sempre era rigorosa; às vezes, os homens trabalhavam na cabana e as mulheres podiam cultivar a horta ou mesmo participar da caça[41].

A questão que se destaca na vida doméstica nas senzalas é a da igualdade sexual. O trabalho que escravas e escravos realizavam para si mesmos, e não para o engrandecimento de seus senhores, era cumprido em termos de igualdade. Nos limites da vida familiar e comunitária, portanto, a população negra conseguia realizar um feito impressionante, transformando a igualdade negativa que emanava da opressão sofrida como escravas e escravos em uma qualidade positiva: o igualitarismo característico de suas relações sociais.

Embora o principal argumento de Eugene Genovese em *A terra prometida* (isto é, que a população negra aceitava o paternalismo associado à escravidão) seja, na melhor das hipóteses, problemático, o autor apresenta um retrato revelador, ainda que resumido, da vida doméstica das escravas.

> A história das escravas como esposas requer investigação indireta. Não se pode deduzi-la a partir da suposição de que o homem era apenas uma visita na casa. Uma análise da posição que os homens realmente ocupavam como maridos e pais sugere que a posição das mulheres era muito mais complexa do que geralmente se admite. A atitude das mulheres em relação às tarefas domésticas, especialmente cozinhar, e em relação à sua própria feminilidade desmente, por si só, a ideia convencional de que, ao se impor na casa, proteger as crianças e assumir outras responsabilidades normalmente masculinas, elas colaboraram inconscientemente para enfraquecer os homens.[42]

Ainda que haja um resquício de supremacia masculina em sua análise, por insinuar, como ele faz, que masculinidade e feminilidade são conceitos imutáveis, Genovese reconhece claramente que

---

[41] Eugene D. Genovese, *Roll, Jordan, Roll*, cit. Ver a parte II, especialmente as seções intituladas "Husbands and Fathers" [Maridos e pais] e "Wives and Mothers" [Esposas e mães].
[42] Ibidem, p. 500.

O que normalmente tem sido entendido como uma debilitante forma de supremacia feminina era, na realidade, um modo de chegar mais próximo de uma saudável igualdade sexual, maior do que era possível encontrar entre a população branca e talvez até entre o povo negro no pós-Guerra Civil.[43]

O ponto mais fascinante levantado pelo autor aqui – embora ele não o desenvolva – é que as mulheres não raro defendiam seus companheiros das tentativas do sistema escravista de depreciá-los. Grande parte delas, talvez uma substancial maioria, diz Genovese, compreendia que, quando eles eram diminuídos, elas também o eram. Além disso, "elas queriam que seus filhos crescessem e se tornassem homens, e sabiam perfeitamente que, para isso, eles precisavam do exemplo de um homem negro forte diante deles"[44].

Seus filhos precisavam de exemplos masculinos fortes do mesmo modo que suas filhas precisavam de exemplos femininos fortes.

Se as mulheres negras sustentavam o terrível fardo da igualdade em meio à opressão, se gozavam de igualdade com seus companheiros no ambiente doméstico, por outro lado elas também afirmavam sua igualdade de modo combativo, desafiando a desumana instituição da escravidão. Resistiam ao assédio sexual dos homens brancos, defendiam sua família e participavam de paralisações e rebeliões. Como Herbert Aptheker mostra em sua precursora obra *American Negro Slave Revolts* [Rebeliões dos escravos negros estadunidenses][45], elas envenenavam os senhores, realizavam ações de sabotagem e, como os homens, se juntavam às comunidades de escravos fugitivos, seguindo com frequência rumo ao Norte em busca de liberdade. Dos numerosos registros sobre a repressão violenta que os feitores infligiam às mulheres, deve-se inferir que aquela que aceitava passivamente sua sina de escrava era a exceção, não a regra.

Frederick Douglass, ao refletir sobre como foi exposto, ainda criança, à impiedosa violência da escravidão[46], lembrou-se do açoitamento e da tortura de muitas mulheres rebeldes. Sua prima, por exemplo, foi terrivelmente espancada

---

[43] Idem.
[44] Idem.
[45] Herbert Aptheker, *American Negro Slave Revolts*, cit., p. 145, 169, 173, 181-2, 201, 207, 215, 239, 241-2, 251, 259, 277, 281, 287.
[46] Frederick Douglass, *The Life and Times of Frederick Douglass* (Nova York/Londres, Collier-Macmillan, 1962), reimpressão da edição revista de 1892. Ver principalmente os capítulos 5 e 6.

por resistir, sem sucesso, ao abuso sexual de um feitor[47]. Uma mulher que era chamada de Tia Esther foi violentamente chicoteada por desacatar seu senhor, o qual insistia que ela rompesse seu relacionamento com o homem que ela amava[48]. Uma das mais vívidas descrições que Douglass faz das brutais punições reservadas às escravas envolve uma jovem chamada Nellie, açoitada pelo delito de "insolência":

> Havia momentos em que parecia que ela estava prestes a vencer aquele bruto, mas ele acabou por dominá-la e conseguiu amarrar seus braços na árvore para a qual a tinha arrastado. A vítima estava agora à mercê do impiedoso chicote. [...] Os gritos da mulher, agora indefesa enquanto era submetida ao castigo truculento, se misturavam aos insultos roucos do feitor e ao choro descontrolado de suas crianças assustadas. Quando a pobre mulher foi desamarrada, suas costas estavam cobertas de sangue. Ela foi açoitada, terrivelmente açoitada, mas não se rendeu e continuou a delatar o feitor e a ofendê-lo com os nomes mais sujos que conseguia encontrar.[49]

Douglass acrescenta que duvidava que esse feitor tenha tentado açoitar Nellie novamente.

Assim como Harriet Tubman, muitas mulheres fugiram da escravidão indo para o Norte. Várias tiveram sucesso, mas a maioria foi capturada. Uma das tentativas mais dramáticas envolveu uma jovem – possivelmente adolescente – chamada Ann Wood, que comandou um grande grupo de meninas e meninos que fugiram empunhando armas. Depois de escapar na véspera de Natal, em 1855, o grupo se envolveu em uma troca de tiros com captores de escravos. Dois jovens foram mortos, mas os demais, de acordo com todas as indicações,

---

[47] "Uma das primeiras circunstâncias a abrir meus olhos para a crueldade e a perversidade da escravidão, e para como isso insensibilizava meu senhor, foi quando ele se recusou a intervir com sua autoridade para proteger e abrigar uma jovem, minha prima, que tinha sido cruelmente abusada e espancada pelo feitor que trabalhava para ele em Tuckahoe. Esse feitor, um certo sr. Plummer, era, como a maioria de sua classe, pouco mais que uma besta humana e, além de sua depravação geral e de suas grosserias repulsivas, era um maldito beberrão, um homem que não era adequado para controlar um rebanho de mulas. Em um de seus momentos de surto causado pela bebida, ele cometeu a violência que levou a jovem em questão a buscar proteção do meu senhor [...]. Seu pescoço e seus ombros estavam cobertos de cicatrizes recentes, e, não satisfeito em machucá-la no pescoço e nos ombros com um chicote de couro, o covarde desgraçado dera um golpe em sua cabeça com um bastão de nogueira, que fez um corte profundo e deixou seu rosto literalmente coberto de sangue", ibidem, p. 46.
[48] Ibidem, p. 48-9.
[49] Ibidem, p. 52.

conseguiram chegar ao seu destino[50]. A abolicionista Sarah Grimké relatou o caso de uma mulher cuja resistência não foi tão bem-sucedida quanto a de Ann Wood. Seus repetidos esforços para escapar da opressão de seu senhor, na Carolina do Sul, renderam-lhe tantos açoitamentos que "não havia um dedo de distância entre os cortes"[51]. Como ela se agarrava a qualquer oportunidade de escapar da fazenda, acabou aprisionada com um pesado colar de ferro – e caso conseguisse quebrá-lo, um de seus dentes da frente seria arrancado para identificá-la. Embora pertencesse a uma família que, de acordo com Grimké, era conhecida como caridosa e cristã,

> [...] essa escrava sofredora, que era costureira da família e estava constantemente em [sua] presença, sentada na sala para costurar ou ocupada [...] com outras tarefas domésticas, trazia as costas laceradas e ensanguentadas, a boca mutilada e o pesado colar de ferro, sem que isso parecesse inspirar qualquer sentimento de compaixão.[52]

As mulheres resistiam e desafiavam a escravidão o tempo todo. Devido à contínua repressão sofrida, "não é de se estranhar", diz Herbert Aptheker, que "a mulher negra frequentemente apressasse as conspirações de escravos"[53].

Virgínia, 1812: "ela disse que, para ela, não era cedo demais para que se revoltassem, já que preferiria estar no inferno a estar onde estava". Mississippi, 1835: "ela pediu a Deus que tudo estivesse acabado e enterrado, porque estava cansada de servir a *gente branca* [...]".
Pode-se compreender melhor agora uma pessoa como Margaret Garner, escrava fugitiva que, quando capturada perto de Cincinnati, matou a própria filha e tentou se matar. Ela se comprazia porque a menina estava morta – "assim ela nunca

---

[50] Barbara Wertheimer, *We Were There*, cit., p. 113-4. A versão que Gerda Lerner dá para essa fuga é um pouco diferente: "Na noite de Natal de 1855, seis jovens escravos, aproveitando-se do feriado, dos cavalos e do coche de seu senhor, saíram do condado de Loudoun, na Virgínia, e viajaram dia e noite sob a neve e o frio, chegando a Columbia dois dias depois. Barnaby Grigby era um mulato de 26 anos; sua esposa, Elizabeth, que pertencia a outro senhor, tinha 24 anos. A irmã dela, Ann Wood, estava noiva do líder do grupo, Frank Wanzer. Ann tinha 22 anos, era bonita e inteligente. Frank estava tentando fugir de um senhor particularmente cruel. Havia mais dois homens jovens no grupo", *Black Women in White America*, cit., p. 57.

[51] Depoimento de Sarah M. Grimké a Theodore D. Weld, *American Slavery As It Is: Testimony of a Thousand Witnesses* (Nova York, American Anti-Slavery Society, 1839), citado em Gerda Lerner, *Black Women in White America*, cit., p. 19.

[52] Idem.

[53] Herbert Aptheker, "The Negro Woman", cit., p. 11.

saberá o que uma mulher sofre como escrava" – e implorava para ser julgada por assassinato. "Irei cantando para a forca em vez de voltar para a escravidão."[54]

Entre 1642 e 1864, comunidades formadas por escravos fugitivos e seus descendentes eram encontradas em todas as partes do Sul. Eram "paraísos para fugitivos, servindo como ponto de partida de expedições para saquear as fazendas próximas e, às vezes, era delas que surgiam líderes de rebeliões organizadas"[55]. Em 1816, uma dessas comunidades, grande e próspera, foi descoberta: trezentos escravos fugidos – homens, mulheres e crianças – ocupavam um forte na Flórida. Quando se recusaram a se render, o Exército iniciou uma batalha que se estendeu por dez dias e tirou a vida de mais de 250 membros da comunidade. As mulheres lutaram em condições de igualdade com os homens[56]. Durante outro confronto, em Mobile, Alabama, em 1827, homens e mulheres foram igualmente implacáveis, lutando, de acordo com os jornais locais, "como espartanos"[57].

Em muitos casos, a resistência envolvia ações mais sutis do que revoltas, fugas e sabotagens. Incluía, por exemplo, aprender a ler e a escrever de forma clandestina, bem como a transmissão desse conhecimento aos demais. Em Natchez, Louisiana, uma escrava comandava uma "escola noturna", dando aulas a seu povo das onze horas da noite às duas da manhã, de maneira que conseguiu "formar" centenas de pessoas[58]. Sem dúvida, muitas delas escreveram as próprias licenças de viagem e tomaram o rumo da liberdade. No livro *Negras raízes*[59] – relato ficcionalizado que Alex Haley faz da vida de seus ancestrais –, Belle, a esposa de

---

[54] Ibidem, p. 11-2.
[55] Idem, "Slave Guerilla Warfare", em *To Be Free*, cit., p. 11.
[56] Idem, *American Negro Slave Revolts*, cit., p. 259.
[57] Ibidem, p. 280.
[58] "[Em Natchez, Louisiana, havia] duas escolas com professores de cor. Uma delas era uma escrava que deu aulas em uma escola noturna por um ano. As aulas começavam às onze ou doze horas da noite e terminavam às duas da manhã [...]. Milla Granson, a professora, aprendeu a ler e a escrever com as crianças de seu paciente proprietário, no Kentucky. Ela ensinava doze pessoas de cada vez, e, quando estas já sabiam ler e escrever, eram dispensadas para que ela transmitisse sua habilidade a novos apóstolos, e assim ela formou centenas. Algumas dessas pessoas escreveram as próprias licenças de viagem e foram para o Canadá", Gerda Lerner, *Black Women in White America*, cit., p. 32-3, citado em Laura S. Haviland, *A Woman's Life-Work, Labors and Experiences* (Chicago, Publishing Association of Friends, 1889), p. 300-1.
[59] Ver os capítulos 66 e 67 de Alex Haley, *Roots: The Saga of an American Family* (Garden City, Doubleday, 1976) [ed. bras.: *Negras raízes*, trad. A. B. Pinheiro de Lemos, São Paulo, Círculo do Livro, 1977].

Kunta Kinte, aprendeu sozinha e com dificuldade a ler e a escrever. Em segredo, ela lia os jornais de seu senhor, mantendo-se a par dos acontecimentos políticos e transmitindo as informações a sua irmã e seu irmão escravos.

Nenhuma discussão sobre o papel das mulheres na resistência à escravidão estaria completa sem um tributo a Harriet Tubman por seu extraordinário ato de coragem ao conduzir mais de trezentas pessoas[60] pelas rotas da chamada *Underground Railroad**. No início, ela teve uma vida típica de mulher escrava. Trabalhando na lavoura em Maryland, percebeu, por meio de seu trabalho, que seu potencial como mulher era o mesmo de qualquer homem. Aprendeu com o pai a cortar árvores e abrir trilhas e, enquanto trabalhavam lado a lado, ele lhe transmitiu conhecimentos que mais tarde se mostraram indispensáveis nas dezenove viagens de ida e volta que ela realizaria ao Sul. Ele a ensinou a caminhar silenciosamente pela mata e a localizar plantas, ervas e raízes que serviriam de alimento e remédio. Sem dúvida, o fato de ela nunca ter fracassado pode ser atribuído aos ensinamentos de seu pai. Durante a Guerra Civil, Harriet Tubman manteve sua oposição incansável à escravidão, e ainda hoje detém o mérito de ter sido a única mulher nos Estados Unidos a liderar tropas em uma batalha.

Independentemente dos parâmetros usados para julgá-la – negro ou branco, masculino ou feminino –, Harriet Tubman foi uma pessoa extraordinária. No entanto, olhando-a de outro ponto de vista, o que ela fez foi simplesmente expressar da própria maneira o espírito de força e perseverança conquistado por tantas mulheres de seu povo. Vale repetir: as mulheres negras eram iguais a seus companheiros na opressão que sofriam; eram socialmente iguais a eles no interior da comunidade escrava; e resistiam à escravidão com o mesmo ardor que eles. Essa era uma das grandes ironias do sistema escravagista: por meio da submissão das mulheres à exploração mais cruel possível, exploração esta que não fazia distinção de sexo, criavam-se as bases sobre as quais as mulheres negras

---

[60] Sarah Bradford, *Harriet Tubman: The Moses of Her People* (Nova York, Corinth, 1961), reimpressão da edição de 1886. Ann Petry, *Harriet Tubman, Conductor on the Underground Railroad* (1955) (Nova York, Pocket Books, 1971).

* *Underground Railroad* era o nome dado a um conjunto de rotas secretas e pontos de parada clandestinos que escravas e escravos usavam para conseguir chegar ao Canadá ou ao México, contando com a ajuda de abolicionistas. As rotas não eram nem subterrâneas nem férreas, como o nome sugere. Na designação da rede, o termo "*underground*" era usado no sentido de secreto, e o termo "*railroad*" foi adotado porque os códigos de fuga eram baseados na terminologia das ferrovias. Os pontos de parada, por exemplo, eram "estações" (*stations*); as pessoas que indicavam os caminhos ou acompanhavam as fugitivas e os fugitivos de uma estação a outra, como Harriet Tubman, eram "condutoras" (*conductors*). (N. T.)

não apenas afirmavam sua condição de igualdade em suas relações sociais, como também expressavam essa igualdade em atos de resistência. Essa deve ter sido uma terrível descoberta para os proprietários de escravos, pois aparentemente eles tentavam quebrar essa cadeia de igualdade por meio da repressão particularmente brutal que reservavam às mulheres. Mais uma vez, é importante lembrar que os castigos infligidos a elas ultrapassavam em intensidade aqueles impostos aos homens, uma vez que não eram apenas açoitadas e mutiladas, mas também *estupradas*.

Seria um erro interpretar o padrão de estupros instituído durante a escravidão como uma expressão dos impulsos sexuais dos homens brancos, reprimidos pelo espectro da feminilidade casta das mulheres brancas. Essa explicação seria muito simplista. O estupro era uma arma de dominação, uma arma de repressão, cujo objetivo oculto era aniquilar o desejo das escravas de resistir e, nesse processo, desmoralizar seus companheiros. As observações a seguir, relativas à função do estupro durante a Guerra do Vietnã, também podem ser aplicadas à escravidão: "No Vietnã, o comando militar dos Estados Unidos tornou o estupro 'socialmente aceitável'; de fato, era uma política não escrita, mas clara"[61]. Ao encorajar jovens soldados a estuprar mulheres vietnamitas (às vezes, eram orientados a "revistar" mulheres "com o pênis"[62]), forjou-se uma arma de terrorismo político de massa. Uma vez que as mulheres vietnamitas se notabilizavam por suas contribuições heroicas à luta de libertação de seu povo, a retaliação militar especialmente destinada a elas era o estupro. Ainda que dificilmente estivessem imunes à violência infligida aos homens, elas eram especialmente escolhidas como vítimas de terrorismo por uma força militar sexista comandada pelo princípio de que a guerra era um assunto exclusivamente masculino. "Vi um franco-atirador disparar contra uma mulher, um dos nossos franco-atiradores", contou um soldado.

Quando nos aproximamos, ela estava pedindo água. E o tenente mandou matá-la. Então ele arrancou as roupas dela, eles a esfaquearam nos dois seios, afastaram seus

---

[61] Arlene Eisen-Bergman, *Women in Vietnam* (São Francisco, People's Press, 1975), p. 63.

[62] "Quando íamos aos vilarejos procurar pessoas, as mulheres tinham todas as roupas arrancadas e os homens usavam o pênis para penetrá-las e ter certeza de que não tinham nada escondido em lugar nenhum do corpo; isso era estupro, mas era executado como uma busca", ibidem, p. 62. Citação do sargento Scott Camil, da Primeira Divisão da Marinha, extraída de Vietnam Veterans Against War (VVAW) [Veteranos do Vietnã Contra a Guerra], *Winter Soldier Investigation* (Boston, Beacon Press, 1972), p. 13.

braços e pernas e enfiaram uma ferramenta de cavar trincheiras em sua vagina. Depois, retiraram a ferramenta e fizeram o mesmo com um galho de árvore e, então, atiraram nela.[63]

Da mesma forma que o estupro era um elemento institucionalizado de agressão ao povo vietnamita, concebido com a intenção de intimidar e aterrorizar as mulheres, os proprietários de escravos encorajavam seu uso terrorista para colocar as mulheres negras em seu lugar. Se elas conseguissem perceber a própria força e o forte desejo de resistir, os violentos abusos sexuais – é o que os proprietários devem ter raciocinado – fariam com que elas se lembrassem de sua essencial e inalterável condição de fêmeas. Na visão baseada na ideia de supremacia masculina característica do período, isso significava passividade, aquiescência e fraqueza.

Praticamente todas as narrativas de escravos do século XIX trazem relatos de violência sexual sofrida pelas mulheres nas mãos de senhores e feitores. "O senhor de Henry Bibb forçou uma jovem escrava a ser a concubina de seu filho; o feitor de M. F. Jamison estuprou uma jovem e atraente escrava; e o proprietário de Solomon Northrup forçou uma das escravas, 'Patsy', a ser sua parceira sexual."[64]

Apesar dos testemunhos de escravas e escravos sobre a alta incidência de estupros e coerção sexual, o tema tem sido mais do que minimizado na literatura tradicional sobre a escravidão. Às vezes, parte-se até mesmo do princípio de que as escravas aceitavam e encorajavam a atenção sexual dos homens brancos. O que acontecia, portanto, não era exploração sexual, mas "miscigenação". Em um trecho de *A terra prometida* dedicado ao sexo inter-racial, Genovese defende que o problema do estupro é menos relevante do que o dos severos tabus que cercavam a miscigenação. "Muitos homens brancos", diz o autor, "que começaram a se relacionar com uma jovem escrava em uma atitude de exploração sexual acabaram se apaixonando por ela e pelas crianças que ela teve"[65]. "O aspecto trágico da miscigenação", portanto, "não reside em sua desintegração em luxúria e exploração sexual, mas na terrível pressão para negar o prazer, o afeto e o amor que muitas vezes surgem a partir da vulgaridade inicial"[66].

---

[63] Arlene Eisen-Bergman, *Women in Vietnam*, cit., p. 71. Citação extraída de VVAW, *Winter Soldier Investigation*, cit., p. 14.
[64] John W. Blassingame, *The Slave Community*, cit., p. 83.
[65] Eugene D. Genovese, *Roll, Jordan, Roll*, cit., p. 415.
[66] Ibidem, p. 419.

A perspectiva geral de Genovese gira em torno da questão do paternalismo. Escravas e escravos, diz ele, bem ou mal aceitavam a postura paternalista de seus senhores, e estes eram compelidos por seu paternalismo a reconhecer a humanidade reivindicada por aqueles. Contudo, uma vez que, aos olhos dos senhores, o aspecto humano das escravas e dos escravos era, no máximo, infantil, não surpreende que o autor acreditasse ter descoberto o cerne dessa humanidade na miscigenação. O que ele não consegue entender é que dificilmente havia uma base para "prazer, afeto e amor" quando os homens brancos, por sua posição econômica, tinham acesso ilimitado ao corpo das mulheres negras. Era enquanto opressores – ou, no caso dos que não possuíam escravos, enquanto agentes de dominação – que os homens brancos se aproximavam do corpo delas. Genovese deveria ter lido *Corregidora*[67], romance escrito pela jovem negra Gayl Jones, que narra o empenho de várias gerações de mulheres em "preservar as provas" dos crimes sexuais cometidos durante a escravidão.

E. Franklin Frazier pensou ter encontrado na miscigenação a conquista cultural mais importante do povo negro durante a escravidão: "O senhor, em sua mansão, e sua amante de cor, em uma casa especial nas proximidades, representavam o triunfo absoluto do ritual social diante da existência dos mais profundos sentimentos de solidariedade humana"[68]. Ao mesmo tempo, contudo, ele não podia simplesmente ignorar o grande número de mulheres que não se submetiam sem lutar: "Algumas vezes, a coação física era necessária para garantir a submissão por parte das mulheres negras [...] o que é corroborado por evidências históricas e mantido pela tradição das famílias negras"[69].

O autor cita a história de uma mulher cuja bisavó sempre descrevia com fervor as lutas que lhe renderam as numerosas cicatrizes de seu corpo. Mas havia uma marca que ela se recusava a explicar, dizendo, sempre que questionada a respeito: "Homens brancos são baixos como cães, menina, fique longe deles". Depois que ela morreu, o mistério foi finalmente desvendado: "Ela adquirira aquela cicatriz pelas mãos do filho caçula de seu proprietário, um menino de uns dezoito anos, com quem teve uma filha, minha avó Ellen"[70].

As mulheres brancas que se uniam ao movimento abolicionista ficavam particularmente indignadas com os abusos sexuais sofridos pelas mulheres

---

[67] Gayl Jones, *Corregidora* (Nova York, Random House, 1975).
[68] E. Franklin Frazier, *The Negro Family in the United States*, cit., p. 69.
[69] Ibidem, p. 53.
[70] Ibidem, p. 70.

negras. Militantes das associações femininas antiescravagistas sempre contavam histórias dos estupros brutais sofridos pelas escravas quando exortavam as mulheres brancas a defender suas irmãs negras. Embora tenham colaborado de forma inestimável para a campanha antiescravagista, as mulheres brancas quase nunca conseguiam compreender a complexidade da situação da mulher escrava. As mulheres negras eram mulheres de fato, mas suas vivências durante a escravidão – trabalho pesado ao lado de seus companheiros, igualdade no interior da família, resistência, açoitamentos e estupros – as encorajavam a desenvolver certos traços de personalidade que as diferenciavam da maioria das mulheres brancas.

Uma das obras mais populares da literatura abolicionista é *A cabana do Pai Tomás*, de Harriet Beecher Stowe, livro que reuniu um grande número de pessoas – e mais mulheres do que nunca – em torno da causa antiescravagista. Abraham Lincoln chegou a se referir casualmente à autora como a mulher que deu início à Guerra Civil. Ainda assim, a enorme influência exercida pelo livro não consegue compensar o modo distorcido como apresenta a vida escrava. A principal personagem feminina é uma caricatura da mulher negra, uma transposição ingênua para a comunidade escrava da figura materna tal qual concebida pela sociedade branca e exaltada pela propaganda cultural do período. Eliza é a encarnação da maternidade branca, mas com um rosto negro – ou melhor, com um rosto quase branco, uma vez que ela possui um quarto de sangue negro em suas veias.

Talvez a esperança de Stowe fosse que as mulheres brancas, ao ler seu livro, se identificassem com Eliza. Elas poderiam apreciar a superioridade de sua moral cristã, seus inabaláveis instintos maternos, sua delicadeza e sua fragilidade – já que essas eram as qualidades que as mulheres brancas eram ensinadas a cultivar em si mesmas. Assim como a brancura de Eliza permitia transformá-la em uma síntese da figura materna, seu marido, George, cujos ancestrais também eram predominantemente brancos, era o mais próximo de um "homem", no sentido ortodoxo da supremacia masculina, que qualquer homem negro poderia vir a ser no livro. Ao contrário do Pai Tomás, que é caseiro, condescendente e infantil, George é ambicioso, inteligente, letrado e – o mais importante – detesta a escravidão com fervor insaciável. Quando, logo no início do livro, George decide fugir para o Canadá, Eliza, em sua pureza de criada doméstica protegida no lar, fica extremamente assustada com o ódio desmedido do marido pela escravidão: "Eliza estremeceu e não disse nada. Ela nunca tinha visto o marido naquele estado; e seus princípios éticos, pacíficos, pareceram ruir diante da força de tanto entusiasmo"[71].

Eliza quase não percebe a injustiça generalizada da escravidão. Sua subserviência feminina a incita a entregar-se ao seu destino de escrava e às vontades de seu senhor e de sua senhora, bons e gentis. Somente quando sua condição de mãe é ameaçada ela encontra forças para se erguer e lutar. Como uma mãe que se descobre capaz de levantar um carro se uma de suas crianças estiver presa embaixo dele, Eliza vivencia um surto de poder materno quando descobre que seu filho será vendido. Os problemas financeiros de seu "gentil" senhor fazem com que ele venda Pai Tomás e o filho de Eliza, Harry – apesar, é claro, dos apelos compadecidos e maternais de sua esposa. Eliza pega Harry e instintivamente foge, porque "acima de tudo estava o amor materno, transformado pela agonia extrema de sentir um terrível perigo se aproximando"[72]. A coragem de Eliza como mãe é fascinante. Quando, em meio à fuga, ela depara com um rio intransponível formado por gelo derretido e vê o captor de escravos em seu encalço, ela protege Harry com o próprio corpo e,

> com uma força que Deus só concede a pessoas desesperadas [...] salta por cima da correnteza agitada da margem sobre as placas de gelo [...]. Com gritos descontrolados e uma energia alucinada, ela salta de um bloco de gelo a outro, e depois a outro – cambaleando, pulando, escorregando, levantando-se novamente! Os sapatos se vão – as meias são arrancadas de seus pés –, e a cada passo ela deixa uma mancha de sangue; mas ela não vê nada, não sente nada, até que, de modo turvo, como em um sonho, ela avista Ohio e um homem que a ajuda a chegar à margem.[73]

A falta de verossimilhança dos atos melodramáticos de Eliza não importava a Stowe – porque Deus transmite dons sobre-humanos às afáveis mães cristãs. A questão é que, ao aceitar totalmente o culto à figura materna característico do século XIX, a autora falha por completo em captar a realidade e a sinceridade da resistência das mulheres negras à escravidão. Inúmeros atos de heroísmo realizados por mães escravas foram registrados. Essas mulheres, ao contrário de Eliza, eram levadas a defender seus filhos pela repulsa veemente à escravidão.

---

[71] Harriet Beecher Stowe, *Uncle Tom's Cabin* (Nova York, New American Library/Signet, 1968), p. 27 [ed. bras.: *A cabana do Pai Tomás*, trad. Nélia Maria P. P. von Tempski-Silka, Curitiba, Juruá, 2011].
[72] Ibidem, p. 61.
[73] Ibidem, p. 72.

A origem de sua força não era um poder místico vinculado à maternidade, e sim suas experiências concretas como escravas. Algumas delas, como Margaret Garner, preferiram matar suas filhas para não testemunhar sua chegada à vida adulta sob a brutal circunstância da escravidão. Eliza, por outro lado, é bastante indiferente à desumanidade completa do sistema escravista. Se não se visse ameaçada pela venda do filho, ela provavelmente teria vivido feliz para sempre sob a tutela benevolente de seu senhor e de sua senhora.

As Elizas, se existiram, certamente foram as exceções em meio a maioria das mulheres negras. Elas não representam, em hipótese alguma, as experiências acumuladas por todas essas mulheres que labutaram sob o chicote de seus senhores, trabalharam para sua família, protegendo-a, lutaram contra a escravidão e foram espancadas, estupradas, mas nunca subjugadas. Foram essas mulheres que transmitiram para suas descendentes do sexo feminino, nominalmente livres, um legado de trabalho duro, perseverança e autossuficiência, um legado de tenacidade, resistência e insistência na igualdade sexual – em resumo, um legado que explicita os parâmetros para uma nova condição da mulher.

2
O MOVIMENTO ANTIESCRAVAGISTA E A ORIGEM DOS DIREITOS DAS MULHERES

Quando a verdadeira história da causa antiescravagista for escrita, as mulheres ocuparão um vasto espaço em suas páginas; porque a causa das pessoas escravas tem sido particularmente uma causa das mulheres.[1]

Essas são as palavras de um ex-escravo, um homem que se tornou um aliado tão forte do movimento de mulheres do século XIX que foi acusado de ser "o homem dos direitos das mulheres"[2]. Frederick Douglass, o mais importante abolicionista negro dos Estados Unidos, foi também o homem de maior destaque na causa da emancipação feminina em sua época. Por apoiar integralmente o controverso movimento das mulheres, com frequência era ridicularizado em público. A maioria dos homens de então, ao ter a virilidade contestada, teria automaticamente se levantado em defesa de sua masculinidade. Mas Douglass assumiu uma postura antissexista admirável, declarando não se sentir diminuído pelo rótulo de "o homem dos direitos das mulheres. [...] Fico feliz em dizer que nunca tive vergonha de ser chamado dessa maneira"[3]. Sua atitude em relação aos detratores pode ter sido inspirada no conhecimento de que um dos métodos de afastar as mulheres brancas da luta antiescravagista era chamá-las de "amantes de pretos". E ele sabia que as mulheres eram indispensáveis ao movimento abolicionista – tanto em termos numéricos quanto por "sua competência na defesa da causa das pessoas escravas"[4].

Por que tantas mulheres se juntaram ao movimento antiescravagista? Havia algo especial no abolicionismo que atraía as mulheres brancas do século XIX de um modo que nenhum outro movimento reformista havia conseguido? Se essas perguntas tivessem sido feitas a uma abolicionista proeminente

---

[1] Frederick Douglass, *The Life and Times of Frederick Douglass*, cit., p. 469.
[2] Ibidem, p. 472.
[3] Idem.
[4] Idem.

como Harriet Beecher Stowe, ela poderia ter argumentado que os instintos maternais forneciam uma base *natural* para a afinidade das mulheres com o antiescravagismo. Ao menos é o que parece estar subentendido em seu romance *A cabana do Pai Tomás*[5], cujo apelo abolicionista foi ouvido por um grande número de mulheres.

Quando Stowe publicou *A cabana do Pai Tomás*, o culto do século XIX à maternidade estava no auge. A mulher perfeita era retratada na imprensa, na nova literatura popular e até nos tribunais como a mãe perfeita. Seu lugar era em casa – nunca, é claro, na esfera política. No romance em questão, escravas e escravos são representados, em geral, como crianças doces, carinhosas, indefesas, ainda que, às vezes, insolentes. O "coração gentil e caseiro" do Pai Tomás era, segundo escreveu Stowe, "característica inerente à sua raça"[6]. O livro é impregnado de pressupostos sobre a inferioridade tanto da população negra quanto das mulheres. A maioria dos negros é dócil e servil; as mulheres, mães e quase nada além. Pode parecer irônico, mas a obra mais popular da literatura antiescravagista daquela época perpetuava as ideias racistas que justificavam a escravidão e as noções sexistas que fundamentavam a exclusão das mulheres da arena política na qual se travava a batalha contra a escravidão.

A óbvia contradição entre o conteúdo reacionário e o apelo progressista de *A cabana do Pai Tomás* não era tanto um defeito da perspectiva individual da autora, mas sim um reflexo da natureza contraditória da condição das mulheres no século XIX. Durante as primeiras décadas daquele século, a Revolução Industrial fez com que a sociedade estadunidense passasse por uma profunda metamorfose. Nesse processo, as circunstâncias da vida das mulheres brancas mudaram radicalmente. Por volta dos anos 1830, o sistema fabril absorveu muitas das atividades econômicas tradicionais das mulheres. Claro, elas foram libertadas de algumas de suas velhas tarefas opressivas. Ao mesmo tempo, porém, a incipiente industrialização da economia minou o

---

[5] Harriet Beecher Stowe, *Uncle Tom's Cabin*, cit. Frederick Douglass fez os seguintes comentários em sua autobiografia: "Em meio aos problemas desses escravos fugitivos foi publicado o livro *A cabana do Pai Tomás*, um trabalho de incrível profundidade e força. Nada poderia ter se encaixado melhor nas necessidades morais e humanas daquele momento. O efeito do livro foi extraordinário, instantâneo e universal. Nenhum outro livro sobre o tema da escravidão tocou a sensibilidade estadunidense de modo tão completo e favorável. O texto combinava todo o poder e a emoção de publicações anteriores desse tipo e foi aclamado por muitos como uma obra inspirada. De uma só vez, a sra. Stowe se transformou em alvo de interesse e admiração", *The Life and Times of Frederick Douglass*, cit., p. 282.

[6] Harriet Beecher Stowe, *Uncle Tom's Cabin*, cit., p. 107.

prestígio que as mulheres tinham no lar – um prestígio baseado no caráter *produtivo* e absolutamente essencial de seu trabalho doméstico até então. Por causa disso, a condição social das mulheres começou a se deteriorar. Uma consequência ideológica do capitalismo industrial foi o desenvolvimento de uma ideia mais rigorosa de inferioridade feminina. De fato, parecia que quanto mais as tarefas domésticas das mulheres eram reduzidas, devido ao impacto da industrialização, mais intransigente se tornava a afirmação de que "o lugar da mulher é em casa"[7].

Na verdade, o lugar da mulher sempre tinha sido em casa, mas durante a era pré-industrial a própria economia centrava-se na casa e nas terras cultiváveis ao seu redor. Enquanto os homens lavravam o solo (frequentemente com a ajuda da esposa), as mulheres eram manufatoras, fazendo tecidos, roupas, velas, sabão e praticamente tudo o que era necessário para a família. O lugar das mulheres era mesmo em casa – mas não apenas porque elas pariam e criavam as crianças ou porque atendiam às necessidades do marido. Elas eram trabalhadoras produtivas no contexto da economia doméstica, e seu trabalho não era menos respeitado do que o de seus companheiros. Quando a produção manufatureira se transferiu da casa para a fábrica, a ideologia da feminilidade começou a forjar a esposa e a mãe como modelos ideais. No papel de trabalhadoras, ao menos as mulheres gozavam de igualdade econômica, mas como esposas eram destinadas a se tornar apêndices de seus companheiros, serviçais de seus maridos. No papel de mães, eram definidas como instrumentos passivos para a reposição da vida humana. A situação da dona de casa branca era cheia de contradições. Era inevitável que houvesse resistência[8].

A turbulenta década de 1830 foi de intensa resistência. A rebelião de Nat Turner, no início do decênio, anunciava de modo inequívoco que a população negra estava profundamente insatisfeita com seu destino de escravidão e, mais do que nunca, determinada a resistir. Em 1831, ano da rebelião de Nat Turner, nasceu o movimento abolicionista organizado. O início da década também foi de greves e paralisações nas fábricas têxteis do Nordeste do país, operadas

---

[7] Ver Barbara Ehrenreich e Deirdre English, "Microbes and the Manufacture of Housework", em *For Her Own Good: 150 Years of the Experts' Advice to Women* (Garden City, Anchor Press/Doubleday, 1978) [ed. bras.: *Para seu próprio bem: 150 anos de conselhos de especialistas para as mulheres*, trad. Beatriz Horta e Neuza Campelo, Rio de Janeiro, Rosa dos Tempos, 2003], e Ann Oakley, *Woman's Work: The Housewife Past and Present* (Nova York, Vintage, 1976).

[8] Ver Eleanor Flexner, *Century of Struggle: The Women's Rights Movement in the U.S.* (Nova York, Atheneum, 1973), e Mary P. Ryan, *Womanhood in America* (Nova York, New Viewpoints, 1975).

em grande parte por mulheres jovens e crianças. Na mesma época, mulheres brancas de origem mais abastada começavam a lutar pelo direito à educação e por uma carreira fora de casa[9].

As mulheres brancas do Norte – tanto as donas de casa de classe média quanto as jovens operárias* – frequentemente evocavam a metáfora da escravidão quando tentavam expressar suas respectivas opressões. Aquelas de melhor situação econômica começaram a denunciar o caráter insatisfatório de sua vida doméstica, definindo o casamento como uma forma de escravidão. Para as trabalhadoras, a opressão econômica sofrida no emprego tinha uma forte semelhança com a escravidão. Em 1836, quando as operárias de Lowell, Massachusetts, entraram em greve, marcharam pela cidade cantando:

> Oh, eu não posso ser uma escrava,
> Eu não serei uma escrava,
> Oh, eu amo demais a liberdade,
> Eu não serei uma escrava.[10]

Entre as mulheres trabalhadoras e aquelas que vinham de prósperas famílias de classe média, as primeiras certamente tinham motivos mais legítimos para se comparar às escravas. Embora fossem nominalmente livres, elas eram tão exploradas em suas condições de trabalho e em seus baixos salários que a associação com a escravidão era automática. Ainda assim, eram as mulheres com recursos financeiros que evocavam essa analogia de modo mais literal em seus esforços para expressar a natureza opressiva do casamento[11]. Na metade inicial do século XIX, a ideia de que a milenar instituição do casamento pudesse ser opressiva era de certa forma recente. As primeiras feministas podem ter descrito o matrimônio como uma "escravidão" semelhante à sofrida pela população negra principalmente devido ao poder impactante dessa

---

[9] Ver Herbert Aptheker, *Nat Turner's Slave Rebellion* (Nova York, Humanities Press, 1966); Harriet H. Robinson, *Loom and Spindle: or, Life Among the Early Mill Girls* (Kailua, Press Pacifica, 1976). Ver também Barbara Wertheimer, *We Were There: The Story of Working Women in America*, cit.; e Eleanor Flexner, *Century of Struggle*, cit.

* No original, "mill girls", como eram chamadas as trabalhadoras da indústria têxtil de Lowell, Massachusetts. (N. T.)

[10] Harriet H. Robinson, *Loom and Spindle*, cit., p. 51.

[11] Ver a discussão sobre essa tendência de equiparar as instituições do casamento e da escravidão em Pamela Allen, "Woman Suffrage: Feminism and White Supremacy", em Robert Allen, *Reluctant Reformers* (Washington, Howard University Press, 1974), p. 136 e seg.

comparação – temendo que, de outra maneira, a seriedade de seu protesto se perdesse. Entretanto, elas aparentemente ignoravam que a identificação entre as duas instituições dava a entender que, na verdade, a escravidão não era muito pior do que o casamento. Mesmo assim, a implicação mais importante dessa comparação era a de que as mulheres brancas de classe média sentiam certa afinidade com as mulheres e os homens negros, para quem a escravidão significava chicotes e correntes.

Ao longo da década de 1830, as mulheres brancas – tanto as donas de casa como as trabalhadoras – foram ativamente atraídas para o movimento abolicionista. Enquanto as operárias contribuíam com parte de seus minguados salários e organizavam bazares para arrecadar mais fundos, as de classe média se tornavam ativistas e organizadoras da campanha antiescravagista[12]. Em 1833, quando a Sociedade Antiescravagista Feminina da Filadélfia foi criada, na esteira da convenção de fundação da Sociedade Antiescravagista Estadunidense, o número de mulheres brancas simpatizantes à causa da população negra era suficiente para estabelecer o vínculo entre os dois grupos oprimidos[13]. Em um fato de ampla repercussão naquele ano, uma jovem branca se tornou um exemplo dramático da coragem e da militância antirracista feminina. Prudence Crandall foi uma professora que desafiou a população branca de Canterbury, Connecticut, ao aceitar uma menina negra em sua escola[14]. Sua postura íntegra e inflexível durante toda a polêmica simbolizou a possibilidade de firmar uma poderosa aliança entre a já estabelecida luta pela libertação negra e a embrionária batalha pelos direitos das mulheres.

Os pais das alunas brancas da escola de Prudence Crandall foram unânimes ao expressar sua oposição à presença da estudante negra, organizando um boicote amplamente divulgado. Mas a professora de Connecticut se recusou a ceder a tais demandas racistas. Seguindo o conselho da sra. Charles Harris – uma mulher negra que ela havia empregado na escola –, Crandall decidiu matricular mais meninas negras e, se necessário, abrir uma escola exclusiva para a comunidade negra. Abolicionista experiente, a sra. Harris apresentou Crandall a William Lloyd Garrison, que publicou anúncios sobre a escola no *Liberator*, seu jornal

---

[12] Barbara Wertheimer, *We Were There*, cit., p. 106.

[13] A primeira associação feminina antiescravagista foi criada por mulheres negras em Salem, Massachusetts, em 1832.

[14] Ver Eleanor Flexner, *Century of Struggle*, cit., p. 38-40. Ver também Samuel Sillen, *Women Against Slavery* (Nova York, Masses and Mainstream, 1955), p. 11-6.

antiescravagista. Os moradores de Canterbury reagiram com a aprovação de uma resolução contrária aos planos de Crandall, decisão que declarava que "o governo dos Estados Unidos, a nação e todas as instituições de direito pertencem aos homens brancos que agora tomam posse deles"[15]. Não há dúvidas de que eles se referiam literalmente aos *homens* brancos, já que Prudence Crandall não violara apenas o código de segregação racial, mas também desafiara as regras tradicionais de conduta de uma *mulher branca*.

> Apesar de todas as ameaças, Prudence Crandall abriu a escola. [...] Com coragem, as estudantes se colocaram a seu lado.
> E então aconteceu um dos mais heroicos – e também vergonhosos – episódios da história dos Estados Unidos. Os lojistas se recusaram a vender materiais para a srta. Crandall. [...] O médico local não quis atender as alunas doentes. O farmacêutico se recusou a fornecer remédios. No auge desse ato de desumanidade, arruaceiros quebraram as janelas da escola, jogaram estrume no poço e atearam fogo em vários pontos do prédio.[16]

De onde essa jovem quacre tirou sua força extraordinária e sua impressionante capacidade de perseverar diante dessa situação perigosa de cerco diário? Provavelmente de seus laços com as pessoas negras, cuja causa ela defendia com tanto ardor. A escola continuou a funcionar até que as autoridades de Connecticut determinaram a prisão de Prudence Crandall[17]. Quando foi encarcerada, já havia marcado sua época de tal forma que, mesmo em sua aparente derrota, ela emergiu como símbolo de vitória.

Os incidentes de 1833 em Canterbury irromperam no início de uma nova era. Assim como a rebelião de Nat Turner, o surgimento do jornal *Liberator*, de Garrison, e a fundação da primeira organização antiescravagista nacional, tais eventos anunciaram o início de uma época de violentas lutas sociais. A defesa inabalável de Prudence Crandall do direito de pessoas negras à educação foi um exemplo dramático – e mais poderoso do que se poderia imaginar – para as mulheres brancas que sofriam as dores do parto da conscientização política. De forma lúcida e eloquente, as ações de Crandall falavam sobre as vastas possibilidades de libertação caso as mulheres brancas, em massa, dessem as mãos a suas irmãs negras.

---

[15] Ibidem, p. 13.
[16] Idem.
[17] Ibidem, p. 14.

Que os opressores do Sul estremeçam – que seus apologistas no Norte estremeçam – que estremeçam todos os inimigos das pessoas negras perseguidas [...]. Não me cabe usar moderação em uma causa como essa. Estou decidido – não vou tergiversar – não vou me desculpar – não vou recuar um milímetro – e *serei ouvido*.[18]

Essa foi a firme declaração pessoal de William Lloyd Garrison ao público leitor da primeira edição do *Liberator*. Em 1833, dois anos depois, esse jornal abolicionista pioneiro havia conquistado uma significativa audiência, formada por um grande número de assinantes entre a população negra e uma quantidade crescente entre a população branca. Prudence Crandall e pessoas como ela eram defensoras leais da publicação. Mas as trabalhadoras brancas também concordavam prontamente com a postura de militância antiescravagista de Garrison. De fato, assim que o movimento antiescravagista foi organizado, as operárias ofereceram um apoio decisivo à causa abolicionista. No entanto, as figuras femininas brancas mais visíveis na campanha antiescravagista eram mulheres que não precisavam exercer trabalho remunerado. Eram esposas de médicos, advogados, juízes, comerciantes, donos de fábricas – em outras palavras, mulheres da classe média e da burguesia emergente.

Em 1833, muitas dessas mulheres de classe média começavam a perceber que algo estava errado em sua vida. Como "donas de casa" na nova era do capitalismo industrial, elas perderam sua importância econômica no lar, e sua condição social enquanto mulheres sofreu uma deterioração semelhante. Nesse processo, entretanto, elas passaram a ter tempo livre, o que permitiu que se tornassem reformistas sociais – organizadoras ativas da campanha abolicionista. O abolicionismo, por sua vez, conferia a elas a oportunidade de iniciar um protesto implícito contra o caráter opressivo de seu papel no lar.

Apenas quatro mulheres foram convidadas a participar da convenção de fundação da Sociedade Antiescravagista Estadunidense, em 1833. Os homens que organizaram o encontro na Filadélfia estipularam, além do mais, que elas seriam "ouvintes e espectadoras"[19] em vez de participantes plenas. Isso não dissuadiu Lucretia Mott – uma das quatro mulheres – da audácia de se dirigir aos homens presentes na convenção em pelo menos duas ocasiões. Na sessão de abertura, confiante, ela se levantou de sua cadeira de "ouvinte e espectadora"

---

[18] *Liberator*, 1º jan. 1831, citado em William Z. Foster, *The Negro People in American History* (Nova York, International Publishers, 1970), p. 108.
[19] Samuel Sillen, *Women Against Slavery*, cit., p. 17.

na galeria e apresentou seus argumentos contra a proposta de adiar a assembleia devido à ausência de um ilustre cidadão da Filadélfia: "Princípios justos são mais fortes do que nomes. Se nossos princípios são justos, por que deveríamos nos acovardar? Por que deveríamos esperar por aqueles que nunca tiveram a coragem de garantir os direitos inalienáveis das pessoas escravas?"[20].

Experiente pastora quacre, Lucretia Mott sem dúvida surpreendeu o auditório exclusivamente masculino, já que naquela época as mulheres nunca opinavam abertamente em assembleias públicas[21]. Embora os participantes do encontro tenham aplaudido sua fala e dado prosseguimento aos trabalhos conforme sua sugestão, no fim da reunião nem ela nem as outras mulheres foram convidadas a assinar a Declaração de Sentimentos e Objetivos. Seja porque a assinatura de mulheres fosse expressamente reprovada, seja porque não ocorreu aos líderes que elas deveriam ser chamadas a assinar o documento, isso demonstra a visão extremamente limitada daqueles homens. Suas atitudes sexistas os impediram de compreender o imenso potencial do envolvimento das mulheres no movimento antiescravagista. Lucretia Mott, que não tinha uma visão limitada, organizou o encontro de fundação da Sociedade Antiescravagista Feminina da Filadélfia logo depois da convenção masculina[22]. Estava destinada a se tornar uma figura pública central do movimento antiescravagista, uma mulher que seria amplamente admirada por sua grande coragem e por sua firmeza ao enfrentar violentas gangues racistas: "Em 1838, essa mulher de aparência frágil, usando um vestido sóbrio, bem engomado, típico das quacres, enfrentou calmamente uma gangue pró-escravidão que incendiou o Pennsylvania Hall* com a conivência do prefeito da Filadélfia"[23].

O comprometimento de Mott com a causa abolicionista envolvia outros riscos, já que sua casa era um movimentado ponto de parada da *Underground*

---

[20] Idem.

[21] Nos Estados Unidos, a primeira mulher a falar em público foi Frances Wright, oradora e escritora nascida na Escócia (ver Eleanor Flexner, *Century of Struggle*, cit., p. 27-8). Em 1832, quando Maria W. Stewart, uma mulher negra, ministrou quatro palestras em Boston, ela se tornou a primeira mulher nascida nos Estados Unidos a falar publicamente (ver Gerda Lerner, *Black Women in White America*, cit., p. 83).

[22] Eleanor Flexner, *Century of Struggle*, cit., p. 42. Ver o texto sobre a constituição da Sociedade Antiescravagista Feminina da Filadélfia em Judith Papachristou (org.), *Women Together: A History in Documents of the Women's Movement in the United States* (Nova York, Alfred A. Knopf, 1976), p. 4-5.

* Ponto de encontro dos abolicionistas do século XIX, na Filadélfia, cuja estrutura original durou poucos dias antes de ser incendiada. (N. E.)

[23] Samuel Sillen, *Women Against Slavery*, cit., p. 20.

Railroad, onde fugitivos célebres, como Henry "Box" Brown, se hospedavam durante sua jornada rumo ao Norte. Em uma ocasião, a própria Lucretia Mott ajudou uma escrava a escapar em uma carruagem sob escolta armada[24].

Assim como Lucretia Mott, muitas outras mulheres brancas sem qualquer experiência política anterior se juntaram ao movimento abolicionista, onde receberam, literalmente, seu batismo de fogo. Uma gangue pró-escravidão invadiu um encontro presidido por Maria Weston Chapman e arrastou um dos oradores, William Lloyd Garrison, pelas ruas de Boston. Weston, uma das líderes da Sociedade Antiescravagista Feminina de Boston, percebeu que a gangue de brancos pretendia isolar e talvez atacar violentamente as mulheres negras presentes, por isso insistiu para que cada mulher branca deixasse o prédio ao lado de uma mulher negra[25]. A Sociedade Antiescravagista Feminina de Boston era um dos vários grupos de mulheres que surgiram na Nova Inglaterra logo após a fundação da sociedade na Filadélfia por Mott. Se pudesse ser determinada a quantidade de mulheres que foram subsequentemente agredidas por gangues racistas ou que tiveram a vida colocada em risco de outras formas, sem dúvida os números seriam espantosamente altos.

Trabalhando no movimento abolicionista, as mulheres brancas tomaram conhecimento da natureza da opressão humana – e, nesse processo, também aprenderam importantes lições sobre sua própria sujeição. Ao afirmar seu direito de se opor à escravidão, elas protestavam – algumas vezes abertamente, outras de modo implícito – contra sua própria exclusão da arena política. Se ainda não sabiam como apresentar suas reivindicações coletivamente, ao menos podiam defender a causa de um povo que também era oprimido.

O movimento antiescravagista oferecia às mulheres de classe média uma oportunidade de provar seu valor de acordo com parâmetros que não estavam ligados a seus papéis como esposas e mães. Nesse sentido, a campanha abolicionista era um espaço em que elas poderiam ser valorizadas por seu *trabalho* concreto. De fato, seu envolvimento político na luta contra a escravidão talvez tenha sido tão intenso, apaixonado e total porque podiam vivenciar uma estimulante alternativa à sua vida doméstica. E estavam resistindo a uma opressão que se assemelhava àquela que elas mesmas viviam. Além disso, no interior do movimento antiescravagista, aprenderam a desafiar a supremacia masculina.

---

[24] Ibidem, p. 21-2.
[25] Ibidem, p. 25.

Ali, descobriram que o sexismo, que parecia inabalável no casamento, poderia ser questionado e combatido na arena da luta política. Sim, as mulheres brancas podiam ser instadas a defender intensamente seus direitos *enquanto mulheres* a fim de lutar pela emancipação do povo negro.

Como revela o excelente estudo de Eleanor Flexner sobre o movimento de mulheres, as abolicionistas acumularam experiências políticas de valor incalculável, sem as quais não teriam conseguido organizar de modo efetivo a campanha por seus direitos mais de uma década depois[26]. As mulheres desenvolveram habilidades de captação de recursos e aprenderam a distribuir publicações e a organizar encontros – algumas delas se tornaram poderosas oradoras. Mais importante de tudo, elas se tornaram eficientes no uso da petição, que se revelaria uma arma tática central na campanha pelos direitos das mulheres. Ao organizar petições contra a escravidão, foram compelidas a defender ao mesmo tempo o próprio direito de se envolver em ações políticas. De que outra forma convenceriam o governo a aceitar as assinaturas de mulheres sem direito ao voto a não ser questionando com contundência a validade de seu tradicional exílio da atividade política? E, como Flexner insiste, era necessário

> para a típica dona de casa, mãe ou filha, ultrapassar os limites do decoro, ignorar as caras feias, ou a zombaria, ou as ordens explícitas dos homens da família e [...] pegar sua primeira petição, descer uma rua desconhecida, bater nas portas e pedir assinaturas para uma causa impopular. Ela não só estava saindo de casa sem a companhia do marido ou do irmão como em geral enfrentava hostilidade, se não verdadeiros abusos, por seu comportamento pouco feminino.[27]

De todas as abolicionistas pioneiras, as irmãs Sarah e Angelina Grimké, da Carolina do Sul, foram as que estabeleceram de modo mais consistente a relação entre escravidão e opressão das mulheres. Desde o início de suas tumultuadas carreiras como oradoras, elas se viram obrigadas a defender o direito de, na condição de mulheres, lutar publicamente pela abolição – e, por consequência, a defender o direito de todas as mulheres de registrar em público sua oposição à escravidão.

Nascidas em uma família proprietária de escravos da Carolina do Sul, as irmãs Grimké desenvolveram uma intensa aversão à "instituição peculiar" e,

---

[26] Eleanor Flexner, *Century of Struggle*, cit., p. 51.
[27] Idem.

quando adultas, decidiram se mudar para o Norte. Unindo-se à luta abolicionista em 1836, começaram a fazer discursos públicos na Nova Inglaterra sobre sua própria vida e seu contato diário com a perversidade da escravidão. Ainda que as reuniões fossem promovidas pelas sociedades antiescravagistas femininas, um número cada vez maior de homens passou a tomar parte. "Os homens, ouvindo sobre a eloquência e o poder [das irmãs], logo começaram a ocupar timidamente os assentos no fundo da plateia."[28] Essas assembleias representavam algo inédito, já que nunca antes mulheres haviam se dirigido a audiências mistas de modo tão regular e sem enfrentar gritos ofensivos ou escárnio por parte dos homens que consideravam a oratória uma atividade exclusivamente masculina.

Embora os homens que acompanhavam esses encontros estivessem, sem dúvida, dispostos a aprender com as experiências das mulheres, as irmãs Grimké foram vítimas de ataques vingativos de outras forças masculinas. O mais violento deles partiu de grupos religiosos: em 28 de julho de 1837, o Conselho de Pastores da Igreja Congressional de Massachusetts divulgou uma carta pastoral punindo-as severamente por engajar-se em atividades que subvertiam a determinação divina do papel das mulheres: "O poder da mulher é sua dependência, que emana da consciência dessa fraqueza que Deus lhe deu para protegê-la [...]"[29].

De acordo com os pastores, as atividades das irmãs Grimké geravam "perigos que, no momento, colocam a figura feminina sob o risco de ofensas generalizadas e permanentes"[30]. Além disso,

> Estimamos as orações sem ostentação da mulher na promoção da causa religiosa. [...] Mas quando ela ocupa o lugar e o tom de voz do homem como reformista política [...], ela abre mão do poder que Deus lhe concedeu para sua proteção, e seu caráter se torna artificial. Se a videira, cuja força e beleza estão em se adaptar à treliça e esconder parcialmente seus cachos, pensasse em assumir a independência e a natureza dominadora do olmo, ela não apenas deixaria de dar frutos, mas cairia em vergonha e desonra, reduzindo-se a pó.[31]

---

[28] Elizabeth Cady Stanton, Susan B. Anthony et al., *History of Woman Suffrage*, v. 1: *1848-1861* (Nova York, Fowler & Wells, 1881), p. 52.

[29] Citado em Judith Papachristou (org.), *Women Together*, cit., p. 12. Ver a análise de Gerda Lerner sobre essa carta pastoral em sua obra *The Grimké Sisters from South Carolina: Pioneers for Women's Rights and Abolition* (Nova York, Schocken, 1971), p. 189.

[30] Citado em Judith Papachristou (org.), *Women Together*, cit., p. 12.

[31] Idem.

Redigida pela maior denominação protestante de Massachusetts, essa carta pastoral teve imensa repercussão. Se os pastores tivessem razão, Sarah e Angelina Grimké estavam cometendo o pior dos pecados: desafiavam a vontade de Deus. Os ecos dessa agressão só começaram a perder força quando as irmãs decidiram encerrar a carreira de oradoras.

Nem Sarah nem Angelina estavam inicialmente preocupadas – ao menos não de modo explícito – em questionar a situação de desigualdade social das mulheres. Sua prioridade era expor a essência inumana e imoral do sistema escravagista, bem como a responsabilidade específica das mulheres para sua manutenção. Mas quando os ataques sustentados pela supremacia masculina foram desencadeados contra elas, as irmãs perceberam que, a menos que se defendessem como mulheres – e defendessem também os direitos das mulheres em geral –, seriam excluídas em definitivo da campanha para libertar escravas e escravos. Entre as duas, Angelina Grimké era a oradora mais poderosa e passou a contestar os ataques às mulheres em seus discursos. Sarah, uma teórica talentosa, começou a escrever suas *Letters on the Equality of the Sexes and the Condition of Women* [Cartas sobre a igualdade dos sexos e a condição das mulheres][32].

Concluídas em 1838, as cartas de Sarah Grimké trazem uma das primeiras análises abrangentes sobre a condição das mulheres escritas por uma mulher nos Estados Unidos. Ao colocar no papel suas ideias seis anos antes da publicação do conhecido tratado de Margaret Fuller, Sarah contestou a compreensão geral de que a desigualdade entre os sexos era uma determinação de Deus. "Homens e mulheres foram criados iguais: ambos são seres humanos morais e responsáveis."[33] Ela contestava diretamente a acusação dos pastores de que as mulheres que almejavam liderar movimentos de reforma social eram artificiais, insistindo que "tudo que é correto para o homem é correto para a mulher"[34].

Os textos e discursos dessas notáveis irmãs foram recebidos com entusiasmo por muitas mulheres que atuavam no movimento antiescravagista feminino. Mas alguns dos abolicionistas mais importantes alegavam que a questão dos direitos das mulheres confundiria e alienaria quem se preocupava apenas em combater a escravidão. A reação imediata de Angelina explicita sua compreensão

---

[32] Sarah Grimké começou a publicar suas *Letters on the Equality of the Sexes* em julho de 1837. Os textos apareceram primeiro no *New England Spectator* e foram reproduzidos no *Liberator*. Ver Gerda Lerner, *The Grimké Sisters from South Carolina*, cit., p. 187.
[33] Citado em Alice S. Rossi (org.), *The Feminist Papers* (Nova York, Bantam, 1974), p. 308.
[34] Idem.

(e a de sua irmã) a respeito dos fortes laços que atavam a luta pelos direitos das mulheres ao abolicionismo:

> Não podemos levar o abolicionismo adiante com todas as nossas forças enquanto não removermos o grande obstáculo do caminho. [...] Enfrentar esse problema pode parecer desviar-se do caminho. [...] Mas não é: precisamos enfrentá-lo, e precisamos enfrentá-lo agora. [...] Por que, queridos irmãos, vocês não percebem o plano secreto dos clérigos contra nós, mulheres, como oradoras? [...] Se abrirmos mão do direito de falar em público neste ano, teremos de abrir mão do direito de organizar petições no próximo ano, e do direito de escrever no ano seguinte, e assim por diante. E, então, o que a mulher poderá fazer contra a escravidão, quando ela mesma estiver subjugada ao homem e humilhada no silêncio?[35]

Uma década antes de as mulheres brancas organizarem sua oposição massiva contra a ideologia da supremacia masculina, as irmãs Grimké encorajaram as mulheres a resistir ao destino de passividade e dependência que a sociedade lhes impunha, a fim de ocupar o lugar que lhes cabia na luta pela justiça e pelos direitos humanos. Em seu texto *Appeal to the Women of the Nominally Free States* [Apelo às mulheres dos estados nominalmente livres], de 1837, Angelina insiste veementemente sobre esse ponto:

> Dizem que, um dia, Napoleão Bonaparte repreendeu uma dama francesa por se ocupar de política. "Majestade", ela respondeu, "em um país onde *mulheres* são mortas, é muito natural que *mulheres* desejem saber por que isso acontece." E, queridas irmãs, em um país onde as mulheres são humilhadas e agredidas, e onde seus corpos expostos sangram sob o açoite, onde elas são vendidas em matadouros pelos "comerciantes de negros", têm roubada a renda que lhes é devida, são separadas de seus maridos e arrancadas à força de sua virtude e de sua prole, com certeza, em *tal* país, é muito natural que as *mulheres* desejem saber "*por que* isso acontece" – especialmente quando essas atrocidades sanguinárias e de crueldade indescritível são praticadas violando os princípios de nossa Constituição. Portanto, não vamos e não podemos reconhecer que, por ser uma *questão política*, as mulheres devem cruzar os braços passivamente, fechar os olhos e tapar os ouvidos às "coisas terríveis" que são praticadas em nosso país. Negar nosso dever de agir é claramente negar nosso direito de agir; e, se não temos direito de agir, então *nós* podemos muito bem ser denominadas "as escravas

---

[35] Citado em Eleanor Flexner, *Century of Struggle*, cit., p. 48. Também citado e analisado em Gerda Lerner, *The Grimké Sisters from South Carolina*, cit., p. 201.

brancas do Norte", uma vez que, como nossos irmãos cativos, deveremos nos calar e perder a esperança.[36]

Essa passagem também ilustra a insistência das irmãs Grimké para que as mulheres brancas do Norte e do Sul reconhecessem os laços especiais que as uniam às mulheres negras vítimas das dores da escravidão. Repetindo: "Elas são mulheres de nosso país – *elas são nossas irmãs*; e têm o direito de encontrar em nós, como mulheres, a compaixão por seus sofrimentos e os esforços e orações para sua salvação"[37].

Para as irmãs Grimké, segundo Eleanor Flexner, "a questão da igualdade das mulheres" não era um "caso de justiça abstrata", e sim "de possibilitar que as mulheres se unissem em uma missão urgente"[38]. Como a abolição da escravatura era a necessidade política mais premente da época, elas incitavam as mulheres a se juntar à luta a partir da premissa de que sua própria opressão era sustentada e perpetuada pela continuidade do sistema escravagista. Por terem uma consciência tão profunda da indissociabilidade entre a luta pela libertação negra e a luta pela libertação feminina, as irmãs nunca caíram na armadilha ideológica de insistir que um combate era mais importante do que o outro. Elas reconheciam o caráter dialético da relação entre as duas causas.

Mais do que quaisquer outras mulheres envolvidas na campanha contra a escravidão, as irmãs Grimké instavam a constante inclusão do tema dos direitos das mulheres. Ao mesmo tempo, argumentavam que as mulheres nunca alcançariam sua liberdade independentemente do povo negro. "Quero ser igualada ao negro", disse Angelina em uma reunião de mulheres patriotas que apoiavam a Guerra Civil, em 1863. "Enquanto ele não tiver seus direitos, nós não teremos os nossos."[39] Prudence Crandall arriscou a vida defendendo o direito das crianças negras à educação. Da mesma forma que sua postura continha a promessa de uma poderosa e frutífera aliança – unindo a população negra e as mulheres na concretização de um sonho comum de libertação –, a análise apresentada por Sarah e Angelina Grimké foi a expressão teórica mais emocionante e profunda dessa promessa de união.

---

[36] Angelina Grimké, *Appeal to the Women of the Nominally Free States*, publicado pela Convenção das Mulheres Estadunidenses Antiescravagistas Adiada de 9 para 12 de maio de 1837 (Nova York, W. S. Dorr, 1838), p. 13-4.
[37] Ibidem, p. 21.
[38] Eleanor Flexner, *Century of Struggle*, cit., p. 47.
[39] Gerda Lerner, *The Grimké Sisters from South Carolina*, cit., p. 353.

3
CLASSE E RAÇA NO INÍCIO DA CAMPANHA PELOS DIREITOS DAS MULHERES

Naquela noite, caminhando lado a lado pela longa Queen Street e relembrando as emocionantes cenas do dia, Lucretia Mott e Elizabeth Cady Stanton decidiram realizar uma convenção pelos direitos das mulheres em seu retorno aos Estados Unidos, já que os homens que elas haviam acabado de ouvir tinham demonstrado uma grande necessidade de ser instruídos nesse assunto. Começava assim, e ali, o trabalho missionário pela emancipação da mulher na "terra dos livres e lar dos valentes".[1]

Com frequência, presume-se que essa conversa, ocorrida em Londres no dia da abertura da Convenção Antiescravagista Mundial de 1840, conta a verdadeira história do nascimento do movimento organizado de mulheres nos Estados Unidos. Por isso, adquiriu uma importância um tanto lendária. E, como a maioria das lendas, a verdade que ela supostamente encarna é bem menos inequívoca do que parece. Esse caso e as circunstâncias que o cercam se tornaram a base de uma interpretação popular segundo a qual o movimento pelos direitos das mulheres foi principalmente inspirado – ou até mesmo provocado – pela intolerável supremacia masculina no interior da campanha antiescravagista.

Não há dúvida de que as mulheres estadunidenses que tinham a expectativa de participar da conferência em Londres ficaram realmente furiosas quando se viram excluídas pelo voto da maioria, "cercadas por uma barreira e uma cortina similares às usadas nas igrejas para esconder o coro dos olhares do público"[2]. Lucretia Mott, assim como as outras mulheres que representavam oficialmente a Sociedade Antiescravagista Estadunidense, tinha outros motivos para sentir raiva e indignação. Pouco tempo antes, ela havia participado de uma turbulenta discussão sobre o direito das mulheres abolicionistas de participar, em pé de igualdade, dos trabalhos da Sociedade Antiescravagista. No entanto, para uma

---

[1] Elizabeth Cady Stanton, Susan B. Anthony et al., *History of Woman Suffrage*, v. 1, cit., p. 62.
[2] Ibidem, p. 60, nota.

mulher que fora excluída da afiliação à Sociedade pelos sete anos anteriores, essa não era uma experiência nova. Se ela realmente se inspirou a lutar pelos direitos das mulheres em função dos acontecimentos em Londres – devido ao fato de que, como afirmam duas autoras feministas contemporâneas, "os líderes radicais, aqueles homens que mais se preocupavam com as desigualdades sociais [...] também discriminavam as mulheres"[3] –, foi porque essa inspiração já existia nela bem antes de 1840.

Ao contrário de Lucretia Mott, Elizabeth Cady Stanton não tinha experiência como ativista política quando foi realizada a convenção em Londres. Acompanhando seu marido – com quem se casara apenas algumas semanas antes – no que chamou de "viagem de casamento"[4], ela participava de sua primeira reunião antiescravagista não na condição de representante, e sim como esposa de um líder abolicionista. Assim, a sra. Stanton estava, de certo modo, incapacitada, pois lhe faltava a perspectiva forjada em anos de luta pelo direito das mulheres de colaborar com a causa antiescravagista. Quando ela escreveu (com Susan B. Anthony, em *History of Woman Suffrage* [História do sufrágio feminino]) que, durante sua conversa com Lucretia Mott, em 1840, "começava assim, e ali, o trabalho missionário pela emancipação da mulher"[5], seus comentários não levaram em consideração as lições acumuladas ao longo de quase uma década, durante a qual as abolicionistas lutaram por sua emancipação política enquanto mulheres.

Embora tenham sido derrotadas na convenção de Londres, as abolicionistas descobriram ali as evidências de que suas batalhas do passado tiveram alguns resultados positivos. Foram apoiadas por alguns dos líderes do antiescravagismo, que se opunham ao movimento coordenado para excluí-las. William Lloyd Garrison – "o bravo e ilustre Garrison"[6] –, que chegou atrasado ao debate e por isso não pôde participar, recusou-se a ocupar sua cadeira e permaneceu, durante os dez dias da convenção, "um espectador silencioso entre o público"[7]. De acordo com o relato de Elizabeth Cady Stanton, Nathaniel P. Rogers, de

---

[3] Judith Hole e Ellen Levine, "The First Feminists", em Anne Koedt et al. (org.), *Radical Feminism* (Nova York, Quadrangle, 1973), p. 6.
[4] Elizabeth Cady Stanton, *Eighty Years and More: Reminiscences, 1815-1897* (Nova York, Schocken, 1917). Ver capítulo V do livro.
[5] Elizabeth Cady Stanton, Susan B. Anthony et al., *History of Woman Suffrage*, v. 1, cit., p. 62.
[6] Ibidem, p. 61.
[7] Idem.

Concord, New Hampshire, foi o único abolicionista além de Garrison a se juntar às mulheres na galeria[8]. Por que o abolicionista negro Charles Remond não é mencionado na descrição que Stanton faz dos acontecimentos é algo bastante intrigante. Ele também era, como escreveu sobre si mesmo em um artigo publicado no *Liberator*, "um ouvinte silencioso"[9].

Charles Remond relatou ter tido uma das maiores decepções de sua vida quando descobriu, ao chegar, que as mulheres haviam sido excluídas do andar onde se realizaria a convenção. Ele tinha bons motivos para se sentir desconfortável, já que as despesas de sua própria viagem haviam sido pagas por vários grupos de mulheres.

> Eu estava completamente em dívida com as atenciosas e generosas integrantes da Sociedade Antiescravagista Feminina de Bangor, do Círculo de Costura de Portland* e da Sociedade Antiescravagista das Jovens de Newport pela ajuda para visitar este país.[10]

Remond sentiu-se obrigado a recusar sua cadeira na convenção porque, caso contrário, não poderia ser "o representante de honra das três associações femininas, ao mesmo tempo dignas de louvor em seus objetivos e eficientes nessa ação conjunta"[11]. Nem todos os homens, portanto, eram os "abolicionistas preconceituosos"[12] a quem Stanton se refere em seu relato histórico. Ao menos alguns deles haviam aprendido a identificar e desafiar as injustiças da supremacia masculina.

Embora o interesse de Elizabeth Cady Stanton pelo abolicionismo fosse bastante recente, ela havia lutado contra o sexismo ao longo de toda sua juventude. Estimulada pelo pai – um juiz conservador próspero e audacioso –, ela desafiou a ortodoxia tanto em seus estudos como em suas atividades de lazer. Estudou grego e matemática e aprendeu a cavalgar, atividades geralmente

---

[8] Idem.

[9] Charles Remond, "The World Anti-Slavery Conference, 1840", *Liberator*, 16 out. 1840; reproduzido em Herbert Aptheker, *A Documentary History of the Negro People in the United States*, v. 1, cit., p. 196.

[*] No original, *Portland Sewing Circle*. Os círculos de costura eram grupos de mulheres que se reuniam para costurar roupas com fins beneficentes e também para discutir questões políticas e sociais. Nos Estados Unidos, antes da Guerra Civil, os círculos foram espaços importantes para a conscientização política das mulheres brancas. (N. T.)

[10] Idem.

[11] Idem.

[12] Elizabeth Cady Stanton, Susan B. Anthony et al., *History of Woman Suffrage*, v. 1, cit., p. 53.

vetadas às meninas. Aos dezesseis anos, Elizabeth era a única moça em sua turma de formandos do ensino médio[13]. Antes de se casar, a jovem Stanton passava muito tempo com o pai e até havia começado a estudar direito com afinco sob a orientação dele.

Em 1848, Stanton havia se tornado mãe e dona de casa em tempo integral. Vivendo com o marido em Seneca Falls, Nova York, ela nem sempre conseguia contratar empregadas domésticas, que eram raras naquela região. Sua vida, enfadonha e frustrante, tornou-a particularmente sensível à desagradável condição das mulheres brancas de classe média. Ao explicar sua decisão de contatar Lucretia Mott depois de oito anos sem se encontrarem, ela mencionou sua situação doméstica como o primeiro entre vários motivos para convocar uma convenção de mulheres.

> Meu descontentamento generalizado como mulher no papel de esposa, mãe, dona de casa, médica e guia espiritual [...] e o olhar fatigado e ansioso da maioria das mulheres me causavam a forte impressão de que algo deveria ser feito para curar os males da sociedade em geral e das mulheres em particular. Minhas experiências na Convenção Antiescravagista Mundial, tudo o que eu tinha lido sobre a condição legal das mulheres e a opressão que eu via em todos os lugares, tudo isso junto, intensificado por muitas das minhas vivências pessoais, tocou minha alma. Parecia que todos esses elementos conspiravam para me impelir a dar um passo adiante. Eu não conseguia ver o que fazer ou por onde começar – só pensava em uma assembleia para discutir e protestar.[14]

A vida de Elizabeth Cady Stanton apresentava todos os elementos básicos do dilema de uma mulher branca de classe média em seus aspectos mais contraditórios. Sua dedicação para obter os melhores resultados acadêmicos, o conhecimento adquirido como estudante de direito e todas as outras atitudes adotadas para cultivar sua força intelectual – tudo isso havia sido em vão. Casamento e maternidade a impediram de alcançar os objetivos que ela havia definido para si mesma quando era solteira. Além disso, a partir de seu envolvimento no movimento abolicionista durante os anos posteriores à convenção de Londres, ela aprendeu que era possível organizar uma resistência política à opressão. Muitas das mulheres que responderam ao convite para participar da primeira convenção pelos direitos das mulheres em Seneca Falls estavam

---

[13] Elizabeth Cady Stanton, *Eighty Years and More*, cit., p. 33.
[14] Ibidem, p. 147-8.

se conscientizando de contradições semelhantes em sua própria vida e haviam igualmente percebido, a partir do exemplo da luta antiescravagista, que era possível batalhar pela igualdade.

Durante o planejamento da Convenção de Seneca Falls, Elizabeth Cady Stanton propôs uma resolução que pareceu excessivamente radical até mesmo para sua companheira Lucretia Mott. Embora as experiências da sra. Mott no movimento antiescravagista certamente a persuadissem de que as mulheres precisavam urgentemente exercitar seu poder político, ela se opôs à introdução de uma resolução sobre o sufrágio feminino. Essa proposta seria interpretada como um absurdo e uma afronta, pensou ela, e por consequência ameaçaria a credibilidade da convenção. O marido de Stanton também foi contra a ideia de levantar a questão do sufrágio – e cumpriu sua promessa de sair da cidade caso ela insistisse em apresentá-la. Frederick Douglass foi a única figura de destaque a concordar que a convenção deveria reivindicar o direito de voto das mulheres.

Anos antes da reunião de Seneca Falls, Elizabeth Cady Stanton havia convencido Frederick Douglass, com grande determinação, de que o voto deveria ser estendido às mulheres.

> Eu não conseguia rebater os argumentos dela, exceto com desculpas superficiais como "costumes", "divisão natural de tarefas", "vulgaridade da participação da mulher na política", a conversa de sempre sobre "a esfera feminina" e coisas parecidas, tudo o que aquela mulher competente, que na época não era menos sensata do que é hoje, desmentiu com os mesmos argumentos que desde então tem usado, de modo recorrente e eficiente, e que nenhum homem teve sucesso em refutar. Se a inteligência é a única base verdadeira e racional para um governo, conclui-se que o melhor governo é aquele que extrai sua existência e seu poder das maiores fontes de sabedoria, energia e bondade à sua disposição.[15]

Entre as cerca de trezentas pessoas, mulheres e homens, que participaram da Convenção de Seneca Falls, a questão do poder eleitoral para as mulheres era o único grande ponto de desavença: a proposta do sufrágio, por si só, não tinha apoio unânime. O fato de a polêmica proposta ter sido apresentada, entretanto, deveu-se à disposição de Frederick Douglass de apoiar a moção de

---

[15] Frederick Douglass, *The Life and Times of Frederick Douglass*, cit., p. 473.

Stanton e empregar suas habilidades como orador para defender o direito das mulheres ao voto[16].

Durante aqueles anos iniciais, quando os direitos das mulheres ainda não eram uma causa legitimada e o sufrágio feminino era desconhecido e impopular enquanto reivindicação, Frederick Douglass agitou o debate público em torno da igualdade política das mulheres. Logo após a Convenção de Seneca Falls, ele publicou um editorial em seu jornal, *North Star*. Intitulado "The Rights of Women" [Os direitos das mulheres], o texto trazia um conteúdo bastante radical para a época:

> Em respeito aos direitos políticos, defendemos que seja conferido às mulheres, de modo justo, tudo o que reivindicamos para os homens. Vamos além e expressamos nossa convicção de que todos os direitos políticos que podem ser exercidos pelos homens sejam igualmente conferidos às mulheres. Tudo o que distingue o homem como um ser inteligente e responsável é igualmente válido para a mulher, e, se um governo só é justo quando governa com o consentimento livre dos governados, não há no mundo nenhum motivo para negar à mulher o exercício do direito de votar ou a participação na criação e na administração da lei do país.[17]

Frederick Douglass também foi responsável por introduzir oficialmente a questão dos direitos das mulheres no movimento pela libertação negra, que recebeu o tema com entusiasmo. Como S. Jay Walker destaca, Douglass foi claro em sua fala na Convenção Nacional das Pessoas de Cor Libertas, que aconteceu em Cleveland, Ohio, na mesma época do encontro em Seneca Falls: "Ele conseguiu que fosse alterada uma resolução sobre a definição de representantes, de modo que estivesse 'subentendida a inclusão de *mulheres*'; a emenda foi aprovada 'com três vivas pelos direitos das mulheres!'"[18].

Elizabeth Cady Stanton teceu diversos elogios a Douglass por sua firme defesa da Convenção de Seneca Falls diante da ridicularização promovida pela imprensa.

> A opinião popular estava tão decididamente contra nós, nos salões, na imprensa e no clero, que, uma a uma, a maioria das damas que compareceu à convenção e

---

[16] Eleanor Flexner, *Century of Struggle*, cit., p. 76. Ver também Robert Allen, *Reluctant Reformers*, cit., p. 133.

[17] *North Star*, 28 jul. 1848; reproduzido em Philip S. Foner (org.), *The Life and Writings of Frederick Douglass*, v. 1 (Nova York, International Publishers, 1950), p. 321.

[18] S. Jay Walker, "Frederick Douglass and Woman Suffrage", *Black Scholar*, v. 4, n. 6-7, mar.-abr. 1973, p. 26.

assinou a declaração retirou seu nome e seu apoio, juntando-se a nossos opositores. Nossas amigas nos viraram as costas e se sentiram humilhadas por todo o processo.[19]

Os protestos não dissuadiram Douglass nem alcançaram o objetivo de interromper a batalha pelos direitos das mulheres ainda em sua fase inicial. Salões, imprensa e clero, por mais que tenham tentado, não conseguiram reverter esse movimento. Passado apenas um mês, foi realizada em Rochester, Nova York, outra convenção – cuja ousada inovação, criando um precedente para futuros encontros, foi ter uma mulher presidindo os trabalhos[20]. Mais uma vez, Frederick Douglass demonstrou lealdade a suas irmãs, repetindo sua defesa da resolução sobre o sufrágio, que foi aprovada em Rochester por uma margem muito mais ampla do que em Seneca Falls[21].

A defesa dos direitos das mulheres não podia ser proibida. Ainda que não fosse aceita pelos formadores de opinião, a questão da igualdade das mulheres, agora encarnada em um movimento embrionário e apoiada pela população negra – que lutava pela própria liberdade –, tornou-se um elemento que não podia ser excluído da vida pública estadunidense. Mas por que tudo isso? Como a questão da igualdade das mulheres poderia ser definida para além do problema do sufrágio, que havia despertado toda a publicidade depreciativa a respeito da Convenção de Seneca Falls? Será que as reivindicações delineadas na Declaração de Sentimentos e as exigências apresentadas nas resoluções realmente refletiam os problemas e as necessidades das mulheres dos Estados Unidos?

O foco enfático da Declaração de Seneca Falls era a instituição do matrimônio e seus vários efeitos prejudiciais às mulheres: o casamento roubava delas seu direito à propriedade, tornando-as econômica e moralmente dependentes de seus maridos. Ao exigir obediência absoluta por parte das esposas, a instituição do matrimônio dava aos maridos o direito de puni-las e, o que é ainda pior, as leis de separação e divórcio eram quase totalmente baseadas na supremacia masculina[22]. A declaração afirmava que, como consequência da condição de inferioridade das mulheres no interior do casamento, elas também eram sujeitas a desigualdades nas instituições de ensino e na carreira. "Empregos lucrativos"

---

[19] Elizabeth Cady Stanton, *Eighty Years and More*, cit., p. 149.
[20] Idem.
[21] Miriam Gurko, *The Ladies of Seneca Falls: The Birth of the Women's Rights Movement* (Nova York, Schocken, 1976), p. 105.
[22] Ver Judith Papachristou, "Declaration of Sentiments", em *Women Together*, cit., p. 24-5.

e "todas as possibilidades de prosperidade e distinção" (como medicina, direito e teologia) eram absolutamente inacessíveis a elas[23]. O documento concluía sua lista de injustiças evocando a dependência mental e psicológica das mulheres, o que reduzia sua "confiança e amor-próprio"[24].

A importância inestimável da Declaração de Seneca Falls residia em seu papel como *expressão da consciência sobre os direitos das mulheres* em meados do século XIX. Tratava-se do resultado teórico de anos de contestações inseguras e muitas vezes silenciosas, voltadas a uma condição política, social, doméstica e religiosa que era contraditória, frustrante e claramente opressiva para as mulheres da burguesia e das classes médias emergentes. Entretanto, enquanto consumação exata da consciência do dilema das mulheres brancas de classe média, a declaração ignorava totalmente a difícil situação das mulheres brancas da classe trabalhadora, bem como a condição das mulheres negras tanto do Sul quanto do Norte. Em outras palavras, a Declaração de Seneca Falls propunha uma análise da condição feminina sem considerar as circunstâncias das mulheres que não pertenciam à classe social das autoras do documento.

E quanto àquelas mulheres que *trabalhavam* para sobreviver – por exemplo, as mulheres brancas operárias das fábricas de tecidos no Nordeste? Em 1831, quando a indústria têxtil ainda era o principal setor da nova Revolução Industrial, as mulheres constituíam a maioria do operariado. Nas fábricas de tecidos, espalhadas por toda a Nova Inglaterra, havia 38.927 mulheres operárias e 18.539 homens[25]. As primeiras jovens operárias ["*mill girls*"] haviam sido recrutadas nas famílias de agricultores locais. Em busca de lucro, os proprietários das indústrias apresentavam a vida nas fábricas como um prelúdio atraente e instrutivo para o casamento. Os sistemas Waltham e Lowell* eram retratados

---

[23] Ibidem, p. 25.
[24] Idem.
[25] Rosalyn Baxandall et al. (org.), *America's Working Women: A Documentary History, 1600 to the Present* (Nova York, Random House, 1976), p. 46.
* Sistemas de produção utilizados nas primeiras indústrias têxteis dos Estados Unidos, especialmente na Nova Inglaterra. O sistema Waltham, adotado inicialmente em Waltham, Massachusetts, caracterizou-se pela integração de todo o processo produtivo – da transformação do algodão cru à produção do tecido – em uma mesma unidade fabril. Utilizava preferencialmente a mão de obra de jovens solteiras (de quinze a trinta anos, mas alguns relatos apontam o emprego de meninas de dez anos). As jovens vinham de famílias da região e passavam a morar em alojamentos mantidos pela fábrica, sob a supervisão de uma responsável. Eram submetidas a rígidas regras de comportamento e a uma jornada de seis dias e oitenta horas semanais. Esse sistema foi adotado, com adaptações, em um conjunto de fábricas maiores, instalado às margens do rio Merrimack,

como "famílias substitutas", em que as jovens agricultoras seriam rigorosamente supervisionadas por mulheres mais velhas em um ambiente semelhante ao de uma escola de boas maneiras*. Mas qual era a realidade da vida nas fábricas? Jornadas inacreditavelmente longas – doze, catorze e até dezesseis horas por dia –, condições de trabalho atrozes, alojamentos desumanamente lotados e

> Tão pouco tempo para as refeições – meia hora para o almoço – que as mulheres corriam vários quarteirões da tecelagem quente e úmida até seu alojamento, engoliam a principal refeição do dia e corriam de volta à fábrica com medo de serem multadas por atraso. No inverno, elas nem sequer ousavam desabotoar os casacos e frequentemente comiam sem tirá-los. Era a estação da pneumonia. No verão, comida estragada e higiene precária provocavam disenteria. A tuberculose as acompanhava em todas as estações.[26]

As trabalhadoras revidaram. A partir do fim dos anos 1820 – bem antes da Convenção de Seneca Falls, em 1848 –, organizaram "paralisações" e greves, militando contra a dupla opressão que sofriam, como mulheres e como operárias. Em 1828, em Dover, New Hampshire, por exemplo, as trabalhadoras abandonaram os empregos para demonstrar seu desacordo com restrições recentemente impostas. Elas "chocaram a comunidade ao marchar com cartazes, bandeiras e queima de pólvora"[27].

No verão de 1848, quando a Convenção de Seneca Falls foi realizada, as condições de trabalho nas fábricas – desde o início aquém do ideal – haviam piorado de tal forma que as filhas dos agricultores da Nova Inglaterra estavam rapidamente se tornando minoria na mão de obra do setor têxtil. Substituindo as mulheres "bem-nascidas" e ianques estavam as imigrantes, que, como seus pais, irmãos e maridos, começavam a constituir o proletariado industrial da nação. Essas mulheres – ao contrário de suas antecessoras, cujas famílias eram proprietárias de terras – não tinham com o que contar, exceto sua força de trabalho. Quando resistiam, estavam lutando pelo direito de sobreviver.

---

em Massachusetts, em um local que posteriormente recebeu o nome de Lowell (em homenagem a Francis Cabot Lowell, fundador da companhia) e que foi uma das primeiras cidades industriais dos Estados Unidos. (N. T.)

* No original, "*finishing schools*", termo utilizado para designar escolas privadas de nível médio exclusivas para mulheres, onde as jovens ricas e de classe média alta aprendiam boas maneiras e outras habilidades valorizadas em seu meio social. (N. T.)

[26] Barbara Wertheimer, *We Were There*, cit., p. 66.
[27] Ibidem, p. 67.

E lutavam com tanta determinação que, "nos anos 1840, as mulheres eram as líderes da militância operária nos Estados Unidos"[28].

Em campanha pela jornada de dez horas diárias, a Associação Feminina pela Reforma Trabalhista de Lowell apresentou petições à Assembleia Legislativa do Estado de Massachusetts em 1843 e 1844. Quando a instituição concordou em realizar audiências públicas, as mulheres de Lowell se distinguiram por conseguir que uma comissão governamental promovesse a primeira investigação sobre condições trabalhistas na história dos Estados Unidos[29]. Isso deu um claro impulso à questão dos direitos das mulheres – e antecipou em quatro anos o início oficial de seu movimento.

A julgar pelas lutas das operárias brancas – a defesa incansável de sua dignidade enquanto trabalhadoras e enquanto mulheres, a contestação consciente ou subjacente da ideologia sexista da feminilidade –, elas mais do que mereciam o direito de serem enaltecidas como precursoras do movimento de mulheres. Mas seu pioneirismo foi totalmente ignorado pelas líderes do novo movimento, que não compreendiam que as trabalhadoras vivenciavam e desafiavam a supremacia masculina de um modo particular. Como que enfatizando esse fato, a história reservou uma última ironia para o movimento iniciado em 1848: de todas as mulheres presentes na Convenção de Seneca Falls, a única que viveu o suficiente para de fato exercer seu direito ao voto, mais de setenta anos depois, foi uma trabalhadora chamada Charlotte Woodward[30].

Os motivos que levaram Charlotte Woodward a assinar a Declaração de Seneca Falls dificilmente eram os mesmos das mulheres mais abastadas. Ao comparecer à convenção, seu objetivo era buscar conselhos sobre como melhorar sua condição de trabalhadora. Ela fazia luvas, função que ainda não era industrializada: trabalhava em casa e, por lei, seus pagamentos eram controlados pelos homens da família. Descrevendo as características de seu trabalho, Woodward manifestou a rebeldia que a levara a Seneca Falls:

> Nós, mulheres, trabalhamos em segredo, na reclusão do nosso quarto, porque a sociedade inteira foi construída com base na teoria de que os homens, não as mulheres, ganham dinheiro e de que apenas eles sustentam a família [...]. Eu não acredito que tenha existido uma só comunidade em que a alma de algumas mu-

---

[28] Rosalyn Baxandall et al. (org.), *America's Working Women*, cit., p. 66.
[29] Barbara Wertheimer, *We Were There*, cit., p. 74.
[30] Ibidem, p. 103.

lheres não tenha batido suas asas em sinal de rebeldia. Intimamente, posso afirmar que cada fibra de meu ser se revolta, ainda que em silêncio, por todas as horas que eu passo sentada, costurando luvas por uma miséria que, assim que é paga, já não me pertence. Eu queria trabalhar, mas queria escolher meu serviço e receber meus pagamentos. Era uma forma de rebeldia contra a vida em que nasci."[31]

Charlotte Woodward e as muitas outras trabalhadoras presentes na convenção encaravam os direitos das mulheres com seriedade – com mais seriedade do que todos os demais aspectos de sua vida.

Na última sessão do evento, Lucretia Mott sugeriu uma resolução final instando tanto a derrubada do clero quanto "a garantia às mulheres de *uma participação igualitária com os homens em vários mercados*, profissões e negócios"[32]. Seria essa apenas uma ideia de última hora? Um gesto caridoso com Charlotte Woodward e suas irmãs da classe trabalhadora? Ou o pequeno contingente de trabalhadoras havia protestado contra a exclusão de seus interesses das resoluções originais, levando Lucretia Mott, militante antiescravagista de longa data, a defendê-las? Se Sarah Grimké estivesse presente, ela teria repetido o que disse em outra ocasião: "Nas classes mais pobres existem muitos corações fortes e honestos, cansados de ser escravizados e usados como objetos, que merecem a liberdade e que irão usá-la com dignidade"[33].

Se o reconhecimento concedido às mulheres da classe trabalhadora no encontro de Seneca Falls foi praticamente irrisório, não houve nem mesmo uma breve menção aos direitos de outro grupo de mulheres que também "se rebelou contra a vida em que nasceu"[34]. No Sul, elas se revoltaram contra a escravidão e, no Norte, contra uma ambígua condição de liberdade chamada racismo. Embora pelo menos um homem negro tenha participado das conferências em Seneca Falls, não havia uma única mulher negra na audiência. Nem os documentos da convenção fazem qualquer referência às mulheres negras. À luz do envolvimento das organizadoras com o abolicionismo, deveria ser perturbador o fato de as mulheres negras serem totalmente desconsideradas.

Esse, porém, não era um problema novo. As irmãs Grimké haviam criticado anteriormente várias sociedades antiescravagistas femininas por ignorarem a

---

[31] Ibidem, p. 104.
[32] Judith Papachristou, *Women Together*, cit., p. 26; grifo meu.
[33] Gerda Lerner, *The Grimké Sisters from South Carolina*, cit., p. 335.
[34] Barbara Wertheimer, *We Were There*, cit., p. 104.

condição das mulheres negras e, algumas vezes, manifestarem preconceitos flagrantemente racistas. Durante os preparativos para a convenção de fundação da Sociedade Antiescravagista Feminina Nacional, Angelina Grimké teve de tomar a iniciativa de garantir algo mais do que a presença simbólica de mulheres negras. Além disso, ela sugeriu a realização de um discurso especial na convenção dirigido à população negra livre do Norte. Como ninguém – nem mesmo Lucretia Mott – quis preparar tal exposição, Sarah, a irmã de Angelina, falou ao público[35]. Já em 1837 as irmãs Grimké haviam criticado a Sociedade Antiescravagista Feminina de Nova York por não envolver as mulheres negras em suas atividades. "Em razão de seus fortes sentimentos aristocráticos", lamentou Angelina,

> elas eram extremamente ineficientes. [...] Pensamos seriamente em formar uma Sociedade Antiescravagista entre nossas irmãs de cor e convencê-las a convidar suas amigas brancas para se unirem a elas, achamos que assim conseguiríamos que as mulheres brancas mais eficientes da cidade se juntassem a elas.[36]

A ausência de mulheres negras na Convenção de Seneca Falls ficou ainda mais evidente à luz da contribuição que elas haviam dado à luta pelos direitos das mulheres. Mais de uma década antes do encontro, Maria Stewart respondeu aos ataques contra seu direito de ministrar palestras públicas, questionando de modo enfático: "E daí que eu sou uma mulher?"[37]. Negra, ela foi a primeira oradora nascida nos Estados Unidos a se dirigir a plateias formadas por homens e mulheres[38]. Em 1827, o *Freedom's Journal* – primeiro jornal negro do país – publicou a carta de uma mulher negra sobre os direitos das mulheres. Matilda, como ela se identificava, reivindicava educação para as mulheres negras em uma época em que a instrução de mulheres era um assunto polêmico e bastante impopular. A carta foi publicada nesse pioneiro jornal de Nova York um ano antes de Frances Wright, nascida na Escócia, começar a proferir palestras sobre o acesso igualitário à educação para as mulheres.

> Dirijo-me a todas as mães e digo a elas que, embora seja necessário possuir conhecimento sobre o preparo de pudins, algo mais é indispensável. É seu dever sagrado

---

[35] Gerda Lerner, *The Grimké Sisters from South Carolina*, cit., p. 159.
[36] Ibidem, p. 158.
[37] Para o discurso de Maria Stewart proferido em 1833, consultar idem (org.), *Black Women in White America*, cit., p. 563 e seg.
[38] Ibidem, p. 83. Ver também Eleanor Flexner, *Century of Struggle*, cit., p. 44-5.

incutir na mente de suas filhas aprendizados úteis. Elas devem ser levadas a dedicar seu tempo de descanso à leitura de livros, dos quais poderão tirar informações valiosas que nunca serão arrancadas delas.[39]

A luta das mulheres brancas de classe média pelo direito à educação começou bem antes da primeira convenção de mulheres. As observações de Matilda – depois confirmadas pela facilidade com que Prudence Crandall atraiu alunas negras para sua escola sitiada em Connecticut – demonstravam que as mulheres, brancas e negras, estavam efetivamente unidas em seu desejo por educação. Infelizmente, essa conexão não foi reconhecida durante a Convenção de Seneca Falls.

O fracasso em admitir o potencial de um movimento de mulheres integrado – particularmente contra o sexismo na educação – revelou-se de modo dramático em um episódio que aconteceu durante o decisivo verão de 1848. Ironicamente, o fato envolveu a filha de Frederick Douglass. Depois de ser aceita em um colégio para meninas em Rochester, Nova York, a filha de Douglass foi formalmente proibida de assistir às aulas com as meninas brancas. A diretora que deu a ordem era uma abolicionista! Quando Douglass e sua esposa protestaram contra essa medida segregacionista, a diretora pediu que cada uma das alunas brancas votasse sobre a questão, afirmando que uma única objeção seria suficiente para manter a exclusão. Depois que as meninas votaram a favor da integração da colega à classe, a diretora recorreu às mães e aos pais das alunas, usando a única objeção recebida como desculpa para excluir a filha de Douglass[40].

O fato de que uma mulher branca associada ao movimento antiescravagista pudesse adotar tal postura racista contra uma menina negra no Norte refletia uma enorme fraqueza da campanha abolicionista: seu fracasso em promover uma ampla conscientização antirracista. Essa grave deficiência, largamente criticada pelas irmãs Grimké e outras líderes, infelizmente foi transferida para o movimento organizado dos direitos das mulheres.

Por mais omissas que as primeiras militantes pelos direitos das mulheres tenham sido em relação à condição de suas irmãs negras, os ecos do novo movimento de mulheres foram ouvidos por toda a luta organizada pela libertação negra. Como já mencionado, em 1848, a Convenção Nacional das Pessoas de

---

[39] Herbert Aptheker, *A Documentary History of the Negro People in the United States*, v. 1, cit., p. 89.
[40] Frederick Douglass, *The Life and Times of Frederick Douglass*, cit., p. 268.

Cor Libertas aprovou uma resolução sobre a igualdade das mulheres[41]. Sob a iniciativa de Frederick Douglass, esse encontro, realizado em Cleveland, determinou que mulheres deveriam ser eleitas como representantes em base de igualdade com homens. Pouco depois, uma convenção da população negra na Filadélfia não apenas convidou as mulheres negras a participar como, reconhecendo o novo movimento lançado em Seneca Falls, também pediu às mulheres brancas que se juntassem a elas. Lucretia Mott relatou sua decisão de participar em uma carta a Elizabeth Cady Stanton:

> Estamos agora em meio a uma convenção da população de cor da cidade. Douglass e Delany, Remond e Garnet estão aqui – participam ativamente – e, uma vez que eles incluíram as mulheres e também as mulheres *brancas*, o mínimo que pude fazer, por meu interesse pela causa escrava e também pela causa da mulher, foi estar presente e participar minimamente. Por isso, ontem, sob uma forte chuva, Sarah Pugh e eu andamos até lá e esperamos fazer o mesmo hoje.[42]

Dois anos depois da Convenção de Seneca Falls, aconteceu em Worcester, Massachusetts, a primeira Convenção Nacional pelos Direitos das Mulheres. Seja porque foi realmente convidada, seja por iniciativa própria, o fato é que Sojourner Truth estava entre as participantes. Sua presença e os discursos que proferiu em encontros subsequentes pelos direitos das mulheres simbolizavam a solidariedade das mulheres negras com a nova causa. Elas aspiravam ser livres não apenas da opressão racista, mas também da dominação sexista. "Não sou eu uma mulher?"[43] – mote do discurso feito por Sojourner Truth em uma convenção de mulheres em Akron, Ohio, em 1851 – continua sendo uma das mais citadas palavras de ordem do movimento de mulheres do século XIX.

Sozinha, Sojourner Truth salvou o encontro de mulheres de Akron das zombarias disruptivas promovidas por homens hostis ao evento. De todas as mulheres que compareceram à reunião, ela foi a única capaz de responder com agressividade aos argumentos, baseados na supremacia masculina, dos ruidosos agitadores. Com seu inegável carisma e suas poderosas habilidades como oradora, Sojourner Truth derrubou as alegações de que a fraqueza feminina era incompatível com o sufrágio – e fez isso usando uma lógica irrefutável. O líder dos provocadores afirmou que era ridículo que as mulheres desejassem votar,

---

[41] S. Jay Walker, "Frederick Douglass and Woman Suffrage", cit., p. 26.
[42] Philip S. Foner, *The Life and Writings of Frederick Douglass*, v. 2, cit., p. 19.
[43] Elizabeth Cady Stanton, Susan B. Anthony et al., *History of Woman Suffrage*, v. 1, cit., p. 115-7.

já que não podiam sequer pular uma poça ou embarcar em uma carruagem sem a ajuda de um homem. Com simplicidade persuasiva, Sojourner Truth apontou que ela mesma nunca havia sido ajudada a pular poças de lama ou a subir em carruagens. "Não sou eu uma mulher?" Com uma voz que soava como "o eco de um trovão"[44], ela disse: "Olhe para mim! Olhe para o meu braço", e levantou a manga para revelar a "extraordinária força muscular" de seu braço[45].

> Arei a terra, plantei, enchi os celeiros, e nenhum homem podia se igualar a mim! Não sou eu uma mulher? Eu podia trabalhar tanto e comer tanto quanto um homem – quando eu conseguia comida – e aguentava o chicote da mesma forma! Não sou eu uma mulher? Dei à luz treze crianças e vi a maioria ser vendida como escrava e, quando chorei em meu sofrimento de mãe, ninguém, exceto Jesus, me ouviu! Não sou eu uma mulher?[46]

Enquanto única mulher negra a participar da convenção de Akron, Sojourner Truth fez o que nenhuma de suas tímidas irmãs brancas foi capaz de fazer. Como disse a presidenta do evento [Francis Dana Gage], "há muito poucas mulheres nos dias de hoje que ousam 'falar em um encontro'". Tendo defendido de modo contundente a causa de seu sexo, conquistando a atenção das mulheres brancas e de seus desordeiros oponentes masculinos, Sojourner Truth foi espontaneamente aplaudida como a heroína do dia. Ela não apenas lançou por terra o argumento masculino a respeito do "sexo frágil" como também refutou a tese deles de que a supremacia masculina era um princípio cristão, uma vez que o próprio Cristo era homem: "Aquele homenzinho de preto ali, ele diz que as mulheres não podem ter os mesmos direitos do que os homens porque Cristo não era uma mulher. E de onde veio Cristo?"[47].

De acordo com a pessoa que presidia o evento, um "eco de trovão não teria acalmado aquela multidão como fizeram os tons profundos e admiráveis de sua voz conforme ela falava, com os braços estendidos e os olhos ardentes"[48]. "De onde veio o seu Cristo? De Deus e de uma mulher! O homem não teve nada a ver com ele."[49]

---

[44] Idem.
[45] Idem.
[46] Idem.
[47] Idem.
[48] Idem.
[49] Idem.

Quanto ao terrível pecado cometido por Eva, não era um argumento contra as capacidades das mulheres. Ao contrário, tratava-se de uma enorme vantagem:

> Se a primeira mulher criada por Deus foi forte o suficiente para, sozinha, virar o mundo de cabeça para baixo, estas mulheres, juntas, devem ser capazes de colocá-lo de volta no lugar! E, agora que elas estão pedindo para fazer isso, é melhor que os homens as deixem fazer.[50]

A beligerância dos homens foi aquietada, as mulheres estavam explodindo de orgulho, com o "coração batendo com gratidão", e "várias de nós tinham os olhos cheios de lágrimas"[51]. Frances Dana Gage, que presidia a convenção de Akron, continuou sua descrição do impacto do discurso de Sojourner Truth:

> Ela nos tomou em seus braços fortes e nos carregou de modo seguro sobre o lamaçal de dificuldades, fazendo a maré virar a nosso favor. Nunca em toda minha vida vi algo semelhante à mágica influência que dominou a atmosfera agressiva do dia e transformou as vaias e zombarias de uma multidão exasperada em manifestações de respeito e admiração.[52]

O discurso "Não sou eu uma mulher?", de Sojourner Truth, teve implicações ainda mais profundas, já que, ao que parece, também era uma resposta às atitudes racistas das mesmas mulheres brancas que posteriormente louvaram sua irmã negra. Não foram poucas as mulheres reunidas em Akron que inicialmente se opuseram às mulheres negras terem voz na convenção, e os opositores dos direitos das mulheres tentaram tirar vantagem desse racismo. Nas palavras de Frances Dana Gage:

> As líderes do movimento tremeram ao ver uma mulher negra alta, magra, usando um vestido cinza e um turbante branco sob um chapéu rústico, que se dirigia de forma decidida para o interior da igreja, caminhando com ar de rainha pela nave, sentando-se aos pés do púlpito. Um burburinho de desaprovação foi percebido em todo o salão, e ouvidos apurados escutaram: "Coisa de abolicionista!", "Eu avisei!", "Vai lá, nega!".[53]

No segundo dia da convenção, quando Sojourner Truth se levantou para responder aos ataques dos supremacistas masculinos, as líderes brancas tentaram convencer Gage a impedi-la de falar.

---

[50] Idem.
[51] Idem.
[52] Idem.
[53] Idem.

"Não deixe ela falar!", murmurou meia dúzia de vozes aos meus ouvidos. Devagar e solenemente, ela se dirigiu à frente, colocou o velho chapéu a seus pés e me olhou com seus olhos grandes e expressivos. Vaias de desaprovação vinham de todos os lados. Levantei e anunciei, "Sojourner Truth", e pedi que o público fizesse silêncio por alguns instantes.[54]

Felizmente para as mulheres de Ohio, para o movimento de mulheres em geral – a quem o discurso de Sojourner Truth estabeleceu um espírito de luta militante – e para nós que, nos dias de hoje, ainda tiramos inspiração de suas palavras, Frances Dana Gage não sucumbiu à pressão racista de suas camaradas. Quando essa mulher negra se levantou para falar, sua resposta aos defensores da supremacia masculina também trazia uma profunda lição para as mulheres brancas. Ao repetir sua pergunta, "Não sou eu uma mulher?", nada menos do que quatro vezes, ela expunha o viés de classe e o racismo do novo movimento de mulheres. Nem todas as mulheres eram brancas ou desfrutavam do conforto material da classe média e da burguesia. Sojourner Truth era negra – uma ex-escrava –, mas não era menos mulher do que qualquer uma de suas irmãs brancas na convenção. O fato de sua raça e de sua situação econômica serem diferentes daquelas das demais não anulava sua condição de mulher. E, como mulher negra, sua reivindicação por direitos iguais não era menos legítima do que a das mulheres brancas de classe média. Em uma convenção nacional de mulheres realizada dois anos depois, ela ainda lutava contra os esforços que tentavam impedi-la de falar.

> Sei que vocês sentem comichões e vontade de vaiar quando veem uma mulher de cor se levantar e falar a respeito de coisas e dos direitos das mulheres. Nós fomos tão rebaixadas que ninguém pensou que iríamos nos levantar novamente; mas já fomos pisadas por tempo demais; vamos nos reerguer, e agora eu estou aqui.[55]

Ao longo dos anos 1850, convenções locais e nacionais atraíram números crescentes de mulheres para a campanha por igualdade. Não era um fato incomum que Sojourner Truth comparecesse a esses encontros e, apesar da inevitável hostilidade, se levantasse e tomasse a palavra. Ao representar suas irmãs negras – tanto as escravas como as "livres" –, ela transmitia um espírito de luta

---

[54] Idem.
[55] Ibidem, p. 567-8 (texto completo do discurso). Ver também Gerda Lerner (org.), *Black Women in White America*, cit., p. 566 e seg.

à campanha pelos direitos das mulheres. Essa foi a excepcional contribuição histórica de Sojourner Truth. E, caso as mulheres brancas tendessem a esquecer que as mulheres negras não eram menos mulheres do que elas, sua presença e seus discursos serviam como um lembrete constante. As mulheres negras também obteriam seus direitos.

Enquanto isso, um grande número de mulheres negras manifestava seu compromisso com a liberdade e com a igualdade de formas menos diretamente relacionadas com o recém-organizado movimento de mulheres. A *Underground Railroad* sugava as energias de muitas mulheres negras do Norte. Jane Lewis, por exemplo, moradora de New Lebanon, Ohio, constantemente remava seu barco através do rio Ohio para resgatar escravas e escravos em fuga[56]. Frances E. W. Harper, uma dedicada feminista e a mais popular poeta negra de meados do século XIX, era uma ativa oradora e militante do movimento antiescravagista. Charlotte Forten, que se tornou uma proeminente educadora negra no período pós-Guerra Civil, era uma abolicionista igualmente ativa. Sarah Remond, que discursou contra a escravidão na Inglaterra, na Irlanda e na Escócia, exercia forte influência sobre a opinião pública e, de acordo com um historiador, "impedia os *Tories** de intervir a favor dos Confederados"[57].

Mesmo abolicionistas brancos mais radicais, que baseavam sua oposição à escravidão em questões morais e humanitárias, não conseguiam compreender que o rápido avanço do capitalismo no Norte também era um sistema opressivo. Viam a escravidão como uma instituição intolerável e desumana, uma transgressão arcaica da justiça. Mas não reconheciam que a mão de obra branca do Norte, não obstante sua condição de operárias ou operários "livres", não estava em situação muito diferente da mão de obra escrava do Sul: ambas eram vítimas da exploração econômica. Por mais militante que William Lloyd Garrison tenha sido, ele era veementemente contra o direito de organização do proletariado remunerado. A primeira edição do *Liberator* trazia um artigo denunciando os esforços de trabalhadoras e trabalhadores de Boston para formar um partido político:

---

[56] John Hope Franklin, *From Slavery to Freedom: A History of Negro Americans* (Nova York, Vintage, 1969), p. 253 [ed. bras.: *Da escravidão à liberdade: a história do negro norte-americano*, trad. Élcio Gomes de Cerqueira, Rio de Janeiro, Nórdica, 1989].

* Membros do Partido Conservador britânico. (N. T.)

[57] Samuel Sillen, *Women Against Slavery*, cit., p. 86. Ver também a seção sobre Harper.

Lamentamos dizer que houve uma tentativa – que ainda está em andamento – de instigar a mente de nossa classe trabalhadora contra os mais ricos e de convencer os homens de que eles estão condenados e oprimidos pela próspera aristocracia. [...] É altamente criminoso, portanto, levar nossos operários a atos de violência ou a se organizarem sob a bandeira de um partido.[58]

Como regra, pessoas brancas abolicionistas ou defendiam os capitalistas industriais ou não demonstravam nenhuma consciência de identidade de classe. Essa aceitação sem objeções do sistema econômico capitalista era evidente também no programa do movimento pelos direitos das mulheres. Se a maioria das abolicionistas via a escravidão como um defeito indecente que precisava ser eliminado, a maioria das defensoras dos direitos das mulheres enxergava a supremacia masculina de forma similar – como uma falha imoral de uma sociedade que, em seus demais aspectos, era aceitável.

As líderes do movimento pelos direitos das mulheres não suspeitavam que a escravização da população negra no Sul, a exploração econômica da mão de obra no Norte e a opressão social das mulheres estivessem relacionadas de forma sistemática. No interior do movimento de mulheres, em seus primeiros anos, pouco se discutia sobre a população branca trabalhadora – nem mesmo sobre as mulheres brancas trabalhadoras. Embora muitas mulheres apoiassem a campanha abolicionista, elas não conseguiam integrar sua consciência antiescravagista à análise que faziam da opressão das mulheres.

Ao ser deflagrada a Guerra Civil, as líderes do movimento pelos direitos das mulheres foram persuadidas a redirecionar suas energias para a defesa da causa da União. Mas, ao suspenderem as ações pela igualdade sexual, elas descobriram como o racismo estava profundamente enraizado na sociedade dos Estados Unidos. Elizabeth Cady Stanton, Lucretia Mott e Susan B. Anthony viajaram por todo o estado de Nova York realizando discursos pró-União, nos quais exigiam "emancipação imediata e incondicional"[59]: "e receberam o tratamento mais duro de sua vida nas mãos de gangues de agitadores em todas as cidades onde pararam entre Buffalo e Albany. Em Syracuse, o salão foi invadido por uma multidão de homens que brandiam facas e pistolas"[60].

---

[58] William Z. Foster, *The Negro People in American History*, cit., p. 115-6.
[59] Eleanor Flexner, *Century of Struggle*, cit., p. 108.
[60] Idem.

Se elas não tivessem assumido de antemão que o Sul possuía o monopólio do racismo, os fatos que vivenciaram em sua campanha a favor da União teriam lhes ensinado que também havia racismo no Norte – cuja força podia ser brutal.

Quando o alistamento militar foi instituído no Norte, as forças pró-escravidão estimularam a formação de motins em larga escala nos principais centros urbanos*. A população negra livre foi vítima de violência e morte. Em julho de 1863, gangues da cidade de Nova York

> destruíram as estações de alistamento, incendiaram um depósito de armas, atacaram o jornal *Tribune* e figuras proeminentes do Partido Republicano, atearam fogo em um orfanato para crianças negras e criaram caos generalizado por toda a cidade. As gangues dirigiram sua fúria especialmente contra pessoas negras, atacando-as onde estivessem. Muitas foram assassinadas. [...] Calcula-se que cerca de mil pessoas foram mortas ou feridas [...].[61]

Se até então não estava claro o grau de contágio do próprio Norte pelo racismo, os violentos tumultos de 1863 explicitaram que o sentimento antinegros era profundo, generalizado e potencialmente assassino. Embora o Sul tivesse o monopólio da escravidão, certamente não estava sozinho no apoio ao racismo.

Elizabeth Cady Stanton e Susan B. Anthony concordavam com os abolicionistas radicais, que diziam que o fim da Guerra Civil poderia ser precipitado por meio da emancipação da população escrava e de seu alistamento no Exército da União. Elas tentaram reunir um número massivo de mulheres em torno dessa posição, lançando uma convocação para que fosse organizada a Liga das Mulheres pela Lealdade. No encontro inaugural, centenas de mulheres concordaram em promover o esforço de guerra, fazendo circular petições pela emancipação da população escrava. Elas não foram unânimes, contudo, em sua reação à resolução proposta por Susan B. Anthony de associar os direitos das mulheres à libertação do povo negro.

A resolução proposta afirmava que nunca haveria paz verdadeira na república até que fossem reconhecidos na prática "os direitos civis e políticos de todos os cidadãos de descendência africana e de todas as mulheres"[62]. Infelizmente,

---

*   Em 1862, o Congresso estadunidense aprovou o alistamento voluntário de afrodescendentes no Exército da União e, a partir de 1863, tornou-se obrigatório o alistamento de todos os homens entre 20 e 45 anos, sem distinção de cor. (N. T.)

[61] William Z. Foster, *The Negro People in American History*, cit., p. 261.
[62] Miriam Gurko, *The Ladies of Seneca Falls*, cit., p. 211.

considerando os desdobramentos do pós-guerra, parece que essa resolução havia sido motivada pelo medo de que as mulheres (brancas) fossem deixadas de lado quando as pessoas escravizadas aflorassem sob a luz da liberdade. Contudo, Angelina Grimké propôs uma defesa principista da unidade entre a libertação negra e a libertação feminina: "Quero ser igualada ao negro", ela insistia. "Até que ele tenha seus direitos, nós nunca teremos os nossos"[63].

> Alegro-me imensamente que a resolução nos una ao negro. Sinto que estivemos com ele; que o ferro entrou em nossa alma. Verdade, nós não sentimos o açoite do senhor de escravos! Verdade, não tivemos nossas mãos algemadas, mas nosso *coração* foi arrasado.[64]

Nessa convenção de fundação da Liga das Mulheres pela Lealdade – para a qual todas as veteranas da campanha abolicionista e do movimento pelos direitos das mulheres foram convidadas –, Angelina Grimké, como de hábito, propôs a interpretação mais inovadora da guerra, que ela descreveu como "nossa segunda revolução"[65].

> A guerra não é, como o Sul falsamente alega, uma guerra de raças, nem de setores, nem de partidos políticos, mas é uma guerra de *princípios*, uma guerra contra as classes trabalhadoras, brancas ou negras [...]. Nessa guerra, o homem negro foi a primeira vítima, o trabalhador de qualquer cor, a seguinte; e agora *todas as pessoas* que defendem os direitos ao trabalho, à liberdade de expressão, às escolas livres, ao sufrágio livre e a um governo livre [...] são levadas a participar da batalha em defesa desses direitos ou a sucumbir com eles, vítimas da mesma violência que, por dois séculos, manteve o homem negro como prisioneiro de guerra. Enquanto o Sul travou essa guerra contra os direitos humanos, o Norte esteve a postos para deter aqueles que apedrejavam a liberdade até a morte [...].
> A nação está em uma luta de vida ou morte. Ou ela se tornará uma imensa escravocracia de pequenos tiranos, ou realmente a terra dos livres [...].[66]

O brilhante "Address to the Soldiers of Our Second Revolution" [Discurso para os soldados da nossa segunda revolução], de Angelina Grimké, provou que sua consciência política era muito mais avançada do que a da maioria de suas

---

[63] Gerda Lerner, *The Grimké Sisters from South Carolina*, cit., p. 353.
[64] Ibidem, p. 354.
[65] Idem.
[66] Idem.

contemporâneas. No discurso, ela apresentou uma teoria e uma prática radicais que *poderiam ter se concretizado* por meio de uma aliança entre o operariado, o povo negro e as mulheres. Se, conforme disse Karl Marx, o "trabalho de pele branca não pode se emancipar onde o trabalho de pele negra é marcado a ferro"*, também é verdade que, como Angelina Grimké tão lucidamente insistiu, as lutas democráticas da época – em especial o combate pela igualdade das mulheres – poderiam ter sido travadas de modo mais eficiente em associação com o combate pela libertação negra.

---

* Ed. bras.: Karl Marx, *O capital*, Livro I, cit., p. 372. (N. E.)

RACISMO NO MOVIMENTO SUFRAGISTA FEMININO

Embora esta seja uma questão sobre a qual os políticos ainda vão se desentender por cinco ou dez anos, o homem negro continua, de um ponto de vista político, muito acima das mulheres brancas instruídas dos Estados Unidos. As mulheres mais representativas da nação deram o melhor de si nos últimos trinta anos para garantir liberdade para o negro; e, enquanto ele ocupou o ponto mais baixo da escala dos seres, nós estivemos dispostas a defender suas reivindicações; mas agora que o portão celestial dos direitos civis move lentamente suas dobradiças, uma questão séria que se coloca é se agimos bem ao nos afastarmos para ver "Sambo" ser o primeiro a entrar no reino. Como a autopreservação é a primeira lei da natureza, não teria sido mais inteligente manter nossas lamparinas prontas e acesas, para que quando a porta constitucional se abrisse nós nos aproveitássemos dos braços fortes e dos uniformes azuis dos soldados negros para entrarmos ao seu lado, tornando, desse modo, a passagem tão larga que nenhuma classe privilegiada conseguiria fechá-la novamente às cidadãs e aos cidadãos mais humildes da república?
"Chegou a hora do negro." Temos garantia de que, assim que ele estiver protegido em todos os seus direitos inalienáveis, não será um poder a mais para nos deter? Não ouvimos "cidadãos negros do sexo masculino" dizendo que acreditavam não ser inteligente estender o direito de sufrágio às mulheres? Por que deveriam os africanos se mostrar mais justos e generosos do que seus colegas anglo-saxões? Se os 2 milhões de mulheres negras do Sul não têm assegurados seus direitos individuais, de propriedade, de receber salários e de manter suas crianças, sua emancipação não é nada mais do que outra forma de escravidão. Na verdade, é melhor ser escrava de um homem branco instruído do que de um infame negro ignorante [...].[1]

Essa carta, enviada ao editor do *New York Standard* e datada de 26 de dezembro de 1865, foi escrita por Elizabeth Cady Stanton. Tais ideias, indiscutivelmente racistas, indicam que a compreensão de Stanton a respeito da relação

---

[1] Elizabeth Cady Stanton, Susan B. Anthony et al., *History of Woman Suffrage*, v. 2: *1861-1876* (Rochester, Charles Mann, 1887), p. 94-5 (nota).

entre a batalha pela libertação negra e a luta pelos direitos das mulheres era, na melhor das hipóteses, superficial. Ao que tudo indica, ela estava determinada a impedir o progresso da população negra – de ninguém menos que "Sambo" – se isso significasse que as mulheres brancas deixariam de usufruir dos benefícios imediatos desse progresso.

A linha de raciocínio oportunista e lamentavelmente racista da carta de Stanton ao *Standard* levanta sérias questões sobre a proposta de unir a causa das mulheres com a causa negra, apresentada no primeiro encontro realizado para debater os direitos das mulheres desde o início da Guerra Civil. As delegadas presentes à convenção, que aconteceu na cidade de Nova York, em maio de 1866, decidiram criar a Associação pela Igualdade de Direitos, incorporando as lutas pelos sufrágios das mulheres e da população negra em uma única campanha. Muitas dessas delegadas, sem dúvida, compreendiam a premente necessidade de união – o tipo de união que traria benefícios mútuos tanto para a causa da população negra quanto para a das mulheres. Susan B. Anthony, por exemplo, insistia que era preciso "ampliar nossa plataforma dos direitos das mulheres para que seu *nome* refletisse aquele que sempre havia sido seu espírito – uma plataforma por direitos humanos"[2]. Ainda assim, a influência do racismo nas atividades da convenção era inequívoca. Em um dos principais discursos à assembleia, o conhecido abolicionista Henry Ward Beecher afirmou que as reivindicações pelo sufrágio feitas pelas mulheres brancas nascidas nos Estados Unidos e instruídas eram muito mais convincentes do que as da população negra e dos imigrantes, a quem ele descrevia de um modo obviamente depreciativo:

> Agora, coloquem esse grande exército de mulheres refinadas e cultas de um lado; do outro, a crescente massa de africanos emancipados e, à frente dela, o numeroso bando de imigrantes da Ilha Esmeralda [Irlanda]. Há força suficiente em nosso governo para tornar segura a concessão do direito de voto a africanos e irlandeses? Há. Nós lhe daremos essa força. Se fizermos isso, perderemos nossa força? E deveríamos nos dirigir à melhor e mais honrada parcela de nossa sociedade, a quem devemos o fato de sermos civilizados; nossas professoras; nossas companheiras; a quem recorremos, mais do que a quaisquer outras pessoas, em busca de conselhos para os problemas; a quem confiamos tudo o que nos é mais caro – o bem-estar de nossas crianças, nossa família, nossa propriedade, nosso nome e nossa reputação e,

[2] Ibidem, p. 172.

o que é mais profundo, nossa vida interior, algo que um homem não pode compartilhar com mais de uma pessoa –, deveríamos nos dirigir a elas e dizer que, "afinal de contas, elas não estão aptas a votar onde os irlandeses votam e onde os africanos votam"? [...]
Eu digo [...] *é mais importante as mulheres poderem votar* do que os negros poderem votar.[3]

A declaração de Beecher revela o profundo vínculo ideológico entre racismo, viés de classe e supremacia masculina, uma vez que as mulheres brancas que ele enaltece são descritas na linguagem dos estereótipos sexistas dominantes.

No primeiro encontro anual da Associação pela Igualdade de Direitos, em maio de 1867, Elizabeth Cady Stanton reverberou fortemente o argumento de Henry Ward Beecher de que era muito mais importante que as mulheres (isto é, as mulheres brancas anglo-saxãs) recebessem o direito ao voto do que os homens negros.

Com o homem negro, não teremos nenhum elemento novo no governo, mas, com a educação e a distinção das mulheres, teremos um poder que consiste em conduzir a raça anglo-saxã rumo a uma vida superior e mais nobre e, assim, pela lei da atração, elevar todas as raças a um patamar mais justo do que aquele que seria alcançado na situação de isolamento político dos sexos.[4]

A questão principal dessa convenção era a iminente extensão do direito de voto aos homens negros – e se as pessoas que defendiam os direitos das mulheres estavam dispostas a apoiar o sufrágio negro mesmo se as mulheres não obtivessem tal direito ao mesmo tempo. Elizabeth Cady Stanton e outras mulheres acreditavam que, como a emancipação havia, a seus olhos, "igualado" a população negra às mulheres brancas, o voto tornaria os homens negros superiores a elas. Por isso, se opunham ferrenhamente ao sufrágio negro. Ainda assim, havia quem entendesse que a abolição da escravatura não extinguira a opressão econômica sobre a população negra, que, portanto, necessitava particular e urgentemente de poder político. Ao discordar da lógica de Stanton, Abby Kelley Foster colocou a seguinte pergunta:

Temos nós uma percepção verdadeira de justiça? Não estaríamos anestesiadas para o sentimento de bondade com nosso semelhante se desejássemos adiar sua garantia

---

[3] Ibidem, p. 159.
[4] Ibidem, p. 188.

contra os sofrimentos presentes e a futura servidão até que a mulher conquiste direitos políticos?[5]

Quando a Guerra Civil irrompeu, Elizabeth Cady Stanton impeliu suas colegas feministas a dedicar toda sua energia durante os anos de conflito à campanha antiescravagista. Depois, ela afirmou que as defensoras dos direitos das mulheres haviam cometido um erro estratégico ao se subordinarem à causa abolicionista. Referindo-se, em suas *Reminiscences* [Reminiscências], aos "seis anos em que [as mulheres] deixaram as próprias reivindicações em suspenso a favor daquelas dos escravos do Sul"[6], ela admitiu que as mulheres foram muito elogiadas nos círculos republicanos por seu ativismo patriótico. "Mas quando os escravos foram emancipados", lamentou ela, "[...] e essas mulheres pediram para ser reconhecidas, durante o período da Reconstrução, como cidadãs da República, iguais perante a lei, todas essas elevadas virtudes evaporaram feito o orvalho sob o sol da manhã"[7].

De acordo com Elizabeth Cady Stanton, a lição a ser tirada da experiência das mulheres (isto é, mulheres brancas) durante a Guerra Civil era a de que elas nunca deveriam "trabalhar para auxiliar o homem em seus propósitos e exaltar o sexo dele acima do seu"[8].

Havia um poderoso fator de ingenuidade política na análise feita por Stanton a respeito das condições vigentes no fim da guerra, o que significava que ela estava mais vulnerável do que nunca à ideologia racista. Assim que o Exército da União venceu os inimigos dos estados Confederados, ela e suas companheiras insistiram para que o Partido Republicano as recompensasse por seus esforços de guerra. A retribuição que exigiam era o sufrágio feminino – como se houvesse sido feito um acordo; como se as defensoras dos direitos das mulheres tivessem lutado para derrotar a escravidão sabendo que seu prêmio seria o voto.

Os republicanos, claro, não apoiaram o sufrágio feminino depois que a União venceu. Mas não exatamente porque eram *homens*, e sim porque, como políticos, estavam em débito com os interesses econômicos dominantes da época. Na medida em que o confronto militar entre o Norte e o Sul foi uma guerra para derrotar a classe escravocrata do Sul, foi também uma guerra conduzida basicamente pelos interesses da burguesia do Norte, isto é, de jovens

---

[5] Ibidem, p. 216.
[6] Elizabeth Cady Stanton, *Eighty Years and More*, cit., p. 240.
[7] Ibidem, p. 240-1.
[8] Ibidem, p. 241.

e entusiasmados capitalistas industriais que encontraram sua voz política no Partido Republicano. Os capitalistas do Norte almejavam o controle econômico sobre toda a nação. Sua luta contra a escravocracia do Sul não significava, portanto, que apoiassem a libertação de mulheres negras e homens negros enquanto seres humanos.

Se o sufrágio feminino não estava incluído na agenda do Partido Republicano para o pós-guerra, os direitos políticos inatos da população negra também não faziam parte das reais preocupações desses políticos vitoriosos. O fato de eles admitirem ser necessário estender o voto aos homens negros então emancipados no Sul não significava que favoreciam os homens negros em detrimento das mulheres brancas. O sufrágio do homem negro – como explicitado nas propostas da décima quarta e da décima quinta emendas constitucionais, apresentadas pelos republicanos – era uma jogada tática pensada para garantir a hegemonia política do Partido Republicano no caos do Sul após a guerra. O líder republicano no Senado, Charles Sumner, havia sido um entusiasmado defensor do sufrágio feminino até que o período do pós-guerra provocou uma súbita mudança em sua postura. A extensão do voto às mulheres, ele insistia então, era uma demanda "inoportuna"[9]. Em outras palavras, "os republicanos não queriam que nada interferisse na conquista de 2 milhões de votos dos homens negros para seu partido"[10].

Quando os republicanos ortodoxos contestaram a reivindicação pelo sufrágio feminino no pós-guerra com o slogan "Chegou a hora do negro", eles estavam, na verdade, dizendo em silêncio "Chegou a hora de mais 2 milhões de votos para nosso partido". Contudo, Elizabeth Cady Stanton e suas seguidoras parecem ter acreditado que era "a hora do sexo masculino" e que os republicanos estavam dispostos a estender aos homens negros todos os privilégios da supremacia masculina. Na Convenção pela Igualdade de Direitos de 1867, quando foi questionada por um representante negro se apoiaria a extensão do voto aos homens negros mesmo que as mulheres não se tornassem eleitoras também, ela respondeu: "Digo que não; eu não confiaria a ele meus direitos; desvalorizado, oprimido, ele poderia ser mais despótico do que nossos governantes anglo-saxões já são [...]"[11].

---

[9] Miriam Gurko, *The Ladies of Seneca Falls*, cit., p. 213.
[10] Idem.
[11] Elizabeth Cady Stanton, Susan B. Anthony et al., *History of Woman Suffrage*, v. 2, cit., p. 214.

O princípio de unidade subjacente à criação da Associação pela Igualdade de Direitos era, sem dúvida, irrepreensível. O fato de Frederick Douglass ter concordado em dividir a vice-presidência com Elizabeth Cady Stanton (junto a Lucretia Mott, eleita presidenta da associação) simbolizava a seriedade dessa busca por união. Ainda assim, parece que Stanton e algumas de suas companheiras infelizmente percebiam a organização como um meio de garantir que os homens negros não receberiam o direito de voto a menos e até que as mulheres brancas também o obtivessem. Quando a Associação pela Igualdade de Direitos decidiu se mobilizar pela aprovação da décima quarta emenda – que condicionava a partilha de representantes no Congresso ao número de cidadãos *do sexo masculino* impedidos de votar nas eleições federais –, essas mulheres brancas se sentiram profundamente traídas. Depois que a associação votou a favor do apoio à décima quinta emenda – que proibia o uso de raça, cor e situação prévia de servidão como bases para negar o direito de voto aos cidadãos –, o atrito interno irrompeu na forma de uma aberta e ruidosa luta ideológica. Nas palavras de Eleanor Flexner:

> A indignação [de Stanton] e a da srta. Anthony não tinham limites. Esta fez uma promessa: "Corto fora meu braço direito antes de colaborar ou de pedir pelo voto para os negros, e não para as mulheres". A sra. Stanton fez referências depreciativas a "Sambo" e à concessão do voto a "africanos, chineses e todos os estrangeiros ignorantes assim que chegam à costa". Ela alertou que a defesa do sufrágio masculino pelos republicanos "cria um antagonismo entre homens negros e todas as mulheres que culminará em temerosas atrocidades contra a condição da mulher, especialmente nos estados do Sul".[12]

Se as críticas à décima quarta e à décima quinta emendas externadas pelas líderes do movimento pelos direitos das mulheres eram justificáveis ou não é algo a ser discutido. Mas uma coisa parece clara: na defesa dos próprios interesses enquanto mulheres brancas de classe média, elas explicitavam – frequentemente de modo egoísta e elitista – seu relacionamento fraco e superficial com a campanha pela igualdade negra do pós-guerra. Aprovadas, as duas emendas excluíam as mulheres do novo processo de extensão do voto e, dessa forma, foram interpretadas por elas como prejudiciais aos seus objetivos políticos. Com a aprovação, elas sentiam possuir razões tão

---

[12] Eleanor Flexner, *Century of Struggle*, cit., p. 144.

fortes a favor do sufrágio quanto os homens negros. No entanto, ao articular sua oposição com argumentos que evocavam os privilégios da supremacia branca, demonstravam o quanto permaneciam indefesas – mesmo após anos de envolvimento em causas progressistas – contra a perniciosa influência ideológica do racismo.

Tanto Elizabeth Cady Stanton quanto Susan B. Anthony interpretaram a vitória da União como a *real* emancipação de milhões de pessoas negras que haviam sido vítimas da escravocracia sulista. Elas presumiram que a abolição do sistema escravagista elevava a população negra a uma posição comparável, em quase todos os aspectos, àquela das mulheres brancas de classe média na sociedade estadunidense: "[Com] a abolição e a Lei dos Direitos Civis*, o negro e a mulher passaram a ter a mesma situação política e social, faltando a ambos apenas o voto"[13].

A suposição de que a emancipação tornava os ex-escravos iguais às mulheres brancas – sendo que os dois grupos precisavam conquistar o voto para completar sua igualdade social – ignorava a total precariedade da recém-conquistada "liberdade" da população negra após a Guerra Civil. Embora as correntes da escravidão tivessem sido rompidas, a população negra ainda sofria as dores da privação econômica e enfrentava a violência terrorista de gangues racistas, cuja intensidade não se comparava nem mesmo à da escravidão.

Na opinião de Frederick Douglass, a abolição da escravatura se cumpria de forma apenas nominal. A vida cotidiana da população negra do Sul ainda exalava o cheiro desagradável da escravidão. Só havia uma maneira, afirmava Douglass, de consolidar e garantir a nova condição de "liberdade" das pessoas negras no Sul: "A escravidão não terá sido abolida até que o homem negro possa votar"[14]. Essa era a base de sua insistência para que a luta pelo sufrágio negro se tornasse, naquele momento histórico particular, uma prioridade

---

* Aprovada em 1866, a lei previa que todas as pessoas nascidas nos Estados Unidos, sem distinção de raça, cor ou situação prévia de escravidão ou servidão involuntária, eram iguais perante a lei e tinham garantidos os mesmos direitos, incluindo os de firmar contratos, abrir processos judiciais, apresentar evidências à Corte e comprar, vender e alugar imóveis e bens pessoais. (N. T.)

[13] Robert Allen, *Reluctant Reformers*, cit., p. 143.

[14] Philip S. Foner, *The Life and Writings of Frederick Douglass*, v. 4, cit., p. 167. Essa passagem vem de um discurso intitulado "The Need for Continuing Anti-Slavery Work" [A necessidade de prosseguir no combate à escravidão], pronunciado por Douglass no 32º Encontro Anual da Sociedade Antiescravagista Estadunidense, em 9 de maio de 1865. Originalmente publicado em *Liberator*, 26 maio 1865.

estratégica em relação aos esforços pela conquista do voto para as mulheres. Frederick Douglass enxergava o voto como uma arma indispensável que poderia completar o processo inacabado de pôr fim à escravidão. Quando ele argumentava que o sufrágio feminino era momentaneamente menos urgente do que a extensão do voto aos homens negros, ele definitivamente não estava defendendo a superioridade do homem negro. Embora Douglass não fosse de maneira alguma imune à influência da ideologia da supremacia masculina, e apesar de as formulações polêmicas de seus discursos frequentemente deixarem algo a desejar, a essência de sua teoria sobre o sufrágio negro como uma prioridade estratégica não era em nada contra as mulheres.

Frederick Douglass afirmava que, sem o direito ao voto, a população negra no Sul seria incapaz de alcançar qualquer avanço econômico.

> Sem o voto eletivo, o negro permanecerá praticamente um escravo. A posse do indivíduo foi abolida; mas, se reintegrarmos os estados do Sul sem essa medida [*i.e.*, sem o direito de voto], estaremos consolidando a posse dos negros pela comunidade na qual eles vivem.[15]

A necessidade de derrotar a contínua opressão econômica do pós-guerra não era o único motivo da reivindicação especialmente urgente da população negra pelo direito de voto. A violência indecorosa – perpetuada por gangues encorajadas por quem buscava obter lucro com a mão de obra de ex-escravos –, sem dúvida, continuaria, a menos que a população negra conquistasse poder político. Em um dos primeiros debates entre Frederick Douglass e as defensoras do sufrágio feminino na Associação pela Igualdade de Direitos, ele insistiu que o sufrágio negro tivesse precedência porque, "para nós, ser privado do direito de voto significa Nova Orleans, significa Memphis, significa Nova York com suas gangues"[16].

Os tumultos em Memphis e Nova Orleans aconteceram em maio e julho de 1866 – menos de um ano antes do debate entre Douglass e as mulheres brancas. Uma comissão de congressistas ouviu o seguinte testemunho de uma ex-escrava que foi vítima da violência em Memphis:

> Vi quando eles mataram meu marido; [...] ele levou um tiro na cabeça enquanto estava de cama, doente [...] eram uns vinte ou trinta homens que entraram em

---

[15] Ibidem, p. 17.
[16] Ibidem, p. 41.

casa [...] fizeram ele se levantar e sair pela porta [...] perguntaram se ele havia sido soldado [na Guerra Civil] [...]. Então, um deles deu um passo para trás, [...] colocou a arma na cabeça dele e disparou três vezes; [...] quando meu marido caiu, ele ainda se arrastou um pouco, e parecia que tentava voltar para dentro de casa; então eles disseram que, se ele não morresse logo, atirariam de novo.[17]

Tanto em Memphis como em Nova Orleans, a população negra e alguns extremistas brancos foram assassinados e feridos. Durante os dois massacres, as gangues que incendiaram escolas, igrejas e casas também estupraram, individualmente ou em grupo, as mulheres negras que cruzaram seu caminho. Esses dois ataques no Sul haviam sido prenunciados pelos atos violentos de Nova York, em 1863, instigados pelas forças do Norte favoráveis à escravidão e contrárias ao alistamento de negros pelo Exército da União, que tiraram a vida de cerca de mil pessoas[18].

Diante da violência e do terror generalizados sofridos pela população negra no Sul, a insistência de Frederick Douglass de que a urgência do povo negro em obter poder político era maior do que a das mulheres brancas de classe média era lógica e convincente. A população de ex-escravos ainda estava presa à luta pela sobrevivência – e, aos olhos de Douglass, apenas o voto poderia garantir-lhes a vitória. Em oposição a isso, as mulheres brancas de classe média, cujos interesses eram representados por Elizabeth Cady Stanton e Susan B. Anthony, não podiam alegar que sua vida sofria ameaças físicas. Elas não estavam, como os homens negros e as mulheres negras do Sul, envolvidas em uma guerra concreta por libertação. Efetivamente, para as pessoas negras do Sul, a vitória da União não significava que a violência da guerra havia sido totalmente contida. Como W. E. B. Du Bois observou:

> É sempre difícil parar uma guerra, e duas vezes mais difícil parar uma guerra civil. É inevitável, quando homens foram longamente treinados para exercer a violência e matar, que esse hábito se projete sobre a vida civil, depois do armistício, e que haja crime, desordem e sublevação social.[19]

---

[17] Herbert Aptheker, *A Documentary History of the Negro People in the United States*, v. 2, cit., p. 553-4. Câmara dos Deputados dos Estados Unidos, *Memphis Riots and Massacres* [Ataques e massacres de Memphis], 39º Congresso, 1ª sessão (n. 1274), relatório n. 101, p. 160-1 e 222-3.

[18] William Z. Foster, *The Negro People in American History*, cit., p. 261.

[19] W. E. B. Du Bois, *Black Reconstruction in America* (Cleveland/Nova York, Meridian, 1964), p. 670.

De acordo com Du Bois, muitos analistas da situação do pós-guerra perceberam que "a população do Sul parecia ter transferido sua ira contra o governo federal para as pessoas de cor"[20].

Em Alabama, Mississippi e Louisiana, dizia-se em 1866: "A vida de um negro não vale grande coisa aqui. Vi um que levou um tiro na perna enquanto montava em uma mula porque o agressor achou que daria mais trabalho pedir para ele descer do que atirar".[21]

No que diz respeito à população negra do Sul no pós-guerra, prevalecia um estado de emergência. O argumento de Frederick Douglass em favor do sufrágio negro era baseado em sua insistência de que o voto era uma medida emergencial. Embora ele possa ter sido ingênuo em relação à potência do voto no interior do Partido Republicano, não tratava a questão do sufrágio negro como um jogo político. Para Douglass, o voto não era um meio para garantir a hegemonia do Partido Republicano no Sul. Era basicamente uma medida de sobrevivência – um meio de garantir a vida da massa de seu povo.

As líderes do movimento pelos direitos das mulheres do período pós-guerra tendiam a ver o voto como um fim em si mesmo. Já em 1866 parecia que qualquer pessoa que defendesse a causa do sufrágio feminino, por mais racistas que fossem seus motivos, era uma aliada valiosa para a campanha das mulheres. Nem mesmo Susan B. Anthony percebeu a evidente contradição da defesa do sufrágio feminino por um congressista que se autodeclarava defensor da supremacia branca. Para o profundo pesar de Frederick Douglass, Anthony elogiou publicamente o congressista James Brooks, que havia sido editor de um jornal pró-escravatura[22]. Embora seu apoio ao sufrágio feminino fosse claramente um movimento tático para deter o apoio dos republicanos ao sufrágio negro, Brooks foi louvado de modo entusiasmado por Susan Anthony e suas aliadas.

---

[20] Ibidem, p. 671.
[21] Ibidem, p. 672.
[22] De acordo com Philip S. Foner, "Douglass fez objeções aos elogios de Susan Anthony à defesa do sufrágio feminino feita por James Brooks no Congresso, destacando que se tratava apenas de 'um truque do inimigo para atacar e ameaçar o direito dos homens negros'. Brooks, ex-editor do *New York Express*, um jornal brutalmente antinegro e pró-escravidão, estava encenando para as líderes do movimento de mulheres de modo a garantir que elas apoiassem a oposição ao sufrágio negro. Douglass alertou que, se as mulheres não enxergassem além desse artifício dos ex-proprietários de escravos e de seus aliados no Norte, 'haverá problemas no interior de nosso grupo'", *The Life and Writings of Frederick Douglass*, v. 4, cit., p. 41-2.

Ao representar os interesses da classe de ex-proprietários de escravos, o Partido Democrata procurava impedir a extensão do voto à população negra masculina do Sul. Por isso, muitos líderes democratas defendiam o sufrágio feminino como uma medida calculada contra seus oponentes republicanos. Conveniência era o lema desses democratas, cuja preocupação com a igualdade das mulheres estava imbuída da mesma desonestidade presente no alardeado apoio dos republicanos ao sufrágio do homem negro. Se Elizabeth Cady Stanton e Susan B. Anthony tivessem analisado com mais cuidado a situação política do período pós-Guerra Civil, talvez se mostrassem menos dispostas a associar sua campanha sufragista ao famoso George Francis Train. "Primeiro a mulher, por último o negro, eis meu programa"[23] – era o slogan desse democrata descaradamente racista. Quando Stanton e Anthony conheceram Train durante a campanha sufragista no Kansas, em 1867, ele se ofereceu para pagar todos os custos de uma série de conferências de que os três participariam. "A maioria de nossas companheiras considerou aquilo um grave equívoco", escreveu Elizabeth Cady Stanton, "mas o resultado se mostrou outro. O sr. Train estava então em sua melhor forma – um cavalheiro no modo de vestir e no comportamento, não fumava, não mascava tabaco, não bebia nem se empanturrava. Ele era um orador e um ator eficaz [...]"[24]. George Francis Train também era descrito como um "bufão disparatado e semilunático"[25], como Stanton admite em sua obra *Reminiscences*.

"Ele é tão destituído de princípios quanto de bom-senso [...] Pode ser útil para cativar a plateia, mas um canguru, um gorila ou um hipopótamo também seriam."[26] Essa era a opinião de William Lloyd Garrison, cuja avaliação de Train era compartilhada por figuras como Lucy Stone e Henry Blackwell. Mas Stanton e Anthony estavam desesperadas por apoio e, como Train estava disposto a ajudá-las, elas o receberam de braços abertos. Com o amparo financeiro que ele ofereceu, elas fundaram um jornal que – por insistência dele – foi chamado de *Revolution* [Revolução]. A publicação lançou o mote – também por insistência dele – "Homens, seus direitos e nada a mais; mulheres, seus direitos e nada a menos"[27].

---

[23] Elizabeth Cady Stanton, Susan B. Anthony et al., *History of Woman Suffrage*, v. 2, cit., p. 245.
[24] Elizabeth Cady Stanton, *Eighty Years and More*, cit., p. 256.
[25] Miriam Gurko, *The Ladies of Seneca Falls*, cit., p. 223.
[26] Ibidem, p. 223-4.
[27] Ibidem, p. 221. Ver também Elizabeth Cady Stanton, *Eighty Years and More*, cit., p. 256.

Quando a Equal Rights Association [Associação pela Igualdade de Direitos; ERA, na sigla original] realizou sua convenção de 1869, a décima quarta emenda – com sua implicação de que apenas cidadãos do sexo masculino estavam incondicionalmente habilitados a votar – já havia sido aprovada. A décima quinta emenda – proibindo a privação do direito ao voto com base em raça, cor ou condição prévia de servidão (mas não com base no sexo!) – estava prestes a se tornar lei. Na agenda dessa convenção da ERA estava o endosso à décima quinta emenda. Uma vez que as principais defensoras do sufrágio feminino se opunham de modo fervoroso a esse posicionamento, estava claro que uma cisão era inevitável. Embora delegadas e delegados admitissem que aquele provavelmente seria o último encontro da associação, Frederick Douglass fez um apelo de última hora às suas irmãs brancas:

> Quando as mulheres, por serem mulheres, forem arrastadas para fora de casa e enforcadas nos postes de iluminação; quando suas crianças forem arrancadas de seus braços e seu crânio for estraçalhado na calçada; quando elas forem alvo de insultos e atrocidades o tempo todo; quando correrem o risco de ter o teto sobre sua cabeça incendiado; quando suas filhas e filhos não puderem frequentar a escola; então elas terão [a mesma] urgência em poder votar.[28]

Por mais ríspido e polêmico que fosse tal raciocínio, havia nele uma lucidez inequívoca. As imagens vívidas dessas palavras mostravam que as ex-escravas e ex-escravos sofriam uma opressão que diferia, em essência e em brutalidade, dos constrangimentos impostos às mulheres brancas de classe média.

Ao defender o endosso da ERA à décima quinta emenda, Frederick Douglass não aconselhava seus aliados a desprezarem por completo a causa do sufrágio feminino. Pelo contrário, a resolução submetida por ele evocava de forma entusiasmada a ratificação da "extensão do sufrágio a todas as classes até agora privadas do direito ao voto, como um encorajamento do triunfo de nossa ideia como um todo"[29]. Douglass vislumbrava a aprovação da décima quinta emenda como "a realização de metade de nossas reivindicações"[30] e como a base para ativar "nossa energia para assegurar mais emendas que garantam os mesmos direitos invioláveis sem restrição de sexo"[31].

---

[28] Elizabeth Cady Stanton, Susan B. Anthony et al., *History of Woman Suffrage*, v. 2, cit., p. 382.
[29] Philip S. Foner, *The Life and Writings of Frederick Douglass*, v. 4, cit., p. 44.
[30] Idem.
[31] Idem.

Dois anos antes, Sojourner Truth possivelmente teria feito oposição ao posicionamento de Frederick Douglass. Na convenção de 1867 da ERA, ela havia sido contra a ratificação da décima quarta emenda porque, na prática, negava às mulheres *negras* o direito ao voto:

> Há uma grande comoção com respeito aos homens de cor conquistando seus direitos, mas nem uma palavra é dita sobre as mulheres de cor; e se os homens de cor conseguirem seus direitos, mas as mulheres de cor não conseguirem os delas, percebam que os homens negros serão superiores às mulheres, e isso será tão nocivo quanto era antes.[32]

Na última convenção da Associação pela Igualdade de Direitos, em 1869, Sojourner Truth havia percebido o perigoso racismo subentendido na oposição das feministas ao sufrágio dos homens negros. Nas palavras de Frederick Douglass, a posição das aliadas de Stanton e Anthony era a de que "nenhum negro deve ter direito ao voto se a mulher não o tiver"[33]. Quando Sojourner Truth insistiu que, "se você colocar uma mulher como isca no anzol do sufrágio, você certamente pescará um homem negro"[34], exprimiu mais um sério alerta sobre a influência ameaçadora da ideologia racista.

O apelo de Frederick Douglass à unidade em torno da ratificação da décima quinta emenda também tinha o apoio de Frances E. W. Harper. Essa excepcional poeta negra e importante defensora do sufrágio feminino insistia que a extensão do voto aos homens negros era importante demais para que todo seu povo arriscasse perdê-la em um momento tão crítico. "Quando se tratava de uma questão racial, ela deixava a questão menor do sexo de lado."[35] Em seu discurso na última convenção da Associação pela Igualdade de Direitos, Harper fez um apelo a suas irmãs brancas para apoiar a luta de seu povo por libertação.

---

[32] Elizabeth Cady Stanton, Susan B. Anthony et al., *History of Woman Suffrage*, v. 2, cit., p. 222. Ver também Gerda Lerner (org.), *Black Women in White America*, cit., p. 569.

[33] Philip S. Foner, *The Life and Writings of Frederick Douglass*, v. 4, cit., p. 212 (carta a Josephine Sophia White Griffing, Rochester, 27 set. 1968).

[34] Elizabeth Cady Stanton, Susan B. Anthony et al., *History of Woman Suffrage*, v. 2, cit., p. 928. Sojourner Truth criticava a abordagem de Henry Ward Beecher da questão do sufrágio. Ver a análise de Robert Allen, *Reluctant Reformers*, cit., p. 148.

[35] Elizabeth Cady Stanton, Susan B. Anthony et al., *History of Woman Suffrage*, v. 2, cit., p. 391. Frances E. W. Harper alertou a plateia sobre os perigos do racismo ao descrever a situação em Boston, onde sessenta mulheres brancas abandonaram o emprego em protesto à contratação de uma mulher negra (ibidem, p. 392).

Como mulheres, Frances E. W. Harper e Sojourner Truth eram minoria em relação às que não haviam sido persuadidas pelo clamor de Frederick Douglass a favor de união. Elizabeth Cady Stanton e Susan B. Anthony estavam entre aquelas que, com sucesso, argumentaram pela dissolução da Associação pela Igualdade de Direitos. Pouco depois, elas criaram a Associação Nacional pelo Sufrágio Feminino. Favoráveis à ratificação da décima quinta emenda na ERA, Lucy Stone e seu marido, ao lado de Julia Ward Howe, fundaram a Associação Estadunidense pelo Sufrágio Feminino.

A dissolução da Associação pela Igualdade de Direitos pôs fim à tênue, embora potencialmente poderosa, aliança entre os movimentos de libertação negra e de libertação feminina. Para fazer justiça a líderes feministas como Stanton e Anthony, é preciso dizer que os ex-abolicionistas homens da ERA nem sempre foram defensores notórios da igualdade sexual. De fato, alguns dos dirigentes da associação eram intransigentes em sua defesa da supremacia masculina. O líder negro George Downing realmente queria briga quando disse que era nada menos do que a vontade de Deus que os homens dominassem as mulheres[36]. Embora o sexismo de Downing fosse totalmente imperdoável, a reação racista de Elizabeth Cady Stanton não foi menos injustificável:

> Quando o sr. Downing me faz a pergunta: você está disposta a ver o homem de cor obter o direito ao voto antes das mulheres?, eu digo que não; eu não confiaria a ele meus direitos; desvalorizado, oprimido, ele poderia ser mais despótico do que nossos governantes anglo-saxões já são. Se as mulheres ainda devem ser representadas pelos homens, então eu digo: deixemos apenas o tipo mais elevado de masculinidade assumir o leme do Estado.[37]

Embora os homens negros da ERA não pudessem alegar possuir um passado imaculado enquanto defensores da igualdade das mulheres, declarações como a de Downing não justificavam concluir que os homens negros seriam em geral mais "despóticos" em relação às mulheres do que seus congêneres brancos. Além disso, o fato de que os homens negros também poderiam demonstrar atitudes sexistas estava longe de ser um motivo legítimo para interromper o progresso de toda a luta pela libertação negra.

---

[36] Robert Allen, *Reluctant Reformers*, cit., p. 145.
[37] Elizabeth Cady Stanton, Susan B. Anthony et al., *History of Woman Suffrage*, v. 2, cit., p. 214. Ver também Robert Allen, *Reluctant Reformers*, cit., p. 146.

Até mesmo Frederick Douglass era, às vezes, acrítico em relação aos estereótipos e clichês predominantemente associados às mulheres. Mas suas observações eventualmente sexistas jamais eram tão opressivas a ponto de diminuir a importância de suas contribuições à luta pelos direitos das mulheres em geral. Na avaliação de qualquer pessoa que estude história, Frederick Douglass continua sendo o principal homem que atuou na defesa da emancipação das mulheres em todo o século XIX. Se ele merece qualquer crítica séria por sua conduta na polêmica em torno da décima quarta e da décima quinta emendas, isso não se deve tanto ao seu apoio ao sufrágio do homem negro, mas sim à sua fé aparentemente cega no poder do voto no interior do Partido Republicano.

Claro, a população negra realmente precisava do voto – ainda que a atmosfera política predominante impedisse que as mulheres (tanto negras quanto brancas) obtivessem esse direito simultaneamente. E a década da Reconstrução Radical no Sul, que se apoiava na recente extensão do voto ao negro, foi uma era de progresso sem precedentes – tanto para os ex-escravos quanto para a população branca pobre. Mesmo assim, o Partido Republicano basicamente se colocava contra as demandas revolucionárias da população negra no Sul. Assim que os capitalistas do Norte estabeleceram sua hegemonia no Sul, o Partido Republicano – que representava os interesses capitalistas – colaborou na sistemática destituição do direito de voto da população negra sulista. Embora Frederick Douglass tenha sido o mais brilhante defensor da libertação negra do século XIX, ele não entendeu de forma plena a fidelidade capitalista do Partido Republicano, para quem o racismo se tornou tão conveniente quanto o estímulo inicial ao sufrágio negro. A verdadeira tragédia da polêmica em torno do sufrágio negro no interior da Associação pela Igualdade de Direitos é que a visão de Douglass de que o direito ao voto remediaria quase todos os males da população negra pode ter encorajado o severo racismo das feministas em sua defesa do sufrágio feminino.

5
O SIGNIFICADO DE EMANCIPAÇÃO PARA AS MULHERES NEGRAS

"Maldita seja Canaã!", gritaram os sacerdotes hebreus. "Seja um servo dos servos para seus irmãos." [...] Os negros não são servos? *Ergo!* Foi sobre esses mitos espirituais que se fundou o anacronismo da escravidão americana, e foi essa degradação que transformou em empregados domésticos os aristocratas do povo de cor. [...] [...] Com a emancipação [...] o trabalho doméstico deixou de ser atrativo para o negro. O caminho da salvação para a multidão emancipada do povo negro não atravessava mais a porta da cozinha, com seus grandes salões e a varanda sustentada por pilares do lado de fora. Esse caminho consiste, como todas as pessoas negras logo descobriram e sabem, em escapar da servidão doméstica.[1]

Depois de um quarto de século de "liberdade", um grande número de mulheres negras ainda trabalhava no campo. Aquelas que conseguiram ir para a casa-grande encontraram a porta trancada para novas oportunidades – a menos que preferissem, por exemplo, lavar roupas em casa para diversas famílias brancas em vez de realizar serviços domésticos variados para uma única família branca. Apenas um número infinitesimal de mulheres negras conseguiu escapar do campo, da cozinha ou da lavanderia. De acordo com o censo de 1890, havia 2,7 milhões de meninas e mulheres negras com idade acima dos dez anos. Mais de 1 milhão delas eram trabalhadoras assalariadas: 38,7% na agricultura, 30,8% nos serviços domésticos, 15,6% em lavanderias e ínfimos 2,8% em manufaturas[2]. As poucas que encontraram emprego na indústria realizavam os trabalhos mais sujos e com os menores salários. Considerando que suas mães escravas também haviam trabalhado nas usinas de algodão do Sul, nas refinarias de açúcar e até mesmo nas minas, elas não haviam conseguido um progresso significativo. Em 1890, para as mulheres

---

[1] W. E. B. Du Bois, *Darkwater*, cit., p. 113.
[2] Barbara Wertheimer, *We Were There*, cit., p. 228.

negras, devia parecer que a liberdade estava em um futuro ainda mais remoto do que no fim da Guerra Civil.

Assim como acontecia na época da escravidão, as mulheres negras que trabalhavam na agricultura – como meeiras, arrendatárias ou assalariadas – não eram menos oprimidas do que os homens ao lado de quem labutavam o dia todo. Em geral, elas eram obrigadas a assinar "contratos" com proprietários de terras que desejavam reproduzir as condições de trabalho do período anterior à Guerra Civil. Com frequência, a data de expiração do contrato era mera formalidade, uma vez que os proprietários podiam alegar que os trabalhadores lhes deviam mais do que o equivalente ao período de trabalho prescrito no contrato. Como resultado da emancipação, uma grande quantidade de pessoas negras se viu em um estado indefinido de servidão por dívida. As pessoas que trabalhavam como meeiras, que supostamente eram donas do produto de seu trabalho, não estavam em melhor situação do que quem trabalhava para quitar dívidas. Aquelas que "arrendaram" a terra imediatamente após a emancipação raramente possuíam dinheiro para saldar os pagamentos do aluguel ou para comprar o que precisavam antes da colheita da primeira safra. Exigindo até 30% de participação, proprietários de terras e comerciantes detinham parte da safra como garantia.

> Os agricultores, claro, não podiam pagar esse percentual e, ao fim do primeiro ano, estavam endividados – no segundo ano, tentavam novamente, mas tinham a dívida antiga e as novas taxas de participação a serem pagas e, dessa forma, o "sistema de arrendamento" se convertia em um direito sobre a produção total de que parecia impossível se desvencilhar.[3]

Por meio do sistema de contratação de pessoas encarceradas, a população negra era forçada a representar os mesmos papéis que a escravidão havia lhe atribuído. Homens e mulheres eram igualmente vítimas de detenções e prisões sob os menores pretextos – para que fossem cedidos pelas autoridades como mão de obra carcerária. Enquanto os proprietários de escravos haviam reconhecido limites à crueldade com que exploravam sua "valiosa" propriedade humana, esse tipo de precaução não era necessário para os proprietários de terras que, no pós-guerra, empregavam a mão de obra carcerária negra por períodos relativamente

---

[3] Herbert Aptheker, *A Documentary History of the Negro People in the United States*, v. 2, cit., p. 747. "Tenant Farming in Alabama, 1889", *The Journal of Negro Education*, n. 17, 1948, p. 46 e seg.

curtos. "Em muitos casos, detentos doentes eram forçados a trabalhar pesado até que caíssem mortos."[4]

Tendo a escravidão como modelo, o sistema de contratação de mão de obra carcerária não diferenciava o trabalho masculino do feminino. Homens e mulheres eram frequentemente alojados na mesma paliçada e agrilhoados juntos durante o dia de trabalho. Em uma resolução aprovada pela Convenção de Pessoas Negras do Estado do Texas, em 1883, "a prática de agrilhoar ou acorrentar detentas e detentos juntos" foi "fortemente condenada"[5]. Da mesma forma, na Convenção de Fundação da Liga Afro-Americana, em 1890, um dos sete motivos apontados como causas da criação da organização foi "o odioso e desmoralizante sistema penitenciário do Sul, com suas práticas de acorrentar as pessoas encarceradas umas às outras em fila, obrigá-las a trabalhos forçados e misturar homens e mulheres indiscriminadamente"[6].

Como observou W. E. B. Du Bois, o potencial lucrativo do sistema de contratação de pessoas encarceradas persuadiu muitos proprietários de terras do Sul a investir exclusivamente na mão de obra carcerária – alguns deles empregando a força de trabalho de centenas de pessoas negras prisioneiras[7]. Em consequência, tanto empregadores como autoridades estatais adquiriram um forte interesse econômico em ampliar a população carcerária. "Desde 1876", mostra Du Bois, "pessoas negras têm sido detidas em resposta à menor provocação e sentenciadas a longas penas ou multas, sendo obrigadas a trabalhar para pagá-las"[8].

Essa deturpação do sistema de justiça criminal era opressiva para toda a população saída da escravidão. Mas as mulheres eram especialmente suscetíveis aos ataques brutais do sistema judiciário. Os abusos sexuais sofridos rotineiramente durante o período da escravidão não foram interrompidos pelo advento da emancipação. De fato, ainda constituía uma verdade que "mulheres de cor eram consideradas como presas autênticas dos homens brancos"[9] – e, se elas resistissem aos ataques sexuais desses homens, com frequência eram jogadas na

---

[4] Herbert Aptheker, *A Documentary History of the Negro People in the United States*, v. 2, cit., p. 689. Convenção de Pessoas Negras do Estado do Texas, 1883.
[5] Herbert Aptheker, *A Documentary History of the Negro People in the United States*, v. 2, cit., p. 690.
[6] Ibidem, p. 704. Convenção de Fundação da Liga Afro-Americana, 1890.
[7] W. E. B. Du Bois, *Black Reconstruction in America*, cit., p. 698.
[8] Idem.
[9] Ibidem, p. 699.

prisão para serem ainda mais vitimizadas por um sistema que era um "retorno a outra forma de escravidão"[10].

Durante o período pós-escravidão, a maioria das mulheres negras trabalhadoras que não enfrentavam a dureza dos campos era obrigada a executar serviços domésticos. Sua situação, assim como a de suas irmãs que eram meeiras ou a das operárias encarceradas, trazia o familiar selo da escravidão. Aliás, a própria escravidão havia sido chamada, com eufemismo, de "instituição doméstica", e as escravas eram designadas pelo inócuo termo "serviçais domésticas". Aos olhos dos ex-proprietários de escravos, "serviço doméstico" devia ser uma expressão polida para uma ocupação vil que não estava nem a meio passo de distância da escravidão. Enquanto as mulheres negras trabalhavam como cozinheiras, babás, camareiras e domésticas de todo tipo, as mulheres brancas do Sul rejeitavam unanimemente trabalhos dessa natureza. Nas outras regiões, as brancas que trabalhavam como domésticas eram geralmente imigrantes europeias que, como suas irmãs ex-escravas, eram obrigadas a aceitar qualquer emprego que conseguissem encontrar.

A equiparação ocupacional das mulheres negras com o serviço doméstico não era, entretanto, um simples vestígio da escravidão destinado a desaparecer com o tempo. Por quase um século, um número significativo de ex-escravas foi incapaz de escapar às tarefas domésticas. A história de uma trabalhadora doméstica da Geórgia, registrada por um jornalista de Nova York em 1912[11], reflete a difícil situação econômica das mulheres negras das décadas anteriores, bem como de muitos anos depois. Mais de dois terços das mulheres negras de sua cidade foram forçados a encontrar empregos como cozinheiras, babás, lavadeiras, camareiras, vendedoras ambulantes ou zeladoras e se viram em condições "tão ruins, se não piores, do que as do período da escravidão"[12].

Por mais de trinta anos, essa mulher negra viveu involuntariamente nas casas onde era empregada. Trabalhando nada menos que catorze horas por dia, ela geralmente tinha permissão de sair por apenas uma tarde a cada duas semanas para visitar a família. Em suas próprias palavras, ela era "escrava de corpo e

---

[10] Ibidem, p. 698.
[11] Herbert Aptheker, *A Documentary History of the Negro People in the United States*, v. 1 (Nova York, The Citadel Press, 1973), p. 46. "A Southern Domestic Worker Speaks", *The Independent*, v. 72, 25 jan. 1912.
[12] Herbert Aptheker, *A Documentary History of the Negro People in the United States*, cit., v. 1, p. 46.

alma"[13] da família branca que a empregava. Sempre a chamavam pelo primeiro nome – nunca por sra. ... –, e não era raro que se referissem a ela como sua "preta", ou seja, sua escrava[14].

Um dos aspectos mais humilhantes do serviço doméstico no Sul – e outra confirmação de sua semelhança com a escravidão – era a anulação temporária das leis Jim Crow* sempre que uma serviçal negra estivesse em presença de pessoas brancas.

> Eu andava nos bondes ou nos trens com as crianças brancas e [...] podia sentar onde quisesse, na frente ou atrás. Se um homem branco perguntasse a outro branco "O que esta preta está fazendo aqui?", e a resposta fosse "Ah, ela cuida daquelas crianças brancas que estão na frente dela", imediatamente se fazia o silêncio da paz. Tudo estava bem, contanto que eu estivesse na parte do bonde reservada aos brancos ou no vagão de trem dos brancos como uma serviçal – uma escrava –, mas caso eu não me apresentasse como uma serviçal [...] por não ter nenhuma criança branca comigo, eu era imediatamente mandada para os bancos das pessoas "pretas" ou para o vagão das "pessoas de cor".[15]

Desde a Reconstrução até o presente, as mulheres negras empregadas em funções domésticas consideraram o abuso sexual cometido pelo "homem da casa" como um dos maiores riscos de sua profissão. Por inúmeras vezes, foram vítimas de extorsão no trabalho, sendo obrigadas a escolher entre a submissão sexual e a pobreza absoluta para si mesmas e para sua família. Essa mulher da Geórgia perdeu um de seus empregos, no qual morava, porque "eu me recusei a deixar o marido da senhora me beijar"[16].

> Assim que fui empregada como cozinheira, ele se aproximou, colocou os braços em volta de mim e estava quase me beijando quando eu exigi saber o que significava aquilo e o empurrei. Eu era jovem, recém-casada e ainda não sabia o que, desde então, tem sido um peso para minha mente e meu coração: que nesta parte do país a virtude de uma mulher de cor nunca está protegida.[17]

---

[13] Ibidem, p. 47.
[14] Ibidem, p. 50.
* Conjunto de leis que institucionalizava a segregação racial no Sul dos Estados Unidos em locais e serviços públicos, como escolas e meios de transporte, mas também em estabelecimentos particulares como restaurantes. Sua duração foi de quase um século (de 1876 a 1965). (N. E.)
[15] Idem.
[16] Ibidem, p. 49.
[17] Idem.

Tal como na época da escravidão, o homem negro que protestasse contra esse tipo de tratamento para sua irmã, filha ou esposa poderia esperar ser punido. "Quando meu marido foi tirar satisfações com o homem que me insultou, o homem o amaldiçoou, o esbofeteou e... mandou prendê-lo! A polícia multou meu marido em 25 dólares."[18]

Depois que ela testemunhou, sob juramento, à corte, "o velho juiz ergueu os olhos e disse: 'Esta corte nunca acatará a palavra de uma preta contra a palavra de um homem branco'"[19].

Em 1919, quando as líderes sulistas da Associação Nacional das Mulheres de Cor registraram suas reclamações, as condições do serviço doméstico estavam em primeiro lugar da lista. Elas tinham bons motivos para protestar contra o que educadamente denominaram "exposição a tentações morais"[20] no trabalho. Sem dúvida, a empregada doméstica da Geórgia teria manifestado concordância incondicional com os protestos da Associação. Em suas palavras:

> Acredito que quase todos os homens brancos tomavam ou esperavam tomar liberdades indevidas com suas serviçais de cor – não só os pais, mas, em muitos casos, também os filhos. As empregadas que se rebelassem contra essas intimidades ou teriam de ir embora ou, caso ficassem, poderiam esperar muitas dificuldades.[21]

Desde o período da escravidão, a condição de vulnerabilidade das trabalhadoras domésticas tem sustentado muitos dos mitos duradouros sobre a "imoralidade" das mulheres negras. Nesse clássico "círculo vicioso", o trabalho doméstico é considerado degradante porque tem sido realizado de modo desproporcional por mulheres negras que, por sua vez, são vistas como "ineptas" e "promíscuas". Mas as aparentes inépcia e promiscuidade são mitos que se confirmam repetidamente pelo trabalho degradante que elas são obrigadas a fazer. Como W. E. B. Du Bois disse, qualquer homem branco "decente" cortaria o pescoço da própria filha antes de permitir que ela aceitasse um emprego doméstico[22].

Quando a população negra começou a migrar para o Norte, homens e mulheres descobriram que, fora do Sul, seus empregadores brancos não eram

---

[18] Idem.
[19] Idem.
[20] "The Colored Women's Statement to the Women's Missionary Council, American Missionary Association", em Gerda Lerner (org.), *Black Women in White America*, cit., p. 462.
[21] Herbert Aptheker, *A Documentary History of the Negro People in the United States*, v. 1, cit., p. 49.
[22] W. E. B. Du Bois, *Darkwater*, cit., p. 116.

fundamentalmente diferentes de seus ex-proprietários nas atitudes em relação ao potencial de trabalho da mão de obra escrava recentemente liberta. Eles também acreditavam, ao que parece, que *"negros são serviçais, serviçais são negros"*[23]. De acordo com o censo de 1890, Delaware era o único estado não sulista em que a maioria da população negra estava empregada como mão de obra agrícola e meeira, não em serviços domésticos[24]. Em 32 dos 48 estados, o serviço doméstico era a ocupação predominante tanto de homens quanto de mulheres. Em sete de cada dez estados, havia mais pessoas negras trabalhando em funções domésticas do que em todas as outras ocupações juntas[25]. O relatório censitário provava que *negros são serviçais, serviçais são negros*.

O importante ensaio de Isabel Eaton sobre serviço doméstico, publicado em 1899, no estudo *The Philadelphia Negro* [O negro da Filadélfia], de Du Bois, revela que 60% da mão de obra negra no estado da Pensilvânia estava empregada em algum tipo de função doméstica[26]. A situação das mulheres era ainda pior, pois 91% das trabalhadoras negras – 14.297 de um total de 15.704 – eram contratadas como serviçais[27]. Quando foram para o Norte, tentando fugir da antiga condição de escravidão, descobriram que simplesmente não havia outras ocupações disponíveis para elas. Durante a pesquisa para seu estudo, Eaton entrevistou diversas mulheres que chegaram a lecionar em escolas, mas que haviam sido demitidas devido ao "preconceito"[28]. Expulsas da sala de aula, haviam sido obrigadas a trabalhar na lavanderia e na cozinha.

Dos 55 empregadores entrevistados por Eaton, apenas um preferia serviçais brancas às negras[29]. Nas palavras de uma mulher: "Acho que as pessoas de cor são muito difamadas em relação a honestidade, limpeza e confiabilidade; minha experiência é que elas são imaculadas em todos os sentidos e totalmente honestas; na verdade, não posso elogiá-las o suficiente"[30].

O racismo funciona de modo intrincado. As empregadoras que acreditavam estar elogiando as pessoas negras ao afirmar preferi-las em relação às brancas

---

[23] Ibidem, p. 115.
[24] Isabel Eaton, "Special Report on Negro Domestic Service", em W. E. B. Du Bois, *The Philadelphia Negro* (1899) (Nova York, Schocken, 1967), p. 427.
[25] Idem.
[26] Ibidem, p. 428.
[27] Idem.
[28] Ibidem, p. 465.
[29] Ibidem, p. 484.
[30] Ibidem, p. 485.

argumentavam, na verdade, que as pessoas negras estavam destinadas a ser serviçais domésticas – escravas, para ser franca. Outra empregadora descreveu sua cozinheira como "muito esforçada e cuidadosa – meticulosa. Ela é uma criatura boa, fiel e muito agradecida"[31]. Claro, a "boa" serviçal é sempre fiel, confiável e agradecida. A literatura dos Estados Unidos e os meios de comunicação populares no país fornecem numerosos estereótipos da mulher negra como serviçal resistente e confiável. As Dilseys* (*à la* Faulkner), as Berenices (de *A convidada do casamento***) e as Tias Jemimas de fama comercial se tornaram personagens arquetípicas da cultura estadunidense. Por isso, a única mulher entrevistada por Eaton que preferia serviçais brancas confessou que, na verdade, empregava ajudantes negras "porque elas se parecem mais com criadas"[32]. A definição tautológica de pessoas negras como serviçais é, de fato, um dos artifícios essenciais da ideologia racista.

Com frequência, racismo e sexismo convergem – e a condição das mulheres brancas trabalhadoras não raro é associada à situação opressiva das mulheres de minorias étnicas***. Por isso, os salários pagos às trabalhadoras domésticas brancas sempre foram fixados pelo critério racista usado para calcular a remuneração das serviçais negras. As imigrantes que eram obrigadas a aceitar o emprego doméstico ganhavam pouco mais do que suas companheiras negras. Em relação às possibilidades salariais, elas estavam, de longe, muito mais próximas de suas irmãs negras do que de seus irmãos brancos que trabalhavam para sobreviver[33].

Se as mulheres brancas nunca recorreram ao trabalho doméstico, a menos que tivessem certeza de não encontrar algo melhor, as mulheres negras estiveram aprisionadas a essas ocupações até o advento da Segunda Guerra Mundial. Mesmo nos anos 1940, nas esquinas de Nova York e de outras grandes cidades,

---

[31] Idem.

* Personagem do livro *O som e a fúria*, de William Faulkner (trad. Paulo Henriques Britto, São Paulo, Cosac Naify, 2009). (N. E.)

** Livro de Carson McCullers (trad. Sônia Coutinho, Osasco, Novo Século, 2008). (N. E.)

[32] Ibidem, p. 484.

*** No original, "*women of color*". Nos Estados Unidos, a expressão "*people of color*" não tem sentido pejorativo e é aplicada a pessoas de origem africana, asiática, indígena e de outros grupos politicamente definidos como minorias étnicas. Por outro lado, o termo "*colored people*", aqui traduzido como "pessoas de cor", era utilizado apenas em referência a afrodescendentes e, historicamente, adquiriu um sentido depreciativo. (N. T.)

[33] Ibidem, p. 449. Eaton apresenta evidências que "apontam para a probabilidade de que, pelo menos entre as mulheres que atuam em serviços domésticos, não exista diferença entre 'salário de brancas e salário de negras' [...]".

existiam mercados – versões modernas das praças de leilões de escravos – em que as mulheres brancas eram convidadas a escolher entre a multidão de mulheres negras que procuravam emprego.

> Todas as manhãs, sob sol ou chuva, mulheres com sacolas de papel pardo ou maletas baratas se reuniam em grupos nas esquinas do Bronx e do Brooklyn, onde esperavam pela oportunidade de conseguir algum trabalho. [...] Uma vez contratadas no "mercado de escravas", depois de um dia de trabalho extenuante, elas não raro descobriam que haviam trabalhado por mais tempo do que o combinado, recebido menos do que o prometido, sido obrigadas a aceitar o pagamento em roupas em vez de dinheiro e exploradas além da resistência humana. Mas a necessidade urgente de dinheiro faz com que elas se submetam a essa rotina diária.[34]

Nova York possuía cerca de duzentos desses "mercados de escravas", vários deles localizados no Bronx, onde "quase todas as esquinas para cima da rua 167" eram ponto de encontro de mulheres negras em busca de trabalho[35]. Em um artigo publicado no jornal *The Nation*, em 1938, intitulado "Our Feudal Housewifes" [Nossas donas de casa feudais], afirma-se que as mulheres negras trabalhavam em torno de 72 horas por semana, recebendo os menores salários em relação a todas as ocupações[36].

Além de ser o menos gratificante de todos os empregos, o trabalho doméstico também era o mais difícil de ser organizado em sindicatos. Desde 1881, as trabalhadoras domésticas estavam entre as mulheres que se filiaram às unidades locais da Knights of Labor quando a instituição retirou o veto à participação de mulheres[37]. Muitas décadas depois, porém, as organizações sindicais que buscavam unir a mão de obra doméstica enfrentaram os mesmos obstáculos que suas antecessoras. Dora Jones fundou e dirigiu o Sindicato de Trabalhadoras Domésticas de Nova York durante os anos 1930[38]. Em 1939 – cinco anos depois da criação do sindicato –, apenas 350 das 100 mil domésticas do estado tinham se filiado. Mas mesmo diante das enormes dificuldades de organizar a mão de obra doméstica essa realização não podia ser considerada de menor importância.

---

[34] Gerda Lerner (org.), *Black Women in White America*, cit., p. 229-31. Louise Mitchell, "Slave Markets Typify Exploitation of Domestics", *The Daily Worker*, 5 maio 1940.

[35] Gerda Lerner, *The Female Experience: An American Documentary* (Indianápolis, Bobbs-Merrill, 1977), p. 269.

[36] Ibidem, p. 268.

[37] Barbara Wertheimer, *We Were There*, cit., p. 182-3.

[38] Gerda Lerner (org.), *Black Women in White America*, cit., p. 232.

As mulheres brancas – incluindo as feministas – demonstraram uma relutância histórica em reconhecer as lutas das trabalhadoras domésticas. Elas raramente se envolveram no trabalho de Sísifo que consistia em melhorar as condições do serviço doméstico. Nos programas das feministas "de classe média" do passado e do presente, a conveniente omissão dos problemas dessas trabalhadoras em geral se mostrava uma justificativa velada – ao menos por parte das mulheres mais abastadas – para a exploração de suas próprias empregadas. Em 1902, a autora de um artigo intitulado "A Nine-Hour Day for Domestic Servants" [Jornada de nove horas diárias para serviçais domésticas] relata uma conversa que teve com uma amiga feminista que lhe pediu que assinasse uma petição destinada a pressionar empregadores a fornecer cadeiras para as balconistas.

> "As moças", ela disse, "têm de ficar de pé dez horas por dia, e me dói o coração ver o cansaço no rosto delas."
> "Sra. Jones", eu disse, "quantas horas por dia sua empregada fica de pé?"
> "Por quê? Eu não sei", ela ofegou, "cinco ou seis, creio eu."
> "A que horas ela se levanta?"
> "Às seis."
> "E a que horas ela termina o trabalho, à noite?"
> "Por volta das oito, acho, normalmente."
> "São catorze horas..."
> "Ela pode se sentar durante o trabalho."
> "Durante qual trabalho? Lavando? Passando? Varrendo? Arrumando as camas? Cozinhando? Lavando a louça? [...] Talvez ela se sente por duas horas, nas refeições e quando prepara os vegetais, e quatro dias por semana ela tem uma hora livre à tarde. Sendo assim, sua empregada fica de pé pelo menos onze horas por dia, incluindo o agravante de ter de subir escadas. O caso dela me parece mais digno de compaixão do que o da balconista da loja."
> Minha visitante se levantou, corada e com faíscas nos olhos. "Minha empregada sempre tem livres os domingos depois do jantar", ela disse.
> "Sim, mas a balconista tem todo o domingo livre. Por favor, não vá antes que eu assine a petição. Ninguém ficaria mais grata do que eu em ver que as balconistas têm a possibilidade de se sentar [...]."[39]

Essa militante feminista estava perpetuando a mesma opressão contra a qual protestava. Mas seu comportamento contraditório e sua insensibilidade

---

[39] Inez Goodman, "A Nine-Hour Day for Domestic Servants", *The Independent*, v. 59, 13 fev. 1902, citado em Rosalyn Baxandall et al. (org.), *America's Working Women*, cit., p. 213-4.

desproporcional não são inexplicáveis, já que as pessoas que trabalham como serviçais geralmente são vistas como menos do que seres humanos. Inerente à dinâmica do relacionamento entre senhor e escravo (ou senhora e empregada), disse o filósofo Hegel, é o esforço constante para aniquilar a consciência do escravo. A balconista mencionada na conversa era uma trabalhadora remunerada – um ser humano com um grau mínimo de independência em relação a quem o empregava e ao próprio trabalho. A serviçal, por outro lado, trabalhava com o único propósito de satisfazer as necessidades de sua senhora. Provavelmente enxergando sua criada como mera extensão de si mesma, a feminista dificilmente poderia ter consciência de seu próprio papel ativo como opressora.

Conforme Angelina Grimké declarou em seu *Appeal to the Christian Women of the South* [Apelo às mulheres cristãs do Sul], as mulheres brancas que não enfrentavam a instituição da escravidão carregavam uma pesada responsabilidade por sua inumanidade. Do mesmo modo, o Sindicato de Trabalhadoras Domésticas expôs o papel das donas de casa de classe média na opressão das trabalhadoras domésticas negras.

> A dona de casa está condenada ao posto de pior empregadora do país [...].
> As donas de casa dos Estados Unidos obrigam seu 1,5 milhão de empregadas a trabalhar em média 72 horas por semana e pagam a elas [...] aquilo que conseguem espremer de seu orçamento depois que o dono da mercearia, o açougueiro [...] [etc.] foram pagos.[40]

A desesperadora situação econômica das mulheres negras – elas realizam o pior de todos os trabalhos e são ignoradas – não mostrou sinais de mudança até o início da Segunda Guerra Mundial. Às vésperas da [entrada dos Estados Unidos na] guerra, de acordo com o censo de 1940, 59,5% das mulheres negras empregadas eram trabalhadoras domésticas e outros 10,4% trabalhavam em ocupações não domésticas[41]. Como aproximadamente 16% ainda trabalhavam no campo, menos de uma em cada dez trabalhadoras negras havia realmente começado a escapar dos velhos grilhões da escravidão. Mesmo aquelas que conseguiam entrar na indústria e em atividades profissionais tinham pouco do que se gabar, pois eram designadas, via de regra, aos trabalhos com os piores salários nessas ocupações. Quando os Estados Unidos entraram na Segunda

---

[40] Gerda Lerner, *The Female Experience*, cit., p. 268.
[41] Jacquelyne Johnson Jackson, "Black Women in a Racist Society", em Charles Willie et al. (org.), *Racism and Mental Health* (Pittsburgh, University of Pittsburgh Press, 1973), p. 236.

Guerra Mundial e o trabalho feminino manteve a economia de guerra em funcionamento, mais de 400 mil mulheres negras deram adeus para seus trabalhos domésticos. No auge da guerra, o número de mulheres negras na indústria havia mais que dobrado. Mesmo assim – e essa ressalva é inevitável –, ainda nos anos 1960, pelo menos um terço das trabalhadoras negras permanecia preso aos mesmos trabalhos domésticos do passado e um quinto delas realizava serviços fora do ambiente doméstico[42].

Em um ensaio ferozmente crítico intitulado "The Servant in the House" [A serviçal na casa], W. E. B. Du Bois argumentou que, enquanto o serviço doméstico fosse a regra para a população negra, a emancipação permaneceria uma abstração conceitual. "O negro", insistia Du Bois, "não alcançará a liberdade até que esse odioso emblema de escravidão e medievalismo seja reduzido para menos de 10%"[43]. As mudanças estimuladas pela Segunda Guerra Mundial forneciam apenas uma sugestão de progresso. Após oito longas décadas de "emancipação", os sinais de liberdade eram sombras tão vagas e distantes que era preciso forçar os olhos para vislumbrá-las.

---

[42] Idem.
[43] W. E. B. Du Bois, *Darkwater*, cit., p. 115.

6
EDUCAÇÃO E LIBERTAÇÃO: A PERSPECTIVA DAS MULHERES NEGRAS

Milhões de pessoas negras – especialmente as mulheres – foram convencidas de que a emancipação era a "vinda do Senhor"[1]. "Era a realização da profecia e da lenda. Era a Aurora de Ouro após mil anos de grilhões. Era tudo de milagroso, perfeito e promissor."[2]

> Havia alegria no Sul. Ela ascendia como perfume – como uma prece. Homens estremeciam. Moças esguias, morenas, selvagens e belas, com cabelos crespos, choravam em silêncio; jovens mulheres, negras, marrons, brancas e douradas levantavam as mãos trêmulas, e mães velhas e maltratadas, negras e grisalhas, elevavam sua grandiosa voz e gritavam a Deus através dos campos e até o alto de rochas e montanhas.[3]

> Uma incrível canção foi ouvida, a coisa mais linda nascida neste lado do oceano. Era uma canção nova [...] e sua beleza melancólica e profunda, suas cadências e súplicas ansiosas gemiam, pulsavam e vociferavam nos ouvidos do mundo com uma mensagem à qual o homem raramente dava voz, e que se ergueu e floresceu como incenso, improvisada e nascida de uma era há muito tempo terminada, entrelaçando em seu ritmo as letras e intenções de velhas e novas melodias.[4]

É pouco provável que a população negra estivesse celebrando os princípios abstratos da liberdade ao saudar o advento da emancipação. Quando aquele "enorme lamento humano lançou-se ao vento e atirou suas lágrimas ao mar – livre, livre, livre"[5], a população negra não estava dando vazão a um frenesi religioso. Essas pessoas sabiam exatamente o que queriam: mulheres e homens

---

[1] W. E. B. Du Bois, *Black Reconstruction in America*, cit., cap. 5.
[2] Ibidem, p. 122.
[3] Ibidem, p. 124.
[4] Idem.
[5] Idem.

almejavam possuir terras, ansiavam votar e "estavam dominados pelo desejo por escolas"[6].

Dos 4 milhões de pessoas que comemoraram a emancipação, diversas, como o menino escravo Frederick Douglass, já haviam percebido muito antes que "o conhecimento torna uma criança inadequada para a escravidão"[7]. E tal qual o senhor de Douglass, os ex-proprietários de escravos perceberam que "se você der a mão a um preto, ele vai pegar o braço. O estudo vai estragar até o melhor preto do mundo"[8]. Apesar da proibição de seu senhor Hugh, Frederick Douglass continuou sua busca por conhecimento em segredo. Em pouco tempo, ele sabia escrever todas as palavras da cartilha *Webster*, aperfeiçoando sua habilidade por meio do estudo da Bíblia da família e de outros livros na clandestinidade da noite. Claro, Douglass era um ser humano excepcional e se tornou um pensador, escritor e orador brilhante. Mas seu anseio por conhecimento não era, de forma alguma, incomum entre a população negra, que sempre manifestou uma ânsia profunda pelo saber. Era grande o número de pessoas escravas que desejavam se tornar "inadequadas" para a angustiante existência que levavam. Nos anos 1930, ao ser entrevistada, a ex-escrava Jenny Proctor se lembrou da cartilha *Webster*, que ela e as amigas estudaram sorrateiramente.

> Nenhuma de nós tinha permissão para pegar um livro ou tentar aprender. Diziam que ficaríamos mais espertas do que eles se aprendêssemos alguma coisa, mas nós circulávamos por ali, pegávamos aquela velha cartilha *Webster* de capa azul e a escondíamos até a noite e, então, acendíamos uma pequena tocha e estudávamos aquela cartilha. Nós também decoramos o livro. Agora sei ler e escrever um pouco.[9]

O povo negro percebeu que os "quarenta acres e uma mula" da emancipação era um boato mal-intencionado. Teriam de lutar pela terra; teriam de lutar pelo poder político. E, depois de séculos de privação educacional, reivindicariam com ardor o direito de satisfazer seu profundo desejo de aprender. Por isso, assim como suas irmãs e irmãos em todo o Sul, a população negra recentemente liberta de Memphis se reuniu e decidiu que a educação era sua maior prioridade. No primeiro aniversário da Proclamação da Emancipação, exortaram docentes do Norte a se apressarem e a "trazerem suas barracas, prontas para serem armadas

---

[6] Ibidem, p. 123.
[7] Frederick Douglass, *The Life and Times of Frederick Douglass*, cit., p. 79.
[8] Idem.
[9] Mel Watkins e Jay David (orgs.), *To Be a Black Woman*, cit., p. 18.

no campo, na beira das estradas ou no forte, sem esperar que imponentes construções fossem erguidas em tempos de guerra [...]"[10].

Com frequência, os poderes mistificadores do racismo emanam de sua lógica irracional e confusa. De acordo com a ideologia dominante, a população negra era supostamente incapaz de progressos intelectuais. Afinal, essas pessoas haviam sido propriedade, naturalmente inferiores quando comparadas ao epítome branco da humanidade. Mas, se fossem realmente inferiores em termos biológicos, as pessoas negras nunca teriam manifestado desejo nem capacidade de adquirir conhecimento. Portanto, não teria sido necessário proibi-las de aprender. Na realidade, é claro, a população negra sempre demonstrou uma impaciência feroz no que se refere à aquisição de educação.

O anseio por conhecimento sempre existiu. Já em 1787, a população negra do estado de Massachusetts apresentou uma petição pelo direito de frequentar as escolas livres de Boston[11]. Depois que o requerimento foi negado, Prince Hall, que liderou essa iniciativa, abriu uma escola em sua própria casa[12]. Talvez a demonstração mais impressionante dessa demanda antiga por educação tenha sido o trabalho de uma ex-escrava nascida na África. Em 1793, Lucy Terry Prince corajosamente requisitou uma reunião com o conselho do recém-criado Colégio Williams para Homens, que se recusou a admitir seu filho. Lamentavelmente, os preconceitos racistas eram tão fortes que a lógica e a eloquência de Lucy Prince não foram suficientes para persuadir o conselho dessa escola de Williamstown. Ainda assim, ela defendeu com agressividade o desejo – e o direito – de seu povo por educação. Dois anos mais tarde, Lucy Terry Prince advogou, com sucesso, diante da mais alta instância do país, uma reivindicação pela posse de terras e, de acordo com os registros disponíveis, continua sendo a primeira mulher a se dirigir à Suprema Corte dos Estados Unidos[13].

Foi também no ano de 1793 que uma ex-escrava que havia comprado a própria liberdade abriu uma escola na cidade de Nova York, conhecida como Escola Katy Ferguson para Pobres. Seus alunos, que ela buscava em abrigos, vinham tanto da população negra quanto da branca (28 e 20, respectivamente[14])

---

[10] Herbert Aptheker, *A Documentary History of the Negro People in the United States*, v. 1, cit., p. 493.
[11] Ibidem, p. 19.
[12] Idem.
[13] Barbara Wertheimer, *We Were There*, cit., p. 35-6.
[14] Gerda Lerner (org.), *Black Women in White America*, cit., p. 76.

e possivelmente eram tanto meninos como meninas. Quarenta anos depois, a jovem professora branca Prudence Crandall defendeu com firmeza o direito das meninas negras de frequentar sua escola em Canterbury, Connecticut. Crandall persistiu no ensino de alunas negras até ser levada para a prisão por se recusar a fechar sua escola[15]. Margaret Douglass foi outra mulher branca encarcerada por manter em operação uma instituição de ensino para crianças negras em Norfolk, Virgínia[16].

Os exemplos mais marcantes de sororidade que as mulheres brancas tinham em relação às mulheres negras estão associados à histórica luta do povo negro por educação. Como Prudence Crandall e Margaret Douglass, Myrtilla Miner literalmente arriscou a própria vida ao tentar transmitir conhecimentos a jovens negras[17]. Em 1851, quando iniciou seu projeto de instituir na capital federal, Washington, uma escola de formação de professoras negras, ela já havia dado aulas a crianças negras no Mississippi, estado onde educar pessoas negras era crime. Depois da morte de Myrtilla Miner, Frederick Douglass relatou sua própria incredulidade quando ela contara seus planos a ele. Na primeira vez em que se encontraram, ele questionou sua seriedade logo de início, mas então percebeu que

> o fogo do entusiasmo iluminava seus olhos e um verdadeiro espírito de mártir ardia em sua alma. Meus sentimentos eram uma mistura de alegria e tristeza. Eis mais uma iniciativa, pensei, ousada, perigosa, desesperada e impraticável, destinada a trazer apenas fracasso e sofrimento. Ainda assim, eu estava profundamente comovido e admirado com a proposta heroica daquela pessoa frágil e delicada que se postava, ou melhor, que andava de um lado para o outro, na minha frente.[18]

Douglass não demorou em reconhecer que nenhuma das advertências que tinha feito a ela – nem mesmo as histórias dos ataques sofridos por Prudence Crandall e Margaret Douglass – poderia abalar sua determinação em fundar uma faculdade para professoras negras. "Para mim, a proposta era temerária, beirando a loucura. Na minha imaginação, vi essa mulher frágil sendo perseguida pela justiça, insultada nas ruas, vítima da maldade dos proprietários de escravos e possivelmente espancada por gangues."[19]

---

[15] Ver o capítulo 2 deste livro.
[16] Philip S. Foner, *The Life and Writings of Frederick Douglass*, v. 4, cit., p. 553, nota 16.
[17] Ibidem, p. 371 e seg.
[18] Ibidem, p. 372.
[19] Idem.

Na opinião de Frederick Douglass, relativamente poucas pessoas brancas, com exceção de ativistas antiescravagistas, simpatizariam com a causa de Myrtilla Miner e a apoiariam contra gangues. Esse era um período, ele argumentava, em que a solidariedade com o povo negro estava em baixa. Além disso, "o distrito de Columbia [era] a verdadeira fortaleza da escravidão, o lugar mais vigiado e protegido pelo poder escravagista, onde tendências humanitárias eram rapidamente detectadas e severamente combatidas"[20].

Em retrospecto, entretanto, Douglass confessou que não compreendera de fato quão profunda era a coragem individual dessa mulher branca. Apesar dos graves riscos, Myrtilla Miner inaugurou sua escola no outono de 1851 e, em poucos meses, o número de alunas matriculadas passou de seis para quarenta. Ela deu aulas para as estudantes negras de modo apaixonado pelos oito anos seguintes, simultaneamente arrecadando dinheiro e apelando aos congressistas que apoiassem seus esforços. Ela chegou, inclusive, a exercer papel de mãe para as meninas órfãs que levou para casa, a fim de que pudessem frequentar a escola[21].

Enquanto Myrtilla Miner lutou para ensinar, e suas alunas para aprender, todas elas enfrentaram despejos, tentativas de incêndio e outros crimes cometidos por gangues racistas armadas com pedras. Tinham o apoio das famílias das jovens estudantes e de abolicionistas como Harriet Beecher Stowe, que lhes doou parte dos direitos autorais recebidos pelas vendas de *A cabana do Pai Tomás*[22]. Myrtilla Miner talvez fosse "frágil", como Frederick Douglass observou, mas era definitivamente formidável e sempre foi capaz, durante as aulas, de identificar o olho daquele furacão racista. Uma manhã, entretanto, ela foi acordada abruptamente pelo cheiro de fumaça e por chamas violentas que em pouco tempo destruíram a casa onde funcionava a escola. Embora a construção tenha sido arruinada, a inspiração que ela despertava perdurou e, um dia, a Escola Miner de Formação de Professoras passou a integrar o sistema educacional público do distrito de Columbia[23]. "Nunca passo em frente à Escola Normal Miner para meninas de cor", confessou Frederick Douglass em 1883, "sem um sentimento de autocensura por ter dito algo que possa ter inibido o

---

[20] Ibidem, p. 371.
[21] Idem.
[22] Eleanor Flexner, *Century of Struggle*, cit., p. 99.
[23] Ibidem, p. 99-101.

entusiasmo, abalado a fé e enfraquecido a coragem da grande mulher que a fundou e cujo nome carrega"[24].

A sororidade entre as mulheres negras e brancas era de fato possível e, desde que erguida sobre uma base firme – como no caso dessa incrível mulher e suas amigas e alunas –, poderia levar ao nascimento de realizações transformadoras. Myrtilla Miner manteve acesa a chama que outras antes dela, como as irmãs Grimké e Prudence Crandall, deixaram como um poderoso legado. Não poderia ser mera coincidência histórica o fato de que tantas das mulheres brancas que defenderam suas irmãs negras nas situações mais perigosas estivessem envolvidas na luta por educação. Elas devem ter percebido como as mulheres negras precisavam urgentemente adquirir conhecimento – uma lanterna para os passos de seu povo e uma luz no caminho para a liberdade.

As pessoas negras que recebiam instrução acadêmica inevitavelmente associavam o conhecimento à batalha coletiva de seu povo por liberdade. Ao fim do primeiro ano de funcionamento de uma escola para crianças negras em Cincinnati, estudantes a quem foi feita a pergunta "sobre o que você *mais* pensa?" deram as seguintes respostas:

> 1) Nós [...] seremos bons meninos e, quando nos tornarmos homens, vamos livrar os pobres escravos do cativeiro. Fiquei triste em ouvir que o barco de Tiskilwa afundou com duzentos pobres escravos [...] dói tanto em meu coração que eu poderia desmaiar em um minuto. (Sete anos de idade)
> 2) [...] Estamos estudando para tentar arrebentar o jugo da escravidão e partir as correntes em pedaços para que a posse de escravos termine para sempre. (Doze anos)
> 3) [...] Bendita seja a causa da abolição. [...] Minha mãe, meu padrasto, minha irmã e eu nascemos na escravidão. O Senhor permitiu que as pessoas oprimidas fossem libertadas. Que venha logo a época feliz em que todas as nações conheçam o Senhor. Agradecemos a ele por suas muitas bênçãos. (Onze anos)
> 4) [...] Isto é para informar vocês de que tenho dois primos escravos que têm direito à liberdade. Eles fizeram tudo que é necessário, mas não deixam eles irem. Falam em vendê-los rio abaixo. Se fosse com vocês, o que vocês fariam? (Dez anos)[25]

A última resposta que sobreviveu em registros é de uma aluna ou aluno de dezesseis anos dessa escola recém-aberta em Cincinnati. Trata-se de um exemplo

---

[24] Philip S. Foner, *The Life and Writings of Frederick Douglass*, v. 4, cit., p. 373.
[25] Herbert Aptheker, *A Documentary History of the Negro People in the United States*, v. 1, cit., p. 157-8.

fascinante do modo como estudantes atribuíam um sentido contemporâneo à história mundial, mais próximo de sua realidade e de seu desejo de liberdade.

> 5) Vamos voltar ao passado e observar o modo como os bretões, os saxões e os germânicos viviam. Eles não tinham estudo e não conheciam as letras. Não parece, mas alguns deles foram nossos antepassados. Vejam o rei Alfred, que grande homem ele foi. Por um tempo, ele não sabia o abecedário, mas antes de morrer comandou exércitos e nações. Ele nunca desanimou, sempre olhou adiante e estudou com mais afinco. Acho que, se as pessoas de cor estudarem como o rei Alfred, elas logo poderão se livrar do mal da escravidão. Não consigo entender como os estadunidenses dizem que este é um país de liberdade, com toda a escravidão que existe.[26]

No que diz respeito à fé que o povo negro depositava no conhecimento, essa criança de dezesseis anos disse tudo.

Tal sede insaciável por conhecimento era tão poderosa entre escravas e escravos do Sul como entre suas irmãs e irmãos "livres" do Norte. Desnecessário dizer que os limites impostos à alfabetização da população escrava nos estados escravagistas eram muito mais rígidos do que no Norte. Depois da rebelião de Nat Turner, em 1831, a legislação que proibia o acesso da população escrava à educação recrudesceu em todo o Sul. Nas palavras de um dos códigos que normatizavam a escravidão no país, "ensinar escravos a ler e a escrever tende a incutir a insatisfação em suas mentes e a produzir insurreição e rebelião"[27]. Com exceção de Maryland e Kentucky, todos os estados do Sul vetavam completamente a educação para a população escrava[28]. Em todo o Sul, os proprietários de escravos recorriam ao tronco e ao açoite para conter o desejo irreprimível que escravas e escravos tinham de aprender. O povo negro queria ser educado.

> A pungência da luta escrava pelo aprendizado estava presente em todos os lugares. Frederika Bremer encontrou uma jovem que tentava desesperadamente ler a Bíblia. "Oh, este livro", ela gritava para a senhorita Bremer. "Eu viro e reviro estas páginas e quero entender o que está escrito nelas. Tento, tento; eu seria tão feliz se soubesse ler, mas não sei."[29]

---

[26] Idem.
[27] William Goodell, *The American Slave Code* (Nova York, American and Foreign Anti-Slavery Society, 1853), p. 321, citado em Stanley Elkins, *Slavery*, cit., p. 60.
[28] Idem.
[29] Eugene D. Genovese, *Roll, Jordan, Roll*, cit., p. 565.

Susie King Taylor foi enfermeira e professora no primeiro regimento negro da Guerra Civil. Em sua autobiografia, ela descreve seus esforços persistentes como autodidata durante a escravidão. Crianças brancas, pessoas solidárias e sua avó a ajudaram a desenvolver as habilidades de ler e escrever[30]. Tal qual a avó, muitas escravas se arriscaram ao transmitir às suas irmãs e irmãos as habilidades acadêmicas adquiridas de forma clandestina. Mesmo quando se viam obrigadas a dar aulas durante a madrugada, as mulheres que conseguiam obter algum conhecimento tentavam dividi-lo com seu povo[31].

Esses eram alguns dos primeiros sinais – tanto no Norte como no Sul – de um fenômeno pós-emancipação que Du Bois chamou de "um frenesi por escolas"[32]. Outro historiador descreveu com as seguintes palavras a sede de aprendizado da população ex-escrava:

> Com uma ânsia nascida dos séculos de privação, ex-escravos veneravam a visão e o som da palavra impressa. Homens idosos e mulheres já à beira do túmulo eram vistos na noite escura, debruçados sobre as Escrituras, à luz de tochas de pinho, soletrando com dificuldade as palavras sagradas.[33]

De acordo com outro historiador, "um grande número de docentes relatou ter percebido um desejo muito mais aguçado de aprender entre as crianças negras do Sul no período da Reconstrução do que entre as crianças brancas do Norte"[34].

Cerca da metade dos docentes que se voluntariaram para integrar a gigantesca campanha educacional promovida pelo Freedmen's Bureau* era de mulheres. Mulheres brancas do Norte foram para o Sul durante a Reconstrução para ajudar suas irmãs negras que estavam absolutamente determinadas a eliminar o analfabetismo entre os milhões de ex-escravas e ex-escravos. As dimensões dessa tarefa eram hercúleas: de acordo com Du Bois, a taxa de analfabetismo vigente era

---

[30] Gerda Lerner (org.), *Black Women in White America*, cit., p. 27 e seg. e p. 99 e seg.
[31] Ibidem, p. 328.
[32] W. E. B. Du Bois, *Black Reconstruction in America*, cit., p. 123.
[33] Lerone Bennett, *Before the Mayflower* (Baltimore, Penguin, 1969), p. 181.
[34] William Z. Foster, *The Negro People in American History*, cit., p. 321.
* Nome pelo qual era conhecida a agência do governo estadunidense criada em 1865 para tratar principalmente das condições de trabalho e dos direitos civis da população escrava emancipada no período da Reconstrução. A agência, cujo nome completo era Bureau of Refugees, Freedmen, and Abandoned Lands [Agência para Refugiados, Pessoas Libertas e Terras Abandonadas], sofreu forte oposição e foi fechada em 1872, quando o Congresso negou a liberação de recursos para financiar suas atividades. (N. T.)

de 95%[35]. Nas narrativas sobre a era da Reconstrução e nos registros históricos do Movimento pelos Direitos das Mulheres, as experiências das mulheres negras e brancas em seu trabalho conjunto na luta por educação receberam atenção escassa. Entretanto, a julgar pelos artigos no Freedmen's Record [Arquivo do bureau Freedmen], não há dúvidas de que essas professoras se inspiravam mutuamente e também tiravam inspiração de suas alunas e alunos. Quase sempre as anotações das professoras brancas mencionavam o comprometimento obstinado das ex-escravas e ex-escravos com a aquisição de conhecimento. Nas palavras de uma professora que trabalhava em Raleigh, na Carolina do Norte, "para mim, é surpreendente ver o grau de sofrimento que muitas dessas pessoas enfrentam a fim de mandar suas crianças para a escola"[36]. O conforto material era sacrificado sem hesitação para garantir o progresso educacional: "Vê-se uma pilha de livros em quase todas as cabanas, ainda que não haja móveis, além de uma cama simples, uma mesa e duas ou três cadeiras quebradas"[37].

Como professoras, as mulheres negras e brancas parecem ter desenvolvido uma profunda e intensa admiração mútua. Uma mulher branca que trabalhava na Virgínia, por exemplo, ficou imensamente impressionada com o trabalho de uma professora negra recém-libertada da escravidão. "Parece um milagre", ela assinalou, que "uma mulher de cor que foi escrava até o momento da Rendição tenha sucesso em uma vocação tão nova para si [...]"[38]. Em relatórios escritos por ela, a mulher negra em questão expressou sua sincera – embora de forma alguma servil – gratidão pelo trabalho de suas "amigas do Norte"[39].

Na época da traição de Hayes* e da derrocada da Reconstrução Radical, as realizações na área da educação haviam se tornado uma das provas mais contundentes dos avanços durante aquele período potencialmente revolucionário. A Universidade Fisk, o Instituto de Hampton e diversas outras escolas e universidades negras haviam sido criadas no Sul no período seguinte à Guerra

---

[35] W. E. B. Du Bois, *Black Reconstruction in America*, cit., p. 638.
[36] Gerda Lerner (org.), *Black Women in White America*, cit., p. 102.
[37] Ibidem, p. 103.
[38] Idem.
[39] Ibidem, p. 104-5.
* Referência a Rutherford B. Hayes, que, após vencer as eleições presidenciais estadunidense em 1877, não cumpriu sua promessa de manter as tropas que garantiam a Reconstrução nos estados do Sul. Quando fora governador de Ohio, Hayes havia lutado pelo sufrágio negro em seu estado, mas após se eleger presidente vetou medidas que ampliariam os direitos civis da população negra. (N. T.)

Civil[40]. Cerca de 247.333 estudantes frequentavam 4.329 escolas – que foram a base para o primeiro sistema de escolas públicas do Sul, o que beneficiaria tanto as crianças negras quanto as brancas. Embora o período pós-Reconstrução e a concomitante ascensão do modelo educacional Jim Crow tenham diminuído de modo drástico as oportunidades de educação para a população negra, o impacto da experiência da Reconstrução não podia ser totalmente eliminado. O sonho de possuir um pedaço de terra estava por ora destroçado, e a esperança de obter igualdade política esmaeceu. Mas o farol do conhecimento não seria facilmente apagado – e essa era a garantia de que a luta pela terra e pelo poder político continuaria sem trégua.

> Se não fosse pelas escolas e faculdades para a população negra, esta teria sido, para todos os efeitos, conduzida de volta à escravidão. [...] A liderança do processo de Reconstrução veio dos negros cultos do Norte e de políticos, capitalistas e professores voluntários brancos. A contrarrevolução de 1876 afastou a maioria dessas pessoas, exceto as professoras e os professores. Mas àquela altura, por meio da criação de escolas públicas e particulares e da organização da igreja negra, a população negra havia adquirido poder de liderança e conhecimento suficientes para impedir os piores projetos dos novos feitores.[41]

Com a ajuda de suas aliadas brancas, as mulheres negras tiveram um papel indispensável na criação dessa nova fortaleza. A história da luta das mulheres por educação nos Estados Unidos alcançou o auge quando as mulheres negras e brancas comandaram juntas, depois da Guerra Civil, a batalha contra o analfabetismo no Sul. A união e a solidariedade entre elas ratificaram e eternizaram uma das promessas mais férteis de nossa história.

---

[40] John Hope Franklin, *From Slavery to Freedom*, cit., p. 308.
[41] W. E. B. Du Bois, *Black Reconstruction in America*, cit., p. 667.

7
O SUFRÁGIO FEMININO NA VIRADA DO SÉCULO: A CRESCENTE INFLUÊNCIA DO RACISMO

Certa manhã, [Susan B. Anthony] tinha compromissos na cidade que a impediriam de trabalhar com a estenógrafa que havia contratado. Na mesa, durante o café, ela comentou que eu poderia pedir à estenógrafa que me ajudasse com minha correspondência, já que ela teria de se ausentar durante toda a manhã, e que diria à estenógrafa, quando subisse, que viesse a fim de que eu ditasse algumas cartas. Quando subi para o meu quarto, esperei que a estenógrafa viesse; como não veio, concluí que ela não havia achado conveniente e escrevi minhas cartas à mão. Quando a srta. Anthony voltou, veio ao meu quarto e me encontrou bastante ocupada. "Você não quis os serviços da minha secretária, imagino. Eu disse a ela para vir ao seu quarto quando você subisse. Ela não veio?" Eu disse que não. Ela não falou mais nada e foi até seu escritório. Dez minutos depois, ela estava de volta em meu quarto. Como a porta estava aberta, ela entrou e disse: "Bem, ela foi embora". Eu disse: "Quem?". Ela disse: "A estenógrafa". Eu disse: "Para onde?". Ela disse: "Bem, eu fui ao escritório e disse: 'Você não falou para a srta. Wells o que eu disse sobre escrever algumas cartas para ela?'. A moça disse: 'Não, não falei'. 'E por quê?' Então, a moça disse: 'Para a senhora, srta. Anthony, é normal tratar as pessoas negras com igualdade, mas me recuso a anotar ditados de uma mulher de cor'". "É mesmo?", disse a srta. Anthony. "Pois, então", ela disse, "você não precisa anotar mais ditados meus. A srta. Wells é minha convidada, e qualquer insulto a ela é um insulto a mim. Por isso, se é assim que você se sente, não precisa mais ficar aqui."[1]

Esse diálogo entre Susan B. Anthony e Ida B. Wells, que mais tarde fundaria a primeira agremiação de sufragistas negras, aconteceu naqueles "dias preciosos em que eu [Wells] me sentava aos pés dessa pioneira e veterana na causa do sufrágio feminino"[2]. A admiração de Wells pela postura individual de Anthony

---

[1] Ida B. Wells, *Crusade for Justice: The Autobiography of Ida B. Wells* (org. Alfreda M. Duster, Chicago/Londres, University of Chicago Press, 1970), p. 228-9.
[2] Idem.

contra o racismo era inegável, e seu respeito pelas contribuições da sufragista à campanha pelos direitos das mulheres era profundo. Mas ela não hesitava em criticar sua irmã branca por não conseguir transformar sua luta pessoal contra o racismo em uma preocupação pública do movimento sufragista.

Susan B. Anthony nunca deixou de elogiar Frederick Douglass, sistematicamente recordando às pessoas que ele foi o primeiro homem a defender em público a concessão do direito de voto para as mulheres. Ela o considerava um membro honorário vitalício de sua organização sufragista. Ainda assim, como Anthony explicou a Wells, ela colocou Douglass em segundo plano a fim de atrair mulheres brancas do Sul para o movimento pelo sufrágio feminino.

> Em nossas convenções [...] ele era o convidado de honra que se sentava à nossa mesa e falava nas nossas assembleias. Mas, quando a [...] Associação Sufragista foi para Atlanta, Geórgia, sabendo qual era o sentimento do Sul em relação à participação de pessoas negras em igualdade com as brancas, eu mesma pedi ao sr. Douglass para não comparecer. Eu não queria submetê-lo à humilhação, e *não queria que nada se colocasse no caminho que traria as mulheres brancas do Sul à nossa associação sufragista*.[3]

Nessa conversa com Ida B. Wells em especial, Anthony dedicou-se a explicar que ela também havia se recusado a apoiar esforços de várias mulheres negras que desejavam formar sucursais de sua associação sufragista. Ela não queria despertar a hostilidade contra as mulheres negras entre as integrantes brancas sulistas, porque estas poderiam se retirar da organização caso mulheres negras fossem aceitas. "'Você acha que eu estava errada em agir assim?', ela perguntou. Eu respondi firmemente que sim, porque eu sentia que, embora ela possa ter obtido ganhos para o sufrágio, também reafirmou a atitude segregacionista das mulheres brancas."[4]

Esse diálogo entre Ida B. Wells e Susan B. Anthony aconteceu em 1894. A capitulação autodeclarada de Anthony ao racismo "motivada pela conveniência"[5] caracterizou sua postura pública em relação a esse tema até 1900, quando ela renunciou à presidência da National American Woman Suffrage Association [Associação Nacional Estadunidense pelo Sufrágio Feminino; Nawsa, na sigla

---

[3] Ibidem, p. 230; grifo meu.
[4] Idem.
[5] Ver Aileen S. Kraditor (org.), *Up From the Pedestal: Selected Writings in the History of American Feminism* (Chicago, Quadrangle, 1968); para uma apresentação de documentos sobre o "argumento da conveniência", ver a parte II, capítulos 5 e 6.

original]. Quando Wells expressou sua desaprovação a Anthony por esta legitimar o comprometimento das mulheres brancas do Sul com a segregação, a questão subjacente era muito mais importante do que a atitude individual de Anthony. Nesse período, o racismo estava claramente em ascensão, e os direitos e a vida da população negra estavam em risco. Em 1894, a supressão do direito de voto da população negra do Sul, o sistema legal de segregação e a vigência da lei de linchamento* já estavam consolidados. Mais do que em qualquer época desde a Guerra Civil, esse era um período que exigia protestos consistentes e escrupulosos contra o racismo. O cada vez mais influente argumento da "conveniência", proposto por Anthony e suas companheiras, funcionava como uma justificativa fraca para a indiferença das sufragistas em relação às prementes exigências da época.

Em 1888, o Mississippi promulgou uma série de estatutos que legalizavam a segregação racial e, em 1890, ratificou uma nova constituição que suprimia o direito de voto da população negra[6]. Seguindo o exemplo do Mississippi, outros estados do Sul formularam novas constituições que garantiam a supressão do direito de voto dos homens negros. A Carolina do Sul adotou sua constituição em 1898, seguida por Carolina do Norte e Alabama, em 1901, e Virgínia, Geórgia e Oklahoma, em 1902, 1908 e 1918, respectivamente[7].

A crítica inflexível de Ida B. Wells à indiferença pública de Susan B. Anthony em relação ao racismo certamente se justificava pelas condições sociais vigentes, mas algo mais profundo do que a evidência histórica estava em questão. Apenas dois anos antes da discussão dessas duas mulheres sobre sufrágio e racismo, Wells tinha sofrido um encontro direto e traumático com a violência das gangues racistas. As três vítimas do primeiro linchamento ocorrido em Memphis desde os tumultos de 1866 eram seus amigos pessoais. O terrível incidente inspirou Wells a investigar e expor o modo como os assassinatos cometidos por essas gangues aumentavam em todos os estados do Sul. Em uma viagem à Inglaterra, em 1893, buscando apoio para sua cruzada contra os linchamentos, ela condenou veementemente o silêncio com que centenas de milhares de assassinatos cometidos por gangues foram recebidos.

---

* Lei que permitia a punição, sem a realização de julgamento, de suspeitos de participação em atos criminosos. Tal punição incluía a pena de morte. (N. T.)

[6] Herbert Aptheker, *Afro-American History: The Modern Era* (Nova York, The Citadel Press, 1971), p. 100.

[7] Idem.

> Nos últimos dez anos, mais de mil homens, mulheres e crianças negras sofreram mortes violentas pelas mãos de uma gangue branca. E o restante dos Estados Unidos ficou em silêncio. [...] O clero e a imprensa de nosso país permanecem em silêncio diante dessas seguidas atrocidades, e a voz da minha raça, torturada e ultrajada dessa forma, é reprimida ou ignorada em qualquer lugar dos Estados Unidos onde ela se levante para exigir justiça.[8]

Dada a violência explícita infligida contra a população negra durante os anos 1890, como as sufragistas brancas podiam afirmar de boa-fé que, "por conveniência", ela deveria "ceder para vencer nessa questão de cor"[9]? A postura aparentemente "neutra" das líderes da Nawsa em relação à "questão de cor" na realidade encorajava a proliferação de ideias claramente racistas nas fileiras da campanha sufragista. Na convenção de 1895 da associação, oportunamente realizada em Atlanta, Geórgia, uma das figuras mais proeminentes da campanha pelo voto "exortou o Sul a adotar o sufrágio feminino como uma solução ao problema do negro"[10]. Esse "problema do negro" poderia ser resolvido de maneira simples, declarou Henry Blackwell, ao condicionar o direito ao voto à alfabetização formal.

> No desenvolvimento da nossa complexa sociedade política, temos hoje dois grandes grupos de pessoas analfabetas: no Norte, pessoas estrangeiras; no Sul, pessoas de raça africana e uma porção considerável da população branca. Estrangeiros e negros, enquanto tais, nós não discriminaríamos. Mas em todos os estados, com exceção de um, há mais mulheres brancas instruídas do que todos os eleitores analfabetos, brancos e negros, nativos e estrangeiros.[11]

Paradoxalmente, esse argumento, concebido para persuadir a população branca do Sul de que o sufrágio feminino trazia grandes vantagens à supremacia branca, foi a princípio formulado por Henry Blackwell quando anunciou seu apoio à décima quarta e à décima quinta emendas. Já em 1867 ele havia proferido um apelo às "legislaturas dos estados do Sul", recomendando que registrassem o fato de que a concessão do direito de voto às mulheres tinha o potencial de combater o iminente poder político da população negra: "Consideremos as consequências do ponto de vista do Sul. Seus 4 milhões de mulheres

---

[8] Ida B. Wells, *Crusade for Justice*, cit., p. 100.
[9] Ibidem, p. 229.
[10] Susan B. Anthony e Ida Husted Harper, *History of Woman Suffrage*, v. 4, cit., p. 246.
[11] Idem.

brancas contrabalançarão seus 4 milhões de homens e mulheres negras e, assim, a supremacia política de nossa raça branca permanecerá intocada"[12].

Esse renomado abolicionista assegurava aos políticos sulistas da época que o sufrágio feminino poderia reconciliar Norte e Sul. "O capital e a população correriam, como o Mississipi, para o Golfo [do México]" – e, em relação às pessoas negras, "elas tenderiam, pela lei da natureza, para os trópicos"[13]. "O mesmo fator que destruiu a escravidão ficaria do lado do Sul vitorioso e, 'sem o perigo de se ferir nos espinhos, vocês colheriam a flor com segurança.'"[14]

Blackwell e sua esposa, Lucy Stone, ajudaram Elizabeth Cady Stanton e Susan B. Anthony durante sua campanha no Kansas, em 1867. O fato de, na época, Stanton e Anthony receberem de bom grado o apoio de um famoso democrata, cujo programa era "primeiro a mulher, por último o negro", era uma indicação de que concordavam implicitamente com a lógica racista de Blackwell. Além disso, elas descreveram de forma acrítica, em seu livro *History of Woman Suffrage*, o temor que os políticos do Kansas tinham do sufrágio negro.

> Em seus discursos, os homens do Kansas diriam que "[...] se o sufrágio negro for aprovado, seremos invadidos por uma multidão de negros ignorantes, depauperados, vindos de todos os estados da União. Se o sufrágio feminino for aprovado, atrairemos para nossas fronteiras pessoas de caráter e posição, com recursos e educação. [...] Quem hesitaria ao escolher entre as mulheres instruídas e os negros ignorantes?".[15]

Por mais racistas que as posturas iniciais do movimento de mulheres possam parecer, foi apenas na última década do século XIX que a campanha pelo sufrágio feminino começou a aceitar definitivamente o abraço fatal da supremacia branca. As duas facções, Stanton-Anthony e Blackwell-Stone – cuja cisão havia sido causada pela questão do apoio à décima quarta e à décima quinta emendas –, reuniram-se em 1890. Em 1892, Elizabeth Cady Stanton estava desiludida a respeito do potencial poder do voto na libertação das mulheres e abriu mão da presidência da Associação Nacional Estadunidense pelo Sufrágio Feminino em favor de Susan B. Anthony. Durante o segundo ano do mandato de Anthony,

---

[12] Elizabeth Cady Stanton, Susan B. Anthony et al., *History of Woman Suffrage*, v. 2, cit., p. 930.
[13] Ibidem, p. 931.
[14] Idem.
[15] Ibidem, p. 248.

a Nawsa aprovou uma resolução que era uma variante do argumento racista e classista de Blackwell, formulado mais de um século antes.

> *Resolvido.* Que, sem expressar qualquer opinião sobre as qualificações apropriadas para votar, chamamos atenção para o fato significativo de que em cada estado há mais mulheres que sabem ler e escrever do que o número total de eleitores masculinos analfabetos; mais mulheres brancas que sabem ler e escrever do que a totalidade de eleitores negros; mais mulheres estadunidenses que sabem ler e escrever do que a totalidade de eleitores estrangeiros; de modo que a concessão do direito de voto a essas mulheres resolveria a vergonhosa questão de termos um governo baseado no analfabetismo, seja ele um produto nacional ou estrangeiro.[16]

Essa resolução desconsiderava arrogantemente os direitos das *mulheres* negras e imigrantes, junto com os direitos de seus parentes homens. Além disso, o texto apontava para a traição de um fundamento democrático que não poderia mais ser justificada pelo antigo argumento da conveniência. A lógica dessa resolução implicava um ataque à classe trabalhadora como um todo e uma disposição – consciente ou não – para adotar uma causa comum com os novos capitalistas monopolistas, cuja busca indiscriminada por lucro não conhecia limites humanos.

Ao aprovar a resolução de 1893, as sufragistas bem que poderiam ter anunciado que se o poder de voto fosse concedido a elas, mulheres brancas da classe média e da burguesia, rapidamente subjugariam os três principais elementos da classe trabalhadora nos Estados Unidos: a população negra, os imigrantes e a mão de obra branca nacional sem instrução. Eram esses três grupos de pessoas que tinham o trabalho explorado e a vida sacrificada pelos Morgans, Rockefellers, Mellons, Vanderbilts – a nova classe de capitalistas monopolistas que estavam instaurando impérios industriais de modo implacável e controlavam a mão de obra imigrante no Norte, bem como a população liberta e a mão de obra branca pobre que operavam as novas ferrovias, mineradoras e siderúrgicas no Sul.

O terror e a violência obrigavam a mão de obra negra no Sul a aceitar pagamentos que pouco diferiam da escravidão e condições de trabalho frequentemente piores do que as do período escravagista. Essa era a lógica por trás do número crescente de linchamentos e da norma legal de supressão do

---

[16] Susan B. Anthony e Ida Husted Harper, *History of Woman Suffrage*, v. 4, cit., p. 216 (nota).

direito de voto no Sul. Em 1893 – ano da fatídica resolução da Nawsa –, a Suprema Corte revogou o Ato de Direitos Civis de 1875. Com essa decisão, as leis Jim Crow e a lei de linchamentos – uma nova modalidade de escravização racista – receberam sanção judicial. Desse modo, três anos depois, a decisão do caso Plessy *versus* Ferguson* anunciava a doutrina do "separados, mas iguais", que consolidava o novo sistema de segregação racial do Sul.

A última década do século XIX foi um momento crítico para o desenvolvimento do racismo moderno – seus principais pilares institucionais e as justificativas ideológicas concomitantes. Foi também um período de expansão imperialista para Filipinas, Havaí, Cuba e Porto Rico. As mesmas forças que tentavam subjugar as populações desses países eram responsáveis pela deterioração da situação da população negra e de toda a classe trabalhadora nos Estados Unidos. O racismo alimentava essas iniciativas imperialistas, ao mesmo tempo que era condicionado pelas estratégias e apologéticas do imperialismo.

Em 12 de novembro de 1898, o *New York Herald* publicou matérias sobre a presença estadunidense em Cuba, o "tumulto racial" em Phoenix, na Carolina do Sul, e o massacre de pessoas negras em Wilmington, na Carolina do Norte. O Massacre de Wilmington foi o mais sanguinário de uma série de ataques organizados por gangues contra a população negra. De acordo com um pastor negro, na época, Wilmington era "o jardim de infância da ética e do bom governo de Cuba"[17], assim como era a prova da profunda hipocrisia da política externa dos Estados Unidos nas Filipinas.

Em 1899, as sufragistas foram rápidas em fornecer evidências de sua consistente lealdade aos capitalistas monopolistas com ânsia de poder. Assim como os ditames do racismo e do chauvinismo deram forma à política da Nawsa em relação à classe trabalhadora doméstica, as novas realizações do imperialismo dos Estados Unidos eram aceitas sem questionamentos pela associação. Na convenção daquele ano, Anna Garlin Spencer fez um discurso intitulado "Duty to the Women of Our New Possessions" [Dever para com as mulheres de nossas novas possessões][18]. *Nossas novas possessões?* Durante a discussão, Susan B.

---

* Ao acatar a regulamentação de espaços diferentes para pessoas brancas e negras, a Suprema Corte dos Estados Unidos legalizou o segregacionismo com base em uma deturpação do critério de que todos são "iguais perante a lei". (N. E.)

17 Herbert Aptheker, *A Documentary History of the Negro People in the United States*, v. 2, cit., p. 813.

18 Susan B. Anthony e Ida Husted Harper, *History of Woman Suffrage*, v. 4, cit., p. 328.

Anthony não conseguiu conter sua cólera – mas, como se viu depois, ela não estava com raiva das apreensões em si. Ela havia "transbordado de ira desde que fora apresentada a proposta de implantar nossa forma de governo semibárbara no Havaí e em nossas outras novas possessões"[19].

Em consequência disso, com toda a força de sua ira, Anthony apresentou a exigência "de que o voto seja concedido às mulheres de nossas novas possessões em termos idênticos aos dos homens"[20]. Como se as mulheres do Havaí e de Porto Rico devessem exigir o direito de serem vitimizadas pelo imperialismo dos Estados Unidos em condições de igualdade com seus companheiros.

Durante essa convenção de 1899 da Nawsa, uma contradição reveladora veio à tona. Enquanto as sufragistas invocavam seu "dever para com as mulheres de nossas novas possessões", o apelo de uma mulher negra por uma resolução contra as leis Jim Crow foi totalmente ignorado. A sufragista negra Lottie Wilson Jackson foi admitida na convenção porque o estado-sede era Michigan, um dos poucos em que a associação sufragista era receptiva às mulheres negras. Durante a viagem de trem para a convenção, Lottie Jackson sofreu humilhações devido à política segregacionista das companhias ferroviárias. Sua resolução era muito simples: "Que mulheres de cor não sejam obrigadas a viajar nos vagões para fumantes, e que acomodações apropriadas sejam fornecidas para elas"[21].

Como presidente da convenção, Susan B. Anthony encerrou a discussão sobre a resolução apresentada pela mulher negra. Seus comentários garantiram uma derrota esmagadora da resolução: "Nós mulheres somos uma classe sem esperança de poder votar. Nossas mãos estão atadas. Enquanto estivermos nessa situação, não nos cabe aprovar resoluções contra as corporações ferroviárias nem contra qualquer outra pessoa"[22].

O significado desse incidente era muito mais profundo do que a questão relativa a enviar ou não uma carta oficial em protesto às políticas racistas da companhia ferroviária. Ao recusar defender sua irmã negra, a Nawsa simbolicamente abandonava toda a população negra no momento de seu sofrimento mais intenso desde a emancipação. Esse gesto definitivamente consumava a

---

[19] Ibidem, p. 333.
[20] Idem.
[21] Ibidem, p. 343.
[22] Aileen S. Kraditor, *The Ideas of the Woman Suffrage Movement* (Nova York, Doubleday/Anchor, 1971), p. 143.

associação sufragista como uma força política potencialmente reacionária que atenderia às necessidades da supremacia branca.

Ao se esquivar da questão do racismo colocada pela resolução de Lottie Jackson, a Nawsa na prática encorajava a expressão de preconceitos contra as pessoas negras no interior da organização. De modo objetivo, um convite aberto havia sido estendido às mulheres do Sul que não estavam dispostas a renunciar ao seu compromisso com a supremacia branca. Na melhor das hipóteses, essa postura evasiva em relação à luta pela igualdade negra constituía uma aquiescência ao racismo e, na pior das hipóteses, era um incentivo deliberado da parte de uma influente organização de massa à violência e à destruição causadas pelas forças baseadas na ideologia da supremacia branca daquela época.

É claro que Susan B. Anthony não deve ser responsabilizada individualmente pelos erros racistas do movimento sufragista. Mas ela era a líder mais importante do movimento à época, e sua postura pública supostamente "neutra" em relação à luta pela igualdade negra de fato reforçou a influência do racismo no interior da Nawsa. Se Anthony tivesse refletido seriamente sobre as constatações de sua amiga Ida B. Wells, ela teria percebido que uma posição reticente em relação ao racismo implicava que milhares de linchamentos e assassinatos em massa poderiam ser considerados uma questão neutra. Em 1899, Wells havia terminado uma extensa pesquisa sobre os linchamentos e publicado suas estarrecedoras conclusões. Ao longo dos dez anos anteriores, tinham ocorrido entre cem e duzentos linchamentos anuais oficialmente registrados[23]. Em 1898, Wells gerou certa comoção pública ao solicitar diretamente ao presidente McKinley que ordenasse uma intervenção federal no caso do linchamento do chefe de uma agência de correios na Carolina do Sul[24].

Em 1899, quando Susan B. Anthony instou a derrota da resolução contra as leis Jim Crow, a população negra denunciou amplamente o modo como o presidente McKinley encorajava a supremacia branca. A seção de Massachusetts da Liga Nacional das Pessoas de Cor cobrou McKinley por seu silêncio pesaroso durante o período em que o terror reinou em Phoenix, na Carolina do Sul, e por não intervir quando a população negra foi massacrada em Wilmington, na Carolina do Norte. Durante a viagem de McKinley pelo Sul, disseram a

---

[23] Ida B. Wells, *Crusade for Justice*, cit., p. 100.
[24] Herbert Aptheker, *A Documentary History of the Negro People in the United States*, v. 2, cit., p. 796-8.

ele: "Você pregou paciência, dedicação e moderação para seus compatriotas negros que há muito sofrem, e patriotismo, jingoísmo e imperialismo para seus compatriotas brancos"[25].

Enquanto McKinley estava na Geórgia, uma gangue invadiu uma prisão, capturou cinco homens negros e

> quase na sua frente, diante dos seus olhos [...] eles foram cruelmente assassinados. Você se pronunciou? Abriu sua boca para expressar repulsa pelo terrível crime [...] que era a barbárie da barbárie e que manchou com uma indelével infâmia perante o mundo toda a justiça, a honra e a humanidade de seu país?[26]

E nenhuma palavra foi proferida pelo presidente sobre um dos linchamentos mais divulgados do período – quando atearam fogo em Sam Hose, na Geórgia, naquele ano.

> [Ele] foi tirado de seus captores em uma manhã silenciosa de domingo e queimado até a morte com uma crueldade indescritível e diabólica na presença de milhares de pessoas que comemoravam, pessoas essas consideradas as mais virtuosas da Geórgia – homens, mulheres e crianças que saíram de casa no dia do Senhor dos cristãos para ver um ser humano ser queimado como se estivessem indo a um festival popular e a um passeio de inocente diversão e entretenimento.[27]

Inúmeros documentos históricos confirmam a atmosfera de agressão racista, bem como a firme resistência que emanava da população negra no ano de 1899. Um documento especialmente simbólico é uma convocação lançada pelo Conselho Nacional Afro-Americano, encorajando a população negra a guardar o 2 de junho como um dia de jejum e oração. Publicado no *New York Tribune*, esse comunicado denunciava as prisões injustificadas e indiscriminadas que tornavam homens e mulheres presas fáceis de gangues de "ignorantes, depravados, homens embebedados de uísque" que cometiam "torturas, enforcamentos, disparos, esquartejamentos, mutilações e queimaduras"[28].

Não se tratava, portanto, de identificar o que estava por vir. O terror já reinava entre a população negra. Como Susan B. Anthony podia afirmar sua crença nos direitos humanos e na igualdade política e, ao mesmo tempo, aconselhar

---

[25] Ibidem, p. 789.
[26] Ibidem, p. 789-90.
[27] Ibidem, p. 790.
[28] Ibidem, p. 799.

os membros de sua organização a permanecer em silêncio sobre o problema do racismo? A ideologia burguesa – e particularmente seus componentes racistas – realmente deve possuir o poder de diluir as imagens reais do terror em obscuridade e insignificância e de dissipar os terríveis gritos de sofrimento dos seres humanos em murmúrios quase inaudíveis e, então, em silêncio.

Com a chegada do século XX, um casamento ideológico sólido uniu racismo e sexismo de uma nova maneira. A supremacia branca e a supremacia masculina, que sempre se cortejaram com facilidade, estreitaram os laços e consolidaram abertamente o romance. Durante os primeiros anos do novo século, as ideias racistas ganharam influência como nunca. A atmosfera intelectual – mesmo nos círculos progressistas – parecia estar fatalmente contaminada por noções irracionais sobre a superioridade da raça anglo-saxã. Essa crescente promoção da propaganda racista era acompanhada por uma promoção igualmente acelerada de ideias que denotavam a inferioridade feminina. Se as pessoas de minorias étnicas – dentro e fora do país – eram retratadas como bárbaras e incompetentes, as mulheres – quer dizer, as mulheres brancas – eram rigorosamente representadas como figuras maternais, cuja *raison d'être* [razão de ser] fundamental era nutrir os machos da espécie. Mulheres brancas estavam aprendendo que, como mães, elas carregavam uma responsabilidade muito especial na luta para salvaguardar a supremacia branca. Afinal, elas eram as "mães da raça". Embora o termo *raça* supostamente se referisse à "raça humana", na prática – especialmente quando o movimento eugenista cresceu em popularidade – fazia-se pouca distinção entre "a raça" e "a raça anglo-saxã".

À medida que o racismo criava raízes mais estáveis no interior das organizações das mulheres brancas, o culto sexista da maternidade também se insinuava no interior do mesmo movimento cujo objetivo declarado era a eliminação da supremacia masculina. A combinação do sexismo com o racismo fortalecia-os mutuamente. Tendo aberto, mais do que nunca, suas portas para a ideologia racista predominante, o movimento sufragista optou por um caminho cheio de obstáculos que colocou seu próprio objetivo – o voto feminino – sob contínua ameaça. A convenção da Nawsa de 1901 foi a primeira em muitos anos em que Susan B. Anthony não presidiu os trabalhos. Apesar de ter se aposentado no ano anterior, estava na plateia e foi apresentada pela nova presidenta, Carrie Chapman Catt, para realizar o discurso de boas-vindas. Os comentários de Anthony refletiam a influência da campanha eugenista, agora revitalizada. Ainda que as mulheres, ela sustentava, tivessem sido corrompidas no passado por "paixões e apetites do homem"[29], era a hora para que elas realizassem seu propósito de se tornar salvadoras "da raça"[30]. Seria por meio da "emancipação racional [das mulheres] que [a raça] será purificada. [...] É pela mulher [que] a raça será redimida. Por esse motivo, peço sua imediata e incondicional emancipação de toda a sujeição política, econômica e religiosa"[31].

O discurso principal, proferido por Carrie Chapman Catt, destacava três "grandes obstáculos" ao sufrágio feminino: o militarismo, a prostituição e

> [...] a inércia na expansão da democracia, que surge como uma reação aos movimentos agressivos que, com uma precipitação provavelmente imprudente, concederam o direito de voto aos estrangeiros, aos negros e aos indígenas. Condições arriscadas, que parecem ser consequência da introdução no corpo político de grandes números de cidadãos irresponsáveis, tornaram a nação fraca.[32]

Em 1903, a Nawsa testemunhou uma expansão tão súbita da argumentação racista que parecia que os partidários da supremacia branca estavam determinados a tomar o controle da organização. A realização da convenção de 1903 na cidade sulista de Nova Orleans era significativa. E dificilmente era coincidência que os argumentos racistas ouvidos pelas delegadas fossem complementados por inúmeras defesas do culto da maternidade. Se Edward Merrick, filho do presidente da Suprema Corte da Louisana, falou sobre "o crime de conceder o voto a uma 'horda de homens negros ignorantes'"[33], Mary Chase, uma representante de New Hampshire, afirmou que o direito de voto deveria ser conferido às mulheres "como as guardiãs e protetoras naturais do lar"[34].

Na convenção de 1903, foram as declarações de Belle Kearney, do Mississippi, que confirmaram de maneira mais flagrante a perigosa aliança entre racismo e sexismo. Referindo-se diretamente à população negra do Sul como "4,5 milhões de ex-escravos, analfabetos e semibárbaros"[35], ela aludiu de modo histriônico à concessão do direito de voto a essa parcela da população como um "peso morto", sob o qual o Sul havia lutado "por quase quarenta anos, com coragem e

---

[29] Ida Husted Harper, *History of Woman Suffrage*, v. 5 (Nova York, J. J. Little & Ives, 1902), p. 5.
[30] Idem.
[31] Idem.
[32] Ibidem, p. 6.
[33] Ibidem, p. 80.
[34] Ibidem, p. 81.
[35] Judith Papachristou, *Women Together: A History in Documents of the Women's Movement in the United States*, cit., p. 144.

generosidade"[36]. Por mais inadequada que fosse, na prática, a teoria de Booker T. Washington sobre a educação profissionalizante para a população negra, Kearney insistia que Tuskegee e outras escolas semelhantes "apenas preparavam [o negro] para o poder e, quando o homem negro se tornasse necessário à comunidade em razão de suas habilidades e bens adquiridos"[37], o resultado seria uma espécie de guerra racial. "O homem branco pobre, amargurado por sua pobreza e humilhado por sua inferioridade, não encontrará espaço para si mesmo e para suas crianças, e então acontecerá a luta entre as raças."[38]

Claro, essa luta entre a classe trabalhadora branca e a negra não era inevitável. Entretanto, apologistas da nova classe de capitalistas monopolistas estavam determinados a provocar essa divisão racista. Quase na mesma época em que Kearney fez seu discurso na convenção de Nova Orleans, um alerta idêntico foi lançado ao Senado dos Estados Unidos. Em 24 de fevereiro de 1903, o senador Ben Tillman, da Carolina do Sul, advertiu que faculdades e escolas para a população negra no Sul levariam inexoravelmente ao conflito racial. Planejadas para habilitar "essas pessoas" – que, a seus olhos, estavam "mais próximas do elo perdido com o macaco" – a "competir com seus vizinhos brancos", tais escolas "criariam um antagonismo entre as classes mais pobres de nossos cidadãos e essas pessoas que estão no mesmo nível no mercado de trabalho"[39].

Além disso,

> Não houve nenhuma contribuição a fim de promover a população branca no Sul, de ajudar e socorrer os anglo-saxões americanos, os homens que descendem do povo que lutou com Marion e Sumter. Permite-se que eles sofram na pobreza e na ignorância e que façam o que podem para sobreviver, e eles veem a população do Norte injetar milhares e milhares [de dólares] para ajudar na construção de uma dominação africana.[40]

Contrariando a lógica de Kearney e de Tillman, o conflito racial não emergiu de modo espontâneo, mas sim foi conscientemente planejado por representantes da classe econômica em ascensão. Estes precisavam impedir a unidade da classe

---

[36] Idem.
[37] Idem.
[38] Idem.
[39] John Hope Franklin e Isidore Starr (orgs.), *The Negro in Twentieth Century America* (Nova York, Vintage, 1967), p. 68-9.
[40] Ibidem, p. 40.

trabalhadora a fim de facilitar seus próprios projetos de exploração. Os "tumultos raciais" que estavam por vir – Atlanta; Brownsville, Texas; Springfield, Ohio –, assim como os massacres de 1898 em Wilmington e Phoenix, na Carolina do Sul, foram orquestrados precisamente com o objetivo de intensificar as tensões e antagonismos no interior da classe trabalhadora multirracial.

Belle Kearney informou suas irmãs na convenção de Nova Orleans que havia descoberto uma forma garantida de manter os antagonismos raciais dentro de limites controláveis. Ela alegou saber exatamente como impedir a guerra de raças que, caso contrário, seria inevitável.

> Para evitar essa culminação terrível, a concessão do direito de voto às mulheres deverá ser levada a cabo, e um requisito para o voto deverá ser aplicado em termos de educação e posses [...].
> A concessão do direito de voto às mulheres garantiria a imediata e duradoura supremacia branca, alcançada de modo honesto; pois, como indicam dados oficiais inquestionáveis, "em todos os estados do Sul, com exceção de um, há mais mulheres instruídas do que todos os eleitores analfabetos, brancos e negros, nativos e estrangeiros, somados".[41]

O tom completamente alarmante do discurso de Kearney não esconde o fato de que ela invocou teorias que haviam se tornado muito familiares no interior do movimento sufragista feminino. O argumento estatístico e o apelo à exigência de instrução haviam sido ouvidos muitas vezes pelas delegadas das convenções anteriores da Nawsa. Ao sugerir a propriedade de bens como requisito para o voto, Kearney reproduziu ideias contrárias à classe trabalhadora que, lamentavelmente, ganharam um lugar seguro no movimento sufragista.

Havia um traço paradoxal nas palavras que Belle Kearney pronunciou diante das integrantes da Associação Nacional Estadunidense pelo Sufrágio Feminino. Por anos e anos, as líderes sufragistas haviam justificado a indiferença da associação em relação à causa da igualdade racial invocando o argumento genérico da *conveniência*. Agora, o sufrágio feminino era representado como o meio mais conveniente de alcançar a supremacia racial. Involuntariamente, a Nawsa foi capturada em sua própria armadilha – a armadilha da conveniência, que deveria ter capturado o voto. Uma vez que o padrão de rendição ao racismo passou a dominar – e especialmente naquela conjuntura histórica, em que a nova e

---

[41] Judith Papachristou, *Women Together*, cit., p. 144.

implacável expansão monopolista exigia formas mais intensas de racismo –, foi inevitável que as sufragistas acabassem feridas por seu tiro que saiu pela culatra.

A delegada do Mississippi confidenciou: "Um dia, o Norte será obrigado a buscar redenção no Sul [...] devido à pureza de seu sangue anglo-saxão, à simplicidade de sua estrutura social e econômica [...] e à manutenção da santidade de sua fé, que tem sido mantida inviolada"[42].

Nem um mínimo de sororidade poderia ser detectado aqui, e não houve nenhuma palavra sobre a derrota da supremacia masculina ou sobre as mulheres finalmente conquistando sua independência. Não eram os direitos das mulheres ou a igualdade política das mulheres que tinham de ser preservados a qualquer custo, e sim a superioridade racial reinante da população branca. "Assim como é certo que o Norte será forçado a buscar no Sul a salvação da nação, é certo que o Sul será obrigado a ver em suas mulheres anglo-saxãs o meio para conservar a supremacia da raça branca sobre a africana."[43]

"Graças a Deus pela libertação do homem negro!", ela exclamou com uma deliberada arrogância racista. "Desejo a ele toda a felicidade e todo o progresso possíveis, mas não por meio da invasão do espaço sagrado da raça anglo-saxã [...]."[44]

---

[42] Ida Husted Harper, *History of Woman Suffrage*, v. 5, cit., p. 83.
[43] Idem.
[44] Idem.

AS MULHERES NEGRAS E O MOVIMENTO ASSOCIATIVO

A General Federation of Women's Clubs [Federação Geral de Agremiações de Mulheres; GFWC, na sigla original] poderia ter celebrado seu décimo ano, em 1900, posicionando-se contra o racismo em suas fileiras. Lamentavelmente, sua postura era, de modo inequívoco, pró-racista: o comitê de credenciamento da convenção decidiu excluir a delegada negra da Associação de Mulheres Era, de Boston. Entre as diversas associações representadas na Federação, a única que teve sua admissão negada trazia uma marca distintiva que poderia ser reivindicada por não mais do que dois grupos de mulheres brancas. Se a agremiação Sorosis* e a da Nova Inglaterra foram as pioneiras em reunir mulheres brancas, a Agremiação de Mulheres Era, existente havia cinco anos, resultava dos primeiros esforços de organização das mulheres negras no interior do movimento associativo. Sua representante, Josephine St. Pierre Ruffin, era conhecida no círculo das agremiações brancas de Boston como uma mulher "culta". Ela era esposa de um bacharel de Harvard que se tornou o primeiro juiz negro do estado de Massachusetts. Segundo o comitê de credenciamento informou, ela seria bem-vinda na convenção enquanto delegada da agremiação de mulheres brancas a que também pertencia. Nesse caso, claro, teria sido a exceção necessária para confirmar a regra da segregação racial no interior da GFWC. Mas, como Ruffin insistiu em representar a agremiação de mulheres negras (que, aliás, já havia recebido o certificado de filiação à GFWC), sua entrada no salão de convenções foi negada. Além disso, "para reforçar essa regra, tentaram arrancar de seu peito o crachá que lhe havia sido entregue [...]"[1].

Pouco depois do "caso Ruffin", o boletim da federação publicou uma história fictícia planejada para intimidar as mulheres brancas que haviam protestado

---

* Criado em março de 1868, a Sorosis é considerada a primeira agremiação feminina. Seu nome deriva da palavra latina *soror*, irmã. (N. T.)

[1] Gerda Lerner (org.), *Black Women in White America*, cit., p. 447-50.

contra o racismo manifesto no interior da organização. De acordo com um relato de Ida B. Wells, o artigo era intitulado "The Rushing In of Fools"[2] [A precipitação das tolas] e descrevia as armadilhas do cotidiano de uma agremiação que integrava brancas e negras em uma cidade de nome desconhecido. A presidenta da agremiação não identificada havia convidado uma mulher negra, de quem era amiga, a fazer parte de seu grupo. Mas, infelizmente, a filha da mulher branca se apaixonou pelo filho da mulher negra e se casou com ele, que, como a mãe, tinha uma pele tão clara que dificilmente seria considerado negro. Ainda assim, segredava o artigo, ele possuía aquela "gota invisível" de sangue negro e, quando a jovem esposa branca deu à luz um "bebê negro como azeviche [...], o choque foi tão grande que [ela] virou o rosto em direção à parede e morreu"[3]. Embora qualquer pessoa negra pudesse perceber que a história era inventada, os jornais a publicaram e disseminaram amplamente a mensagem de que as agremiações que integravam mulheres brancas e negras resultariam na degradação da feminilidade branca.

A primeira convenção nacional convocada por mulheres negras aconteceu cinco anos depois do encontro de fundação da Federação Geral de Associações de Mulheres, em 1890. As experiências de organização das mulheres negras remontam ao período pré-Guerra Civil e, como suas irmãs brancas, elas participavam de sociedades literárias e organizações beneficentes. Seus esforços principais durante aquele período estavam relacionados à causa antiescravagista. Entretanto, ao contrário das mulheres brancas, que também se uniram à campanha abolicionista, as mulheres negras eram motivadas menos por preocupações com a caridade ou por princípios morais gerais do que pelas necessidades palpáveis de sobrevivência de seu povo. Os anos 1890 foram os mais difíceis para a população negra desde a abolição da escravatura, e as mulheres se sentiam naturalmente obrigadas a se juntar à luta de resistência de seu povo. Foi em reação à desenfreada onda de linchamentos e ao abuso sexual indiscriminado de mulheres negras que as primeiras associações de mulheres negras foram estabelecidas.

De acordo com interpretações convencionais, as origens da Federação Geral das mulheres brancas se encontram no período imediatamente posterior à guerra, quando a exclusão das mulheres da Agremiação de Imprensa de Nova

---

[2] Ida B. Wells, *Crusade for Justice*, cit., p. 271.
[3] Idem.

York levou à organização de uma agremiação feminina, em 1868[4]. Após a fundação do Sorosis em Nova York, mulheres de Boston criaram a Agremiação de Mulheres da Nova Inglaterra. Assim, surgiu uma tendência de proliferação de agremiações nas duas principais cidades do Nordeste dos Estados Unidos e, em 1890, pôde ser criada uma federação nacional[5]. No breve intervalo de dois anos, a Federação Geral de Associações de Mulheres contava com 190 afiliados e mais de 20 mil integrantes[6]. Uma estudiosa da história do feminismo explica nestas palavras a atração aparentemente magnética que tais agremiações exerciam sobre as mulheres brancas:

> Em termos subjetivos, as agremiações atendiam à necessidade que as mulheres de meia-idade de classe média tinham de empregar seu tempo livre em atividades que fossem exteriores, mas relacionadas, à sua esfera tradicional. Havia, como logo ficou evidente, literalmente milhões de mulheres cuja vida não era preenchida pelas ocupações domésticas e religiosas. A maioria delas tinha uma educação insuficiente, não desejava ou não conseguia manter um emprego remunerado e encontrava no cotidiano das associações a solução para seu dilema pessoal.[7]

Tanto no Norte quanto no Sul, a proporção de mulheres negras que trabalhavam fora de casa era muito maior do que a de suas congêneres brancas. Em 1890, dos 4 milhões de mulheres que integravam a força de trabalho, quase 1 milhão era de mulheres negras[8]. O número de mulheres negras confrontadas com o vazio da vida doméstica, que mortificava suas irmãs brancas de classe média, não chegava nem perto disso. Ainda assim, as líderes do movimento associativo de mulheres negras não vinham da massa trabalhadora. Josephine St. Pierre Ruffin, por exemplo, era a esposa de um juiz de Massachusetts. O que diferenciava essas mulheres das líderes das agremiações brancas era sua consciência sobre a necessidade de contestar o racismo. De fato, sua própria familiaridade com o racismo cotidiano da sociedade estadunidense as vinculava muito mais intimamente às suas irmãs da classe trabalhadora do que a experiência do sexismo as vinculava às mulheres brancas de classe média.

---

[4] William L. O'Neill, *The Woman Movement: Feminism in the United States and England* (Chicago, Quadrangle, 1969), p. 47 e seg.
[5] Ibidem, p. 48.
[6] Idem.
[7] Ibidem, p. 48-9.
[8] Barbara Wertheimer, *We Were There*, cit., p. 195.

Antes da emergência do movimento associativo, o primeiro grande encontro organizado de forma independente pelas mulheres negras foi motivado pelos ataques racistas contra a jornalista Ida B. Wells. Depois que a redação de seu jornal em Memphis foi destruída por uma gangue racista que se opunha a seu trabalho de combate aos linchamentos, Wells decidiu estabelecer residência permanente em Nova York. Como relata em sua autobiografia, duas mulheres ficaram profundamente emocionadas ao ler seus artigos no *New York Age* sobre o linchamento de três de seus amigos e a destruição de seu jornal.

> Duas mulheres de cor comentaram entre si minhas revelações e disseram acreditar que as mulheres de Nova York e do [então distrito do] Brooklyn deveriam fazer algo para demonstrar reconhecimento por meu trabalho e para protestar contra o tratamento que eu havia recebido.[9]

Victoria Matthews e Maritcha Lyons deram início a uma série de encontros entre as mulheres que conheciam, até que um comitê de 250 mulheres foi encarregado de "instigar os ânimos nas duas cidades"[10]. Dentro de poucos meses, elas haviam organizado um imenso encontro, que aconteceu em outubro de 1892, no Lyric Hall, em Nova York. Na reunião, Ida B. Wells fez uma comovente apresentação sobre linchamentos.

> O salão estava lotado. [...] As mulheres de cor mais importantes de Boston e da Filadélfia haviam sido convidadas para essa manifestação, compareceram e formaram um grupo brilhante. A sra. Gertrude Mossell, da Filadélfia, a sra. Josephine St. Pierre Ruffin, de Boston, a sra. Sarah Garnett, viúva de um de nossos grandes homens, um professor das escolas públicas de Nova York, a dra. Susan McKinney, do Brooklyn, médica pioneira de nossa raça, todas estavam no palco, um grupo sólido atrás de uma moça solitária, que sentia falta de casa e estava exilada porque havia tentado defender os homens de sua raça.[11]

Ida B. Wells recebeu uma boa soma de dinheiro para a criação de outro jornal e – o que sinalizava a relativa prosperidade das líderes da campanha – um broche de ouro em formato de pena[12].

---

[9] Ida B. Wells, *Crusade for Justice*, cit., p. 78.
[10] Idem.
[11] Ibidem, p. 78-9.
[12] Ibidem, p. 81.

Como consequência dessa inspiradora reunião, as responsáveis criaram organizações permanentes no Brooklyn e em Nova York, às quais chamaram União de Lealdade Feminina. De acordo com Ida B. Wells, essas foram as primeiras associações criadas e dirigidas exclusivamente por mulheres negras. "Era o verdadeiro início do movimento associativo entre as mulheres de cor desse país."[13] A Agremiação de Mulheres Era, de Boston – posteriormente banida da GFWC –, era resultado de um encontro convocado por Josephine St. Pierre Ruffin por ocasião da visita de Ida B. Wells à cidade[14]. Encontros semelhantes em que Wells discursou levaram à formação de agremiações permanentes em New Bedford, Providence e Newport e, mais tarde, em New Haven[15]. Em 1893, um discurso contra os linchamentos proferido por Wells em Washington levou a uma das primeiras aparições públicas de Mary Church Terrell, que veio a ser a presidenta fundadora da Agremiação Nacional das Associações de Mulheres de Cor[16].

Ida B. Wells era muito mais do que um chamariz para as mulheres negras recrutadas para ingressar no movimento associativo. Também era uma organizadora ativa, que teve a iniciativa de criar e que presidiu a primeira agremiação de mulheres negras de Chicago. Depois de sua primeira excursão pelo exterior em campanha contra os linchamentos, ela colaborou com Frederick Douglass na organização de um protesto contra a Feira Mundial de 1893. Graças a seus esforços, um comitê de mulheres foi instituído para arrecadar dinheiro para a publicação de um folheto a ser distribuído na feira, intitulado "The Reason Why the Colored American is not in the World's Columbian Exposition" [O motivo pelo qual o estadunidense de cor não está na Exposição Colombiana Mundial][17]. Depois da Feira Mundial de Chicago, Wells persuadiu as mulheres a criarem uma agremiação permanente, tal como as mulheres negras haviam feito nas cidades do Nordeste[18].

Algumas das mulheres convocadas por Wells vinham das famílias negras mais ricas de Chicago. A sra. John Jones, por exemplo, era esposa do "homem de cor mais próspero de Chicago na época"[19]. Vale observar, entretanto, que

---

[13] Idem.
[14] Idem.
[15] Idem.
[16] Ibidem, p. 83.
[17] Ibidem, p. 117.
[18] Ibidem, p. 121.
[19] Ibidem, p. 121-2.

esse bem-sucedido homem de negócios havia trabalhado anteriormente na *Underground Railroad* e liderado o movimento de combate às leis que restringiam os direitos da população negra livre em Illinois. Além das mulheres que representavam a incipiente "burguesia negra" e das "mulheres mais proeminentes na igreja e na sociedade secreta"[20], havia "professoras, donas de casa e alunas do ensino médio"[21] entre as quase trezentas integrantes da Agremiação de Mulheres de Chicago. Em uma de suas primeiras missões como ativistas, elas levantaram fundos para processar um policial que havia assassinado um homem negro. As integrantes do movimento associativo de Chicago estavam obviamente comprometidas com a luta pela libertação negra.

A pioneira Agremiação de Mulheres Era, de Boston, manteve o árduo trabalho de defesa da população negra, encorajado por Ida B. Wells em seu primeiro encontro. Quando a Conferência Nacional da Igreja Unitarista se recusou a aprovar uma resolução contra os linchamentos, as integrantes da nova agremiação divulgaram um firme protesto em uma carta aberta a uma das mulheres mais importantes da congregação.

> Nós, integrantes da Agremiação de Mulheres Era, acreditamos falar por todas as mulheres de cor da América. [...] Como mulheres de cor, sofremos no passado e ainda sofremos muito para sermos cegas ao sofrimento dos outros, mas naturalmente estamos mais intensamente sensíveis ao nosso próprio sofrimento do que ao dos demais. Portanto, sentimos que seríamos falsas com nós mesmas, com nossas oportunidades e com nossa raça se mantivéssemos o silêncio em um caso como esse.
> Temos suportado muita coisa e acreditado com paciência; vimos nosso mundo ser destruído, nossos homens serem transformados em fugitivos e andarilhos, ou sua juventude e sua força se perderem na servidão. Nós mesmas somos diariamente barradas e oprimidas na corrida da vida; sabemos que cada oportunidade de avanço, de paz e felicidade nos será rejeitada; [...] cristãos e cristãs se recusam [...] a abrir suas igrejas para nós; [...] nossas crianças [...] são consideradas alvos legítimos para insultos; [...] a qualquer momento, nossas jovens podem ser empurradas para vagões fétidos e sujos e, não importa quais sejam suas necessidades, podem ser privadas de comida e abrigo.[22]

Após mencionar a privação educacional e cultural sofrida pelas mulheres negras, a carta de protesto convocou um grande clamor contra os linchamentos.

---

[20] Idem.
[21] Idem.
[22] Idem.

No interesse da justiça, em nome da honra de nosso país, solenemente elevamos nossa voz contra os terríveis crimes da lei de linchamento. [...] E convocamos cristãs e cristãos de todos os lugares a fazer o mesmo, caso contrário ficarão marcadas como simpatizantes dos assassinos.[23]

Quando a Primeira Conferência Nacional das Mulheres de Cor realizou sua assembleia em Boston, em 1895, as integrantes das associações de mulheres negras não estavam simplesmente imitando suas colegas brancas, que haviam reunido o movimento associativo em uma federação cinco anos antes. Elas se uniram para definir uma estratégia de resistência às investidas feitas por meio de propaganda contra as mulheres negras e à vigência da lei de linchamento. Em reação a um ataque contra Ida B. Wells, realizado pelo presidente da Associação de Imprensa do Missouri, que era a favor dos linchamentos, as delegadas da conferência declararam que se tratava de um "insulto à condição da mulher negra"[24] e pediram "ao país o endosso unânime ao rumo seguido [por Wells] no [seu] movimento contra os linchamentos"[25].

Fannie Barrier Williams, que as mulheres brancas de Chicago haviam excluído de sua agremiação, resumiu a diferença entre o movimento associativo branco e o movimento associativo entre seu povo. As mulheres negras, disse ela, acabaram por perceber que

> o progresso envolve muito mais do que geralmente se quer dizer por meio dos termos cultura, educação e comunicação.
> O movimento associativo entre as mulheres de cor penetra na subcondição de toda a raça. [...] O movimento associativo é apenas um dos muitos meios para a ascensão social de uma raça [...].
> O movimento associativo é bem-intencionado. [...] Não é uma moda [...]. É antes a força de uma nova inteligência contra a velha ignorância. A luta de uma consciência esclarecida contra uma sucessão de misérias sociais nascidas da tensão e da dor de um passado odioso.[26]

Embora o movimento associativo das mulheres negras estivesse veementemente comprometido com a luta pela libertação negra, suas líderes de classe média às vezes, e infelizmente, eram elitistas em suas atitudes com relação à massa

---

[23] Idem.
[24] Ibidem, p. 242.
[25] Idem.
[26] Gerda Lerner (org.), *Black Women in White America*, cit., p. 575-6.

de seu povo. Fannie Barrier Williams, por exemplo, vislumbrava as integrantes das agremiações como "a nova inteligência, a consciência esclarecida"[27] da raça.

> Entre as brancas, as associações significam o movimento de avanço das mulheres mais capazes no interesse da melhor condição da mulher. Entre as mulheres de cor, a agremiação é um esforço das poucas mulheres aptas em nome das muitas sem qualificação.[28]

Antes do estabelecimento definitivo de uma organização nacional das associações de mulheres negras, parece ter existido uma lamentável competição entre as líderes das agremiações. Com base na conferência de Boston, em 1895, convocada por Josephine St. Pierre Ruffin, fundou-se naquele mesmo ano a Federação Nacional das Mulheres Afro-Americanas, da qual Margaret Murray Washington foi eleita presidenta[29]. A federação reunia mais de trinta agremiações, que atuavam em doze estados. Em 1896, foi fundada na capital federal a Liga Nacional das Mulheres de Cor, que tinha Mary Church Terrell como presidenta. As organizações concorrentes logo se fundiram, formando a Associação Nacional das Agremiações de Mulheres de Cor, que elegeu Terrell como sua principal executiva. Ao longo de muitos anos, Mary Church Terrell e Ida B. Wells expressariam hostilidade mútua no interior do movimento associativo nacional de mulheres negras. Em sua autobiografia, Wells alega que Terrell foi pessoalmente responsável por sua exclusão da convenção de 1899 da Associação Nacional das Agremiações de Mulheres de Cor, realizada em Chicago[30]. De acordo com Wells, o temor de Terrell a respeito de sua reeleição como presidenta a levou a excluir a ex-jornalista e a minimizar, durante a convenção, a importância da luta contra os linchamentos, que sua rival personificava[31].

Mary Church Terrell era filha de um escravo que, após a emancipação, recebera uma considerável herança de seu pai, o qual era um senhor de escravos. Graças à prosperidade de sua família, ela teve acesso a oportunidades educacionais únicas. Depois de quatro anos na Faculdade de Oberlin, Terrell se tornou a terceira mulher negra com formação universitária do país[32] – e

---

[27] Ibidem, p. 576.
[28] Ibidem, p. 575-6.
[29] Ibidem, p. 444.
[30] Ida B. Wells, *Crusade for Justice*, cit., p. 78.
[31] Idem.
[32] Gerda Lerner (org.), *Black Women in White America*, cit., p. 206 e seg.

prosseguiu com seus estudos em várias instituições de ensino superior no exterior. Professora do ensino médio e, mais tarde, professora universitária, Mary Church Terrell se tornou a primeira mulher negra a ser indicada ao Conselho de Educação do distrito de Columbia. Se ela tivesse buscado prosperidade e realizações pessoais por meio da carreira política ou acadêmica, certamente teria sido bem-sucedida. Mas sua preocupação com a libertação coletiva de seu povo a levou a devotar toda a vida adulta à luta pela libertação negra. Mais do que qualquer outra pessoa, Mary Church Terrell foi a força motriz que transformou o movimento associativo de mulheres negras em um grupo político forte. Ainda que fosse uma das mais severas críticas de Terrell, Ida B. Wells reconhecia a importância de seu papel no movimento associativo. Como ela mesma destacou, "a sra. Terrell era, sem dúvida, a mulher mais instruída entre nós [...]"[33].

Tal qual Mary Church Terrell, Ida B. Wells nasceu em uma família de ex-escravos. Quando uma epidemia de febre amarela tirou a vida de seu pai e de sua mãe, Wells ainda era adolescente, com cinco irmãs e irmãos mais jovens para sustentar. Em resposta a esse enorme encargo, ela deu início a sua carreira de professora. Mas as adversidades pessoais pelas quais passou não foram tão devastadoras a ponto de impedir que ela seguisse o caminho do ativismo antirracista. Aos 22 anos, ela desafiou a discriminação racial que sofreu como passageira em um trem, processando a empresa ferroviária na justiça. Dez anos depois, Ida B. Wells publicou seu próprio jornal em Memphis, Tennessee, e, após o assassinato de três de seus amigos por uma gangue racista, transformou o veículo em uma arma poderosa de combate aos linchamentos. Forçada a se exilar quando racistas ameaçaram sua vida e destruíram a redação de seu jornal, Wells iniciou a sua cruzada incrivelmente eficaz contra os linchamentos. Convocando tanto pessoas negras quanto brancas a se opor maciçamente à vigência da lei de linchamento, ela viajou de cidade em cidade, grandes e pequenas, em todo o país. Suas viagens ao exterior encorajaram a organização, na Europa, de campanhas de solidariedade contra o linchamento de pessoas negras nos Estados Unidos. Duas décadas depois, aos 57 anos, Ida B. Wells dirigiu-se imediatamente ao local dos tumultos de East Saint Louis. Aos 63 anos, conduziu investigações sobre um ataque provocado por uma gangue racista no Arkansas. E, às vésperas de sua morte, ela permanecia a mesma militante de sempre,

---

[33] Ida B. Wells, *Crusade for Justice*, cit., p. 260.

liderando um protesto de mulheres negras contra as políticas segregacionistas de um grande hotel de Chicago.

Em sua longa cruzada contra os linchamentos, Ida B. Wells se tornou uma especialista em táticas de agitação e confronto político. Mas poucas pessoas podiam se igualar a Mary Church Terrell como defensoras da libertação negra por meio da palavra escrita e falada. Ela buscou a liberdade para seu povo usando a lógica e a persuasão. Escritora eloquente, oradora poderosa e mestra na arte do debate, Terrell empreendeu persistentes e escrupulosas defesas da igualdade negra e do sufrágio feminino, bem como dos direitos da classe trabalhadora. Como Ida B. Wells, ela se manteve em atividade até o ano de sua morte – aos 90 anos. Em um de seus últimos gestos de desafio ao racismo, marchou pela capital, Washington, fazendo parte de um piquete, aos 89 anos.

Ida B. Wells e Mary Church Terrell foram, sem dúvida, as duas mulheres negras mais importantes de sua época. A contenda pessoal entre elas, que atravessou várias décadas, foi um enredo trágico na história do movimento associativo das mulheres negras. Embora suas realizações individuais tenham sido monumentais, seus esforços conjuntos realmente poderiam ter movido montanhas por suas irmãs e por seu povo como um todo.

9
MULHERES TRABALHADORAS, MULHERES NEGRAS E A HISTÓRIA DO MOVIMENTO SUFRAGISTA

Em janeiro de 1868, quando Susan B. Anthony publicou a primeira edição de *Revolution*, as trabalhadoras – cuja presença na força de trabalho havia crescido nos últimos tempos – começaram a defender seus direitos abertamente. Durante a Guerra Civil, mais do que nunca as mulheres brancas foram trabalhar fora de casa. Em 1870, embora 70% das mulheres trabalhadoras fossem domésticas, um quarto de toda a força de trabalho, excetuando-se a mão de obra rural, era constituída por mulheres[1]. Na indústria de confecções, elas já tinham se tornado maioria. Nessa época, o movimento operário era uma força econômica em rápida expansão, compreendendo nada menos do que trinta sindicatos organizados nacionalmente[2].

No interior do movimento operário, entretanto, a influência da supremacia masculina era tão forte que apenas as categorias dos produtores de cigarros e dos gráficos abriam suas portas para as mulheres. Mas algumas trabalhadoras tentaram se organizar por conta própria. Durante a Guerra Civil e no período imediatamente posterior, as costureiras constituíam o maior grupo de mulheres que trabalhavam fora de casa. Quando elas começaram a se organizar, o espírito da sindicalização se espalhou de Nova York a Boston e Filadélfia, alcançando todas as grandes cidades onde a indústria de confecções prosperava. Quando a National Labor Union [Federação Sindical Nacional; NLU, na sigla original] foi fundada, em 1866, seus delegados foram obrigados a reconhecer os esforços das costureiras. Por iniciativa de William Sylvis, a convenção decidiu apoiar não apenas as "filhas da labuta da terra"[3] (como as costureiras eram chamadas), mas também a sindicalização geral das mulheres e a completa equiparação salarial com os homens[4]. Quando a Federação

---

[1] Rosalyn Baxandall et al. (org.), *America's Working Women*, cit., p. 83.
[2] Idem.
[3] Barbara Wertheimer, *We Were There*, cit., p. 161.
[4] Idem.

Sindical Nacional se reuniu novamente, em 1868, elegendo Sylvis presidente, a presença de várias mulheres como delegadas, incluindo Elizabeth Cady Stanton e Susan B. Anthony, obrigou a convenção a aprovar resoluções mais contundentes e, em linhas gerais, começar a tratar a causa dos direitos das trabalhadoras com mais seriedade.

As mulheres foram bem recebidas na convenção de fundação da National Colored Labor Union [Federação Sindical Nacional do Operariado de Cor; NCLU, na sigla original], em 1869. Conforme os trabalhadores negros explicaram em uma resolução, havia o desejo de não cometerem "os erros praticados outrora por nossos concidadãos brancos ao excluir as mulheres"[5]. Essa organização operária negra, criada em função das políticas excludentes dos grupos operários brancos, provou na prática estar mais seriamente comprometida com os direitos das trabalhadoras do que organizações brancas anteriores semelhantes. Enquanto a NLU apenas aprovava resoluções de apoio à igualdade das mulheres, a NCLU elegeu uma mulher, Mary S. Carey[6], para atuar no comitê executivo de elaboração das políticas da organização. Susan B. Anthony e Elizabeth Cady Stanton não registraram qualquer reconhecimento às realizações antissexistas da organização operária negra. Provavelmente, elas estavam muito concentradas na luta pelo sufrágio para perceber aquele importante avanço.

Na primeira edição de *Revolution*, jornal de Susan B. Anthony financiado pelo democrata racista George Francis Train, a mensagem geral era que as mulheres deveriam aspirar ao voto. Uma vez estabelecido como uma realidade concreta, o sufrágio feminino traria um período de felicidade e paz para as mulheres, parecia dizer o jornal – e o triunfo final da moralidade para a nação como um todo.

> Devemos mostrar que o voto assegurará à mulher uma posição igual e salários iguais no mundo do trabalho; que abrirá para ela as escolas, as faculdades, as carreiras profissionais e todas as oportunidades e vantagens da vida; que ela terá em suas mãos um poder moral de deter a onda de crime e de miséria em todos os lugares.[7]

Embora sua visão com frequência estivesse concentrada de modo muito restrito na questão do voto, o *Revolution* desempenhou um papel importante

---

[5] Philip S. Foner, *Organized Labor and the Black Worker – 1619-1973* (Nova York, International Publishers, 1973), p. 34 (nota).
[6] Idem.
[7] "The Ballot-Bread, Virtue, Power", *Revolution*, 8 jan. 1868, citado em William L. O'Neill, *Everyone Was Brave: The Rise and Fall of Feminism in America* (Chicago, Quadrangle, 1971), p. 19.

nas lutas das trabalhadoras durante os dois anos em que foi publicado. A reivindicação pela jornada de oito horas diárias era repetidamente levantada nas páginas do jornal, assim como o lema antissexista "salário igual para trabalho igual". De 1868 a 1870, as trabalhadoras – especialmente as de Nova York – podiam contar com o *Revolution* para divulgar suas queixas, bem como suas greves, estratégias e metas.

O envolvimento de Anthony nas lutas operárias das mulheres no período pós-guerra não se restringia à solidariedade jornalística. Ao longo do primeiro ano de publicação de seu jornal, ela e Stanton usaram a sede do *Revolution* para organizar as operárias do setor gráfico na Associação de Mulheres Trabalhadoras. Pouco depois, o Sindicato Nacional de Tipógrafos se tornou o segundo a aceitar mulheres e, na redação do *Revolution*, foi criado o Sindicato de Mulheres Tipógrafas, Regional 1[8]. Graças à iniciativa de Susan B. Anthony, uma segunda Associação de Mulheres Trabalhadoras foi organizada posteriormente entre as costureiras.

Embora Susan B. Anthony, Elizabeth Cady Stanton e suas colegas do jornal tenham dado importantes contribuições para a causa das trabalhadoras, elas nunca aceitaram realmente os princípios do sindicalismo. Assim como relutaram em admitir que a libertação negra poderia reivindicar uma prioridade momentânea em relação a seus próprios interesses como mulheres brancas, elas não abraçaram integralmente os princípios fundamentais da unidade e da solidariedade de classe, sem os quais o movimento operário permaneceria impotente. Aos olhos das sufragistas, "mulher" era o critério definitivo – se a causa da mulher pudesse ser impulsionada, não era errado que as mulheres furassem as greves estipuladas pelos trabalhadores do sexo masculino da mesma atividade. Em 1869, Susan B. Anthony foi banida da convenção da Federação Sindical Nacional por haver encorajado as tipógrafas a furar greve[9]. Ao se defender durante a convenção, Anthony declarou que

> os homens sofrem grandes males no mundo entre a existência do trabalho e do capital, mas esses males, se comparados com os males das mulheres, diante de quem as portas de mercados e profissões são fechadas com força, não são nem um grão de areia na praia.[10]

---

[8] Barbara Wertheimer, *We Were There*, cit., p. 166-7.
[9] "Proceedings, National Labor Union, August 1869", *Workingman's Advocate*, v. 6, n. 5, 4 set. 1869, citado em Rosalyn Baxandall et al. (org.), *America's Working Women*, cit., p. 109-14.
[10] Ibidem, p. 113.

A postura de Anthony e Stanton durante esse episódio foi surpreendentemente similar à posição antinegra das sufragistas no interior da Associação pela Igualdade de Direitos. Assim como atacaram os homens negros quando perceberam que os ex-escravos poderiam obter o direito de voto antes das mulheres brancas, Anthony e Stanton se revoltaram de modo semelhante contra os homens da classe trabalhadora. Stanton insistia que a exclusão da NLU provava "o que o *Revolution* havia dito repetidas vezes, que os piores inimigos do sufrágio feminino sempre serão as classes de homens trabalhadores"[11].

"Mulher" era o critério, mas nem toda mulher parecia estar qualificada. As mulheres negras, claro, eram praticamente invisíveis no interior da longa campanha pelo sufrágio feminino. Quanto às mulheres brancas da classe trabalhadora, as líderes sufragistas provavelmente ficaram impressionadas, no início, com seus esforços de organização e sua militância. Mas, como se viu depois, as próprias trabalhadoras não abraçaram a causa do sufrágio feminino com entusiasmo. Embora Susan B. Anthony e Elizabeth Cady Stanton tenham persuadido diversas líderes operárias a protestar contra a não concessão do voto às mulheres, a massa das trabalhadoras estava muito mais preocupada com seus problemas imediatos – salários, jornadas, condições de trabalho – para lutar por uma causa que parecia imensamente abstrata. De acordo com Anthony, "a grande vantagem que diferencia os operários desta república é que o filho do cidadão mais humilde, negro ou branco, tem oportunidades iguais às do filho do homem mais rico do país"[12].

Susan B. Anthony jamais teria feito uma afirmação dessas se estivesse familiarizada com a realidade das famílias da classe trabalhadora. Como as mulheres trabalhadoras bem sabiam, seus pais, irmãos, maridos e filhos que exerciam o direito de voto continuavam a ser miseravelmente explorados por seus ricos empregadores. A igualdade política não abrira a porta da igualdade econômica.

"As mulheres querem pão, não voto"[13] era o nome de um discurso que Susan B. Anthony frequentemente fazia ao recrutar mais trabalhadoras para a luta sufragista. Como o título indica, ela criticava a tendência das trabalhadoras de focar em suas necessidades imediatas. Mas elas naturalmente procuravam

---

[11] William L. O'Neill, *Everyone was Brave*, cit., p. 20.
[12] Ida Husted Harper, *The Life and Work of Susan B. Anthony*, v. 2 (Indianápolis, [Bowen-Merrill], 1898), citado em Miriam Schneir, *Feminism: The Essential Historical Writings* (Nova York, Vintage, 1972), p. 139-40.
[13] Miriam Schneir, *Feminism*, cit., p. 138-42.

soluções tangíveis para seus problemas econômicos imediatos. E raramente se sensibilizavam com a promessa das sufragistas de que o voto permitiria que se tornassem iguais aos homens – seus companheiros explorados e sofridos. Até mesmo as integrantes da Associação de Mulheres Trabalhadoras, organizada por Anthony na sede de seu jornal, votaram por renunciar à luta pelo sufrágio. "A sra. Stanton estava ansiosa para ter uma associação de trabalhadoras sufragistas", explicou a primeira vice-presidente da Associação. "Houve uma votação, e isso foi descartado. Em determinado momento, a sociedade era composta por mais de cem trabalhadoras, mas, uma vez que nada prático foi feito para melhorar sua condição, elas gradualmente se retiraram."[14]

No início de sua carreira como líder do movimento pelos direitos das mulheres, Susan B. Anthony concluiu que o voto continha o verdadeiro segredo da emancipação feminina e que o próprio sexismo era muito mais opressivo do que a desigualdade de classe e o racismo. Aos olhos de Anthony, "a oligarquia mais odiosa já estabelecida na face da Terra"[15] foi a dominação do homem sobre a mulher.

> Uma oligarquia de riqueza, na qual os ricos governam os pobres; uma oligarquia de educação, na qual os instruídos governam os iletrados; ou mesmo uma oligarquia de raça, na qual os anglo-saxões dominam os africanos, pode ser suportada; mas essa oligarquia de sexo, que faz dos pais, irmãos, maridos e filhos os oligarcas superiores à mãe e às irmãs, à esposa e às filhas de cada família; que decreta que todos os homens são soberanos e todas as mulheres, súditas – carrega a discórdia e a revolta para o interior de cada lar da nação.[16]

A posição firmemente feminista de Anthony também era um reflexo incondicional da ideologia burguesa. E foi provavelmente devido aos poderes enganadores da ideologia que ela não conseguiu perceber que tanto as mulheres da classe trabalhadora quanto as mulheres negras estavam fundamentalmente unidas a seus companheiros pela exploração de classe e pela opressão racista, que não faziam discriminação de sexo. Embora o comportamento sexista de seus companheiros precisasse, sem dúvida, ser contestado, o inimigo real – o

---

[14] "Proceedings, National Labor Union, August 1869", citado em Rosalyn Baxandall et al. (org.), *America's Working Women*, cit., p. 111.

[15] "Susan B. Anthony's Constitutional Argument" (1873), citado em Aileen S. Kraditor (org.), *Up From the Pedestal*, cit., p. 249.

[16] Idem.

inimigo comum – era o patrão, o capitalista ou quem quer que fosse responsável pelos salários miseráveis, pelas insuportáveis condições de trabalho e pela discriminação racista e sexista no trabalho.

As trabalhadoras não se uniram em massa para levantar a bandeira do sufrágio até o início do século XX, quando suas próprias lutas criaram motivos especiais para que reivindicassem o direito ao voto. Quando as mulheres da indústria de confecções de Nova York entraram em greve durante o inverno de 1909-1910, no famoso "Levante das 20 mil", o voto começou a adquirir particular relevância para a luta das trabalhadoras. Como as líderes operárias começaram a argumentar, as trabalhadoras poderiam usar o voto para exigir salários mais altos e melhores condições de trabalho. O sufrágio feminino poderia servir como uma arma poderosa na luta de classes. Depois que o trágico incêndio da empresa Triangle Shirtwaist, em Nova York, tirou a vida de 146 mulheres, a necessidade de uma legislação que proibisse condições de trabalho insalubres para as mulheres se tornou drasticamente óbvia. Em outras palavras, as trabalhadoras precisavam do voto a fim de garantir sua sobrevivência.

A Liga dos Sindicatos de Mulheres promoveu a criação de Ligas das Assalariadas pelo Sufrágio. Uma proeminente integrante da Liga pelo Sufrágio de Nova York, Leonora O'Reilly, elaborou uma poderosa defesa trabalhista do direito da mulher ao voto. Dirigindo sua argumentação aos políticos antissufragistas, ela também questionou a legitimidade do culto predominante da maternidade.

> Vocês podem nos dizer que nosso lugar é em casa. Somos 8 milhões nestes Estados Unidos que precisam sair todos os dias para ganhar o pão e viemos lhes dizer que, enquanto estamos trabalhando nas usinas, nas minas, nas fábricas e nas casas comerciais, não temos a proteção que deveríamos ter. Vocês têm feito nossas leis, e as leis que vocês fizeram não são boas para nós. Ano após ano, as trabalhadoras têm se dirigido à legislatura de cada estado e tentado explicar suas necessidades [...].[17]

Agora, declaravam Leonora O'Reilly e suas irmãs da classe trabalhadora, elas lutariam pelo voto – e de fato o usariam como arma para retirar do cargo todos os legisladores cuja lealdade estava com as grandes empresas. As mulheres da classe trabalhadora reivindicavam o direito ao sufrágio como um braço para ajudá-las na luta de classes em andamento. Essa nova perspectiva no interior da campanha pelo sufrágio feminino evidenciava a influência crescente do

---

[17] Ida Husted Harper, *History of Woman Suffrage*, v. 5, cit., p. 352.

movimento socialista. De fato, as mulheres socialistas trouxeram uma nova energia para o movimento sufragista e defenderam uma visão de luta que vinha das experiências de suas irmãs da classe trabalhadora.

Dos 8 milhões de mulheres que integravam a força de trabalho na primeira década do século XX, mais de 2 milhões eram negras. Na condição de mulheres que sofriam com a combinação das restrições de sexo, raça e classe, elas tinham um poderoso argumento pelo direito ao voto. Mas o racismo operava de forma tão profunda no interior do movimento sufragista feminino que as portas nunca se abriram de fato às mulheres negras. As políticas excludentes da Nawsa não dissuadiram inteiramente as mulheres negras de apresentar suas reivindicações pelo voto. Ida B. Wells, Mary Church Terrell e Mary McLeod Bethune estavam entre as sufragistas negras mais conhecidas.

Margaret Murray Washington, que foi uma figura de liderança da Associação Nacional das Mulheres de Cor, confessou que, "pessoalmente, o sufrágio feminino nunca me fez perder o sono à noite [...]"[18]. Essa indiferença casual pode ter sido uma reação à postura racista da Associação Nacional Estadunidense pelo Sufrágio Feminino, já que Washington também argumentava que

> as mulheres de cor, quase tanto quanto os homens de cor, compreendem que se um dia existir igualdade na justiça e nas regras de proteção em todas as cortes para todas as raças, deverá então haver oportunidades iguais para as mulheres, assim como para os homens, de expressar suas preferências por meio do voto.[19]

Como Washington destaca, a Associação Nacional das Agremiações de Mulheres de Cor criou um Departamento de Sufrágio para compartilhar com suas integrantes informações sobre questões governamentais, "de modo que as mulheres estejam preparadas para votar com inteligência e sabedoria [...]"[20]. Todo o movimento das agremiações de mulheres negras estava imbuído do espírito do sufrágio feminino – e, apesar da recusa por parte da Nawsa, continuou a defender o direito das mulheres ao voto. Quando a Federação de Agremiações de Mulheres Negras do Nordeste apresentou seu pedido de filiação à Nawsa, já em 1919 – apenas um ano antes da conquista do voto –, a resposta das líderes foi repetir a mesma rejeição que, um quarto de século

---

[18] Gerda Lerner (org.), *Black Women in White America*, p. 446.
[19] Idem.
[20] Idem.

antes, Susan B. Anthony impôs às sufragistas negras. Ao informar a federação que seu pedido não poderia ser analisado, a líder da Nawsa explicou que,

> caso se espalhe pelos estados do Sul a notícia de que, neste momento altamente crítico, a Associação Nacional Estadunidense admitiu uma organização de 6 mil mulheres de cor, os inimigos podem suspender seus esforços – a derrota da emenda estará assegurada.[21]

Ainda assim, as mulheres negras apoiaram a batalha pelo sufrágio até o último minuto.

Ao contrário de suas irmãs brancas, as sufragistas negras contavam com o apoio de muitos de seus companheiros. Assim como um homem negro – Frederick Douglass – fora o mais importante defensor, entre os homens, da igualdade das mulheres no século XIX, W. E. B. Du Bois surgiu como o principal defensor do sufrágio feminino no século XX. Em um artigo satírico sobre a manifestação sufragista de Washington, em 1913, Du Bois descreveu os homens brancos que distribuíram tanto insultos quanto golpes – e mais de cem pessoas ficaram feridas – como os sustentáculos das "gloriosas tradições da masculinidade anglo-saxã"[22]. "Não foi glorioso? Quando tamanhas façanhas são realizadas pelos Líderes da Civilização, você não arde de vergonha por ser um mero homem negro? Você não fica 'envergonhado de sua raça'? Não fica com 'vontade de ser branco'?"[23]

Concluindo o artigo com uma observação séria, Du Bois cita uma das manifestantes brancas, que destacou como os homens negros foram, de modo unânime, respeitosos. Dos milhares que assistiram à parada, "nenhum deles foi agressivo ou rude [...]. A diferença entre eles e aqueles homens brancos, insolentes e arrogantes, era notável"[24].

Essa manifestação, cujos espectadores do sexo masculino mais solidários eram negros, foi rigidamente segregada pelas organizadoras brancas. Elas, inclusive, instruíram Ida B. Wells a deixar a delegação de Illinois e marchar ao lado do grupo negro segregado – em deferência às mulheres brancas do Sul.

> A solicitação foi feita em público durante o ensaio da delegação de Illinois e, enquanto a sra. Barnett [Ida Wells] olhava ao redor em busca de apoio, as senhoras

---

[21] Aileen S. Kraditor, *The Ideas of the Woman Suffrage Movement*, cit., p. 169.
[22] W. E. B. Du Bois, *A.B.C. of Color* (Nova York, International Publishers, 1963), p. 56.
[23] Ibidem, p. 57.
[24] Ibidem, p. 58.

discutiam a questão princípios *versus* conveniência, a maioria delas claramente sentindo que não deviam colocar as sulistas contra o sufrágio.[25]

Entretanto, Ida B. Wells não se submetia a instruções racistas e, no momento da manifestação, infiltrou-se na seção de Illinois.

Enquanto defensor do sufrágio feminino, W. E. B. Du Bois era inigualável, tanto entre homens negros como entre os brancos. Sua militância, sua eloquência e o caráter principista de seus numerosos apelos levavam muitos de seus contemporâneos a vê-lo como o mais excepcional defensor da igualdade política das mulheres em sua época. Os apelos de Du Bois eram impressionantes não apenas por sua lucidez e seu poder de persuasão, mas também pela relativa ausência de conotações baseadas na ideia de supremacia masculina. Em seus discursos e artigos, ele saudava o crescente papel de liderança desempenhado pelas mulheres negras, que "se movem silenciosamente, mas de modo impetuoso, rumo à liderança intelectual da raça"[26]. Embora alguns homens tivessem interpretado esse poder crescente das mulheres como um claro sinal de alerta, W. E. B. Du Bois argumentava que, pelo contrário, essa situação tornava especialmente urgente a extensão do voto às mulheres negras. "A concessão do voto a essas mulheres não será a mera duplicação de nosso voto e de nossa voz no país", mas levará a uma "vida política normal e mais forte"[27].

Em 1915, um artigo intitulado "Votes for Women: A Symposium by Leading Thinkers of Colored America" [Votos para mulheres: um simpósio com intelectuais de destaque da América de cor] foi publicado por Du Bois no jornal *The Crisis*[28]. Tratava-se da transcrição de um fórum, cuja lista de participantes incluía juízas e juízes, pastoras e pastores, docentes do ensino superior, autoridades eleitas para cargos representativos, lideranças religiosas e profissionais da pedagogia. Charles W. Chesnutt, o reverendo Francis J. Grimké, Benjamin Brawley e o juiz honorário Robert H. Terrell eram alguns dos muitos homens defensores do sufrágio feminino que falaram durante o simpósio. Entre as mulheres estavam Mary Church Terrell, Anna Jones e Josephine St. Pierre Ruffin.

---

[25] Aileen S. Kraditor, *The Ideas of the Woman Suffrage Movement*, cit., p. 168.
[26] Editorial, *The Crisis*, v. 4, set. 1912, p. 234, citado em Herbert Aptheker, *A Documentary History of the Negro People in the United States*, v. 1, cit., p. 56.
[27] Ibidem, p. 56-7.
[28] *The Crisis*, v. 10, ago. 1915, p. 178-92, citado em ibidem, p. 94-116.

A vasta maioria das mulheres que participaram do fórum sobre o sufrágio feminino era filiada à Associação Nacional das Mulheres de Cor. Surpreendentemente, em suas declarações, foram poucas as invocações ao argumento – popular entre as sufragistas brancas – de que a "natureza especial" das mulheres, sua domesticidade e sua moralidade inata davam a elas um direito especial ao voto. Havia uma gritante exceção, entretanto. Nannie H. Burroughs – educadora e líder religiosa – levou a tese da moralidade feminina tão longe a ponto de insinuar a absoluta superioridade das mulheres negras sobre seus companheiros. As mulheres precisavam votar, insistiu Burroughs, porque os homens tinham "trocado e vendido" essa valiosa arma.

> A mulher negra [...] precisa do voto para recuperar, pelo *uso* sensato, o que o homem negro perdeu pelo *abuso*. Ela precisa do voto para resgatar sua raça. [...] Uma comparação com os homens de sua raça, em questões morais, é condenável. Ela carrega os fardos da igreja e da escola e sustenta muito mais do que a parte que lhe cabe na economia do lar.[29]

Entre a cerca de uma dúzia de mulheres participantes, Burroughs assumiu sozinha a posição que se baseava no intrincado argumento de que as mulheres eram moralmente superiores aos homens (o que implicava, é claro, que eram inferiores quanto à maioria dos outros aspectos). Mary Church Terrell falou sobre "O sufrágio feminino e a décima quinta emenda" ["Woman Suffrage and the Fifteenth Amendment"], Anna Jones, sobre "O sufrágio feminino e a reforma social" ["Woman Suffrage and Social Reform"] e Josephine St. Pierre Ruffin relatou suas experiências históricas na campanha pelo sufrágio feminino. Outras mulheres se concentraram em observações sobre as trabalhadoras, educação, crianças e vida associativa. Ao concluir seus comentários sobre "Mulheres e mulheres de cor" ["Women and Colored Women"], Mary Talbert resumiu a admiração pelas mulheres negras expressa ao longo do simpósio. "Por sua posição peculiar, a mulher de cor adquiriu claros poderes de observação e julgamento – exatamente o tipo de poder que hoje é particularmente necessário para construir um país ideal."[30]

As mulheres negras estavam mais do que dispostas a colaborar com seus "claros poderes de observação e julgamento" para a criação de um movimento

---

[29] Ibidem, p. 108 e seg.
[30] Ibidem, p. 104.

multirracial pelos direitos políticos das mulheres. Mas, a cada tentativa, elas eram traídas, menosprezadas e rejeitadas pelas líderes do branco como leite movimento sufragista feminino. Tanto para as sufragistas quanto para as integrantes do movimento associativo, as mulheres negras eram seres meramente dispensáveis quando se tratava de conquistar o apoio das brancas do Sul. Quanto à campanha pelo sufrágio feminino, aparentemente, todas as concessões feitas às mulheres sulistas fizeram muito pouca diferença no final. Quando os votos pela décima nona emenda foram totalizados, os estados do Sul ainda estavam alinhados no campo da oposição – e, de fato, quase conseguiram derrotar a emenda.

Depois da aguardada vitória do sufrágio feminino, as mulheres negras do Sul foram violentamente impedidas de exercer seu direito recentemente adquirido. A erupção da violência da Ku Klux Klan em locais como Orange County, na Flórida, causou ferimentos e mortes de mulheres e crianças negras. Em outros lugares, elas foram proibidas de exercer o novo direito de forma mais pacífica. Em Americus, na Geórgia, por exemplo, "mais de 250 mulheres de cor foram às urnas para votar, mas [...] acabaram rechaçadas ou tiveram suas cédulas recusadas pelos supervisores eleitorais [...]"[31].

Nas fileiras do movimento que havia lutado de maneira tão fervorosa pela concessão do direito de voto às mulheres, dificilmente se ouviu um grito de protesto.

---

[31] Ibidem, p. 314-5.

MULHERES COMUNISTAS

Em 1848, ano em que Karl Marx e Friedrich Engels publicaram seu *Manifesto Comunista**, a Europa era cenário de inúmeros levantes revolucionários. Um dos participantes da Revolução de 1848, um oficial de artilharia e colega de trabalho próximo de Marx e Engels chamado Joseph Weydemeyer, imigrou para os Estados Unidos e fundou a primeira organização marxista da história do país[1]. Em 1852, quando Weydemeyer criou a Liga Proletária, ao que parece nenhuma mulher estava associada ao grupo. Se, entretanto, houve mulheres envolvidas, há muito tempo elas caíram no anonimato histórico. Ao longo das décadas posteriores, as mulheres permaneceram ativas em suas associações operárias, no movimento antiescravagista e no desenvolvimento de campanhas pelos próprios direitos. Mas, para todos os efeitos, pareciam estar ausentes das fileiras do movimento socialista marxista. Assim como a Liga Proletária, a Associação Nacional de Trabalhadores e a Agremiação Comunista eram totalmente dominadas por homens. Mesmo o Partido Trabalhista Socialista era predominantemente masculino[2].

Na época em que o Partido Socialista foi criado, em 1900, a composição do movimento socialista começava a mudar. À medida que a reivindicação geral pela igualdade feminina se fortalecia, as mulheres eram cada vez mais atraídas para a luta por mudança social. Elas começaram a afirmar seu direito de participar desse novo desafio às estruturas opressivas da sociedade. A partir de 1900, em maior ou menor grau, a esquerda marxista sentiria a influência de suas integrantes do sexo feminino.

Como principal defensor do marxismo por quase duas décadas, o Partido Socialista apoiou a batalha pela igualdade das mulheres. Por muitos anos, na

---

* Ed. bras.: trad. Álvaro Pina, São Paulo, Boitempo, 1998. (N. E.)
[1] William Z. Foster, *History of the Communist Party of the United States* (Nova York, International Publishers, 1952), p. 28 e seg.
[2] Ibidem, cap. 5.

verdade, foi o único partido político a defender o sufrágio feminino[3]. Graças a mulheres socialistas como Pauline Newman e Rose Schneiderman, um movimento sufragista foi criado no interior da classe trabalhadora, quebrando o monopólio que, por uma década, as mulheres de classe média tiveram sobre a mobilização das massas a favor do voto[4]. Em 1908, o Partido Socialista criou uma comissão nacional de mulheres. Em 8 de março daquele ano, as mulheres socialistas do Lower East Side, em Nova York, organizaram uma manifestação de massa em apoio ao sufrágio igualitário, cujo aniversário continua a ser comemorado em todo o mundo como o Dia Internacional da Mulher[5]. Quando o Partido Comunista foi fundado, em 1919 (na realidade, foram criados dois partidos comunistas, que mais tarde se fundiram), as mulheres que haviam integrado o Partido Socialista estavam entre suas primeiras líderes e ativistas: "Mother" [Mãe] Ella Reeve Bloor, Anita Whitney, Margaret Prevey, Kate Sadler Greenhalgh, Rose Pastor Stokes e Jeanette Pearl eram todas comunistas associadas à esquerda do Partido Socialista[6].

Embora a organização sindical Industrial Workers of the World [Trabalhadores Industriais do Mundo; IWW, na sigla original] não fosse um partido político – e, inclusive, se opusesse à organização de partidos políticos –, foi a segunda força mais influente na formação do Partido Comunista. A IWW, conhecida popularmente como "Wobblies", foi fundada em junho de 1905. Definindo-se como um sindicato de trabalhadores da indústria, a IWW proclamava que jamais poderia existir um relacionamento harmônico entre a classe capitalista e os trabalhadores por ela empregados. O objetivo maior dos Wobblies era o socialismo, e sua estratégia era a luta de classes sem tréguas. Quando "Big Bill" Haywood realizou a primeira assembleia, duas das lideranças operárias que se sentaram na tribuna eram mulheres – "Mother" Mary Jones e Lucy Parsons.

Ainda que tanto o Partido Socialista quanto a IWW aceitassem mulheres em suas fileiras e as encorajassem a se tornar líderes e ativistas, apenas a IWW adotou como política complementar a luta direta contra o racismo. Sob a liderança de Daniel De Leon, o Partido Socialista não reconhecia a opressão específica do povo negro. Embora a maioria da população negra trabalhasse na

---

[3] Bruce Dancis, "Socialism and Women in the United States, 1900-1912", *Socialist Revolution*, v. 6, n. 27, jan.-mar. 1976, p. 85.
[4] Barbara Wertheimer, *We Were There*, cit., p. 281-4.
[5] William Z. Foster, *History of the Communist Party of the United States*, cit., p. 113.
[6] Ibidem, p. 125.

agricultura – como meeira, arrendatária e por jornada –, os socialistas argumentavam que apenas o proletariado era relevante para seu movimento. Mesmo o importante líder Eugene Debs dizia que a população negra não necessitava de ampla defesa de seu direito à igualdade e à liberdade enquanto grupo. Como a preocupação primordial dos socialistas era a luta entre o capital e o trabalho, Debs sustentava que "não temos nada de especial a oferecer aos negros"[7]. Já para a IWW, o principal objetivo era organizar a classe assalariada e desenvolver a consciência de classe revolucionária e socialista. Ao contrário do Partido Socialista, entretanto, a IWW dirigia sua atenção explicitamente aos problemas específicos da população negra. De acordo com Mary White Ovington,

> Há duas organizações nesse país que demonstraram se importar com os plenos direitos das pessoas negras. A primeira é a Associação Nacional para o Progresso das Pessoas de Cor. [...] A segunda organização que ataca a segregação dos negros é a Trabalhadores Industriais do Mundo. [...] A IWW ficou ao lado da população negra.[8]

Helen Holman era uma socialista negra e importante porta-voz da campanha em defesa da líder de seu partido, Kate Richards O'Hare, que estava presa. Como mulher negra, entretanto, Helen Holman era uma raridade nas fileiras do Partido Socialista. Antes da Segunda Guerra Mundial, o número de mulheres negras que trabalhavam na indústria era insignificante. Em consequência, elas eram praticamente ignoradas pelos recrutadores do Partido Socialista. A postura negligente dos socialistas *vis-à-vis* as mulheres negras era um dos legados infelizes que o Partido Comunista teria de superar.

De acordo com o líder comunista e historiador William Z. Foster, "durante o início dos anos 1920, o partido [...] foi negligente em relação às reivindicações específicas das mulheres negras na indústria"[9]. Ao longo da década seguinte, entretanto, comunistas acabaram por reconhecer a centralidade do racismo na sociedade dos Estados Unidos. Desenvolveram uma séria teoria sobre a libertação negra e produziram um histórico consistente de ativismo na ampla luta contra o racismo.

---

[7] Idem, *The Negro People in American History*, cit., p. 403.
[8] Philip S. Foner, *Organized Labor and the Black Worker*, cit., p. 107.
[9] William Z. Foster, *History of the Communist Party of the United States*, cit., p. 264.

LUCY PARSONS

Lucy Parsons permanece uma das poucas mulheres negras cujo nome ocasionalmente é citado em relatos sobre o movimento operário nos Estados Unidos. Quase sempre, entretanto, ela é identificada apenas como a "dedicada esposa" de Albert Parsons, um dos mártires do massacre de Haymarket. Certamente, Lucy Parsons foi uma das mais ferrenhas defensoras de seu marido, mas ela era muito mais do que uma esposa leal e uma viúva revoltada que queria proteger e vingar seu companheiro. Como a recente biografia[10] escrita por Carolyn Ashbaugh confirma, sua atividade jornalística e militante a favor da classe trabalhadora como um todo se estendeu por mais de sessenta anos. O envolvimento de Lucy Parsons nas lutas trabalhistas começou quase uma década antes do massacre de Haymarket e se estendeu pelos 55 anos posteriores. Sua trajetória política abrangeu desde a defesa do anarquismo, na juventude, até a filiação ao Partido Comunista, na idade madura.

Nascida em 1853, Lucy Parsons se tornou ativa no Partido Trabalhista Socialista já em 1877. Nos anos seguintes, o jornal dessa organização anarquista, o *Socialist*, publicaria seus artigos e poemas, e Parsons também se engajaria na organização do Sindicato de Trabalhadoras de Chicago[11]. Após os tumultos instigados pela polícia em 1º de maio de 1886, na praça Haymarket, em Chicago, seu marido foi um dos oito líderes operários radicais presos pelas autoridades. Lucy Parsons iniciou imediatamente uma campanha militante para libertar os acusados de Haymarket. Viajando pelo país, ela se tornou conhecida como uma proeminente líder operária e uma importante defensora do anarquismo. Sua reputação fez dela um alvo muito frequente da repressão. Em Columbus, Ohio, por exemplo, o prefeito proibiu um de seus discursos previsto para o mês de março – e ela se recusou a respeitar o mandado de interdição, o que levou a polícia a prendê-la[12]. De cidade em cidade, "os auditórios se fechavam para ela no último minuto, investigadores se posicionavam em cada canto dos salões de reunião, a polícia a mantinha sob constante vigilância"[13].

---

[10] Carolyn Ashbaugh, *Lucy Parsons: An American Revolutionary* (Chicago, Charles H. Kerr/Illinois Labor History Society, 1976).
[11] Ibidem, p. 30-3.
[12] Ibidem, p. 112.
[13] Ibidem, p. 117.

Mesmo durante a execução do seu marido, Lucy Parsons e as duas crianças do casal foram detidas por policiais de Chicago, um dos quais comentou: "aquela mulher deve ser mais temida do que mil agitadores"[14].

Embora fosse negra – fato que, por causa das leis de miscigenação, ela ocultava com frequência – e embora fosse mulher, Lucy Parsons argumentava que racismo e sexismo eram ofuscados pela ampla exploração da classe trabalhadora pelos capitalistas. Como vítimas da exploração capitalista, dizia Parsons, a população negra e as mulheres, tanto quanto a população branca e os homens, deveriam dedicar toda a sua energia à luta de classes. A seus olhos, a população negra e as mulheres não sofriam formas específicas de opressão e não havia necessidade real de movimentos de massa para combater o racismo e o sexismo de forma explícita. Sexo e raça, de acordo com a teoria de Lucy Parsons, eram fatos da existência manipulados pelos empregadores, que buscavam justificar o modo como exploravam ainda mais as mulheres e as minorias étnicas. Se a população negra estava sujeita à brutalidade da lei de linchamentos, era porque sua pobreza enquanto grupo fazia dela a mão de obra mais vulnerável de todas. "Há alguém tão estúpido", perguntou Parsons em 1886, "a ponto de acreditar que essas afrontas têm [...] se acumulado sobre o negro por ele ser negro?"[15]. "De forma alguma. É porque ele é *pobre*. É porque ele é dependente. Porque ele é mais pobre enquanto classe do que seu irmão branco nortista, escravo do salário."[16]

Lucy Parsons e "Mother" Mary Jones foram as duas primeiras mulheres a integrar a organização operária radical conhecida como Trabalhadores Industriais do Mundo [IWW]. Altamente respeitadas no movimento operário, ambas foram convidadas a se sentar no comitê executivo, ao lado de Eugene Debs e "Big Bill" Haywood, durante a convenção inaugural da IWW, em 1905. No discurso proferido aos delegados da convenção, Lucy Parsons revelou uma sensibilidade especial em relação à opressão das mulheres trabalhadoras, que, em sua opinião, eram manipuladas pelos capitalistas em uma tentativa de diminuir o salário de toda a classe trabalhadora: "Nós mulheres deste país não temos voto, mesmo que desejássemos usá-lo [...] mas temos nosso trabalho. [...] Sempre que os salários vão ser reduzidos, a classe capitalista usa as mulheres para reduzi-los"[17].

---

[14] Ibidem, p. 136.
[15] Ibidem, p. 65-6.
[16] Ibidem, p. 66.
[17] Ibidem, p. 217.

Além disso, durante esse período em que a difícil condição das prostitutas era praticamente ignorada, Parsons disse, durante a convenção da IWW, que ela também falava em nome de "minhas irmãs, que posso ver quando saio pela noite de Chicago"[18].

Durante os anos 1920, Lucy Parsons começou a se associar às lutas do jovem Partido Comunista. Uma das muitas pessoas que se impressionou profundamente com a revolução dos trabalhadores na Rússia, em 1917, ela estava convencida de que, um dia, a classe trabalhadora conseguiria triunfar nos Estados Unidos da América. Quando comunistas e outras forças progressistas fundaram a Defesa Operária Internacional, em 1925, Parsons trabalhou ativamente para o novo grupo. Lutou pela libertação de Tom Mooney, na Califórnia, pelos nove jovens de Scottsboro, no Alabama, e pelo jovem comunista negro Angelo Herndon, preso pelas autoridades da Geórgia[19]. De acordo com a pesquisa de sua biógrafa, foi em 1939 que Lucy Parsons entrou oficialmente para o Partido Comunista[20]. Quando ela morreu, em 1942, uma homenagem publicada no *Daily Worker* a descreveu como

> um elo entre o movimento operário atual e os grandes eventos históricos dos anos 1880. [...] Ela foi uma das mulheres verdadeiramente grandes da América, destemida e dedicada à classe trabalhadora.[21]

ELLA REEVE BLOOR

Nascida em 1862, a notável articuladora operária e ativista pelas causas dos direitos das mulheres, da igualdade negra, da paz e do socialismo, popularmente conhecida como "Mother" Bloor, filiou-se ao Partido Socialista logo após sua fundação. Veio a ser uma líder socialista e lenda viva da classe trabalhadora em todo o país. Viajando de carona de uma ponta a outra dos Estados Unidos, tornou-se o coração e a alma de incontáveis greves. Condutores de bondes da Filadélfia foram os primeiros a ouvir seus discursos a favor das greves. Em outras

---

[18] Idem.
[19] Um breve relato do caso Tom Mooney pode ser encontrado em William Z. Foster, *History of the Communist Party of the United States*, cit., p. 131 e 380. Para o caso de Scottsboro, ver ibidem, p. 286, e, do mesmo autor, *The Negro People in American History*, cit., p. 482-3; caso Angelo Herndon: idem, *History of the Communist Party of the United States*, cit., p. 288, e *The Negro People in American History*, cit., p. 461 e 483.
[20] Carolyn Ashbaugh, *Lucy Parsons*, cit., p. 261.
[21] Ibidem, p. 267.

partes do país, a mão de obra mineira, meeira e do setor têxtil estava entre as categorias que se beneficiaram de seu impressionante talento como oradora e de suas poderosas habilidades como articuladora. Aos 62 anos, Mother Bloor ainda pedia carona de um estado a outro[22].

Quando estava com 78 anos, Mother Bloor publicou a história de sua vida como articuladora operária, desde seus dias anteriores ao socialismo até o período de sua filiação ao Partido Comunista. Como socialista, sua consciência sobre a classe trabalhadora não incluía uma explícita percepção da opressão específica sofrida pelo povo negro. Enquanto comunista, entretanto, Mother Bloor combateu inúmeras manifestações de racismo e incitou outras pessoas a fazerem o mesmo. Em 1929, por exemplo, quando a Defesa Operária Internacional realizou sua convenção em Pittsburgh, Pensilvânia,

> tínhamos reservado quartos para todas as delegadas e delegados no hotel Monogahala. Quando chegamos, tarde da noite, com 25 delegados negros, o gerente do hotel disse que, embora pudessem pernoitar ali, eles teriam de sair imediatamente pela manhã. Na manhã seguinte, votamos que toda a convenção deveria se reunir no hotel, de forma ordeira. Marchamos até o hotel carregando cartazes que enfatizavam: "sem discriminação". Entramos no lobby, que naquele momento estava repleto de jornalistas, policiais e uma multidão de curiosos [...].[23]

No início da década de 1930, Mother Bloor fez um discurso em uma reunião, em Loup City, Nebraska, em apoio às mulheres que fizeram greve contra seus empregadores nas granjas. A assembleia grevista foi violentamente atacada por uma gangue racista, que se opunha à presença de pessoas negras na reunião. Quando a polícia chegou, Mother Bloor foi presa, junto com uma mulher negra e seu marido. A mulher, sra. Floyd Booth, era uma destacada integrante do Comitê Antiguerra da região, e seu marido era ativista do Conselho de Desempregados da cidade. Quando os agricultores locais arrecadaram dinheiro suficiente para pagar a fiança de Mother Bloor, ela recusou a ajuda, insistindo que não sairia até que os Booths pudessem acompanhá-la[24]. "Senti que não podia aceitar a fiança e deixar os dois

---

[22] Joseph North, "Communist Women", *Political Affairs*, v. 51, n. 3, mar. 1971, p. 31.
[23] Ella Reeve Bloor, *We Are Many: An Autobiography* (Nova York, International Publishers, 1940), p. 224.
[24] Ibidem, p. 250.

camaradas negros na cadeia, em uma atmosfera tão perigosamente carregada de ódio amargo contra negros."[25]

Durante esse período, Mother Bloor organizou uma delegação dos Estados Unidos para participar da Conferência Internacional de Mulheres, em Paris. Quatro das integrantes da delegação eram negras:

> Capitola Tasker, uma meeira do Alabama, alta e elegante, a vida de toda a delegação; Lulia Jackson, eleita pela mão de obra mineira da Pensilvânia; uma mulher que representava as mães dos jovens de Scottsboro; e Mabel Byrd, uma jovem brilhante que se formou com honras na Universidade de Washington e que havia atuado na Organização Internacional do Trabalho, em Genebra.[26]

Na conferência de 1934, em Paris, Capitola Tasker foi uma das três mulheres estadunidenses eleitas para integrar o comitê executivo da assembleia – ao lado de Mother Bloor e a representante do Partido Socialista. Mabel Byrd, a bacharela negra, foi eleita como uma das secretárias da conferência[27].

Lulia Jackson, representante negra dos mineiros da Pensilvânia, sobressaiu como uma das figuras proeminentes da Conferência de Mulheres, em Paris. Em sua persuasiva resposta ao grupo pacifista que participava da reunião, ela argumentou que apoiar a guerra contra o fascismo era o único modo de garantir uma paz significativa. Durante o processo de deliberações, uma pacifista engajada reclamou:

> Acho que se fala muito sobre conflito naquele manifesto [antiguerra]. Fala-se em lutar contra a guerra, lutar pela paz – lutar, lutar, lutar... Somos mulheres, somos mães – não queremos lutar. Sabemos que, mesmo quando nossas crianças se comportam mal, somos boas com elas, e as vencemos pelo amor, não lutando contra elas.[28]

O contra-argumento de Lulia Jackson foi direto e lúcido:

> Senhoras, acaba de ser dito que não devemos lutar, que devemos ser afáveis e gentis com nossos inimigos, com aqueles que são a favor da guerra. Não posso concordar com isso. Todas sabemos o que causa a guerra – é o capitalismo. Não podemos simplesmente servir o jantar a esses capitalistas malcriados e colocá-los na cama, como fazemos com nossas crianças. Devemos lutar contra eles.[29]

---

[25] Idem.
[26] Ibidem, p. 254.
[27] Idem.
[28] Ibidem, p. 255.
[29] Idem.

Como Mother Bloor conta em sua autobiografia, "todas riram e aplaudiram, até mesmo a pacifista"[30], e, como consequência, o manifesto antiguerra foi aprovado com unanimidade.

Quando Capitola Tasker, a meeira negra do Alabama, discursou na conferência, a plateia a ouviu comparar o fascismo vigente na Europa com o terror racista sofrido pela população negra dos Estados Unidos. Descrevendo de modo vívido os assassinatos praticados por gangues no Sul, ela colocou as delegadas presentes a par da violenta repressão dirigida contra as meeiras e os meeiros do Alabama que tentavam se organizar. Segundo Capitola Tasker, sua oposição pessoal ao fascismo era tão profunda porque ela mesma já havia sido vítima dos terríveis danos causados por ele. Concluiu seu discurso com a "Canção dos meeiros", que adaptou à ocasião:

> Como uma árvore enraizada junto ao rio,
> Não seremos removidas.
> Somos contra a guerra e o fascismo.
> Não seremos removidas.[31]

Enquanto a delegação dos Estados Unidos voltava para casa de navio, Mother Bloor relembrou o comovente testemunho de Capitola Tasker sobre suas experiências em Paris:

> "Mother, quando eu voltar ao Alabama e for àquele canteiro de algodão atrás de nosso velho barraco, vou ficar ali, pensando com meus botões, 'Capitola, você foi mesmo até Paris, viu todas aquelas mulheres maravilhosas e ouviu todos aqueles belos discursos ou foi só um sonho?'. E se, no fim das contas, realmente não tiver sido um sonho, ah!, Mother, então eu vou alardear por todo o Alabama tudo o que aprendi ali, e vou dizer a todas as pessoas como as mulheres de todo o mundo estão lutando para acabar com essa espécie de terror que temos no Sul e para acabar com a guerra."[32]

Como concluíram Mother Bloor e suas camaradas do Partido Comunista, a classe trabalhadora não poderá assumir seu papel histórico como uma força revolucionária se trabalhadoras e trabalhadores não lutarem incansavelmente contra o veneno social que é o racismo. A longa lista de impressionantes

---

[30] Idem.
[31] Ibidem, p. 256.
[32] Idem.

realizações associadas ao nome de Ella Reeve Bloor revela que essa comunista branca era uma aliada extremamente ética do movimento pela libertação negra.

ANITA WHITNEY

Quando Anita Whitney nasceu, em 1867, em uma próspera família de São Francisco, ninguém poderia imaginar que ela se tornaria um dia a dirigente do Partido Comunista na Califórnia. Talvez estivesse destinada a ser uma ativista política, pois assim que se formou em Wellesley – a respeitada universidade para mulheres da Nova Inglaterra – ela trabalhou como voluntária em projetos beneficentes e de serviço social, e logo se engajou ativamente na defesa do sufrágio feminino. Quando voltou à Califórnia, Anita Whitney se juntou à Liga pelo Sufrágio Igualitário e foi eleita presidenta a tempo de ver seu estado se tornar o sexto no país a estender o direito de voto às mulheres[33].

Em 1914, Anita Whitney uniu-se ao Partido Socialista. Apesar da postura de relativa indiferença de seu partido em relação à luta do povo negro, ela apoiou de imediato as causas antirracistas. Quando a seção da área da baía de São Francisco da Associação Nacional para o Progresso das Pessoas de Cor foi fundada, Whitney, com entusiasmo, concordou em integrar o comitê executivo[34]. Identificando-se com as posições dos membros da ala esquerda do Partido Socialista, ela se juntou às pessoas que criaram o Partido Comunista Operário, em 1919[35]. Logo depois, esse grupo se fundiu ao Partido Comunista dos Estados Unidos.

O ano de 1919 foi marcado pelas infames incursões anticomunistas iniciadas pelo procurador-geral A. Mitchell Palmer. Anita estava destinada a se tornar uma das muitas vítimas das batidas de Palmer. Ela foi informada de que um discurso que faria para as mulheres do movimento associativo ligadas à seção de Oakland da Liga Cívica da Califórnia havia sido banido pelas autoridades. Apesar da proibição oficial, ela discursou, em 28 de novembro de 1919, sobre "O problema do negro nos Estados Unidos" ["The Negro Problem in the United States"][36]. Seus comentários centraram-se de forma categórica na questão dos linchamentos.

---

[33] Al Richmond, *Native Daughter: The Story of Anita Whitney* (São Francisco, Anita Whitney 75th Anniversary Committee, 1942). Ver capítulo 4.
[34] Ibidem, p. 70.
[35] Ibidem, p. 78.
[36] Ibidem, p. 94.

Desde 1890, quando nossas estatísticas começaram a ser feitas, ocorreram nestes Estados Unidos 3.228 linchamentos: 2.500 de homens de cor e 50 de mulheres de cor. Gostaria de poder encerrar a questão com esses números exatos, mas sinto que devemos encarar a barbaridade da situação a fim de fazer nossa parte para riscar essa desgraça dos registros históricos de nosso país.[37]

Prosseguiu com uma pergunta à audiência de mulheres brancas da agremiação: sabiam elas que "um homem de cor disse uma vez que, se fosse dono do inferno e do Texas, ele preferiria alugar o Texas e morar no inferno [...]"[38]? O raciocínio dele, explicou Anita em um tom sério, era baseado no fato de que o Texas carregava o título de terceiro estado do Sul com o maior número de assassinatos cometidos por gangues racistas. (Apenas a Geórgia e o Mississippi podiam se gabar de números maiores.)

Em 1919 ainda era raro que uma pessoa branca apelasse a outras da mesma raça para que se levantassem contra o flagelo dos linchamentos. A propaganda racista generalizada e, em particular, a repetida evocação do mito do estuprador negro resultaram no desejo de separação e alienação. Mesmo nos círculos progressistas, a população branca frequentemente hesitava em falar contra os linchamentos, já que eles eram justificados como reações lastimáveis aos ataques sexuais de negros contra as mulheres brancas do Sul. Anita Whitney era uma das pessoas brancas que mantinham a visão lúcida, apesar do poder da propaganda racista predominante. E ela estava disposta a assumir as consequências de sua postura antirracista. Embora estivesse claro que poderia ser presa, escolheu falar sobre os linchamentos às mulheres do movimento associativo branco de Oakland. Como esperado, ao fim de seu discurso ela foi detida e acusada pelas autoridades de sindicalismo criminoso. Depois, Whitney foi julgada e condenada a cumprir pena na prisão de San Quentin, onde ficou por várias semanas até ser solta devido ao recurso de apelação. Anita Whitney só foi absolvida em 1927, pelo governador da Califórnia[39].

Como mulher branca do século XX, Anita Whitney foi de fato uma pioneira na luta contra o racismo. Junto com suas camaradas negras, ela e outras mulheres semelhantes moldariam a estratégia do Partido Comunista para a emancipação da classe trabalhadora. Nessa estratégia, a luta pela libertação negra seria um

---

[37] Ibidem, p. 95.
[38] Ibidem, p. 95-6.
[39] Ibidem, p. 139.

elemento central. Em 1936, Anita Whitney se tornou a dirigente estadual do Partido Comunista na Califórnia e, logo depois, foi eleita para integrar o comitê nacional do partido.

> Uma vez, perguntaram a ela: "Anita, como você encara o Partido Comunista? Que significado ele tem para você?". "Por quê?", ela sorriu, incrédula, pega de surpresa por uma pergunta como essa. "Bem... ele deu um propósito à minha vida. O Partido Comunista é a esperança do mundo."[40]

ELIZABETH GURLEY FLYNN

Quando Elizabeth Gurley Flynn morreu, em 1964, aos 74 anos, havia atuado por quase seis décadas em causas socialistas e comunistas. Seu pai e sua mãe eram membros do Partido Socialista, e ela descobriu muito cedo sua própria afinidade com a contestação socialista à classe capitalista. A jovem Elizabeth ainda não tinha dezesseis anos quando realizou sua primeira apresentação pública em defesa do socialismo. Com base em suas leituras dos livros *Reivindicação dos direitos da mulher**, de Mary Wollstonecraft, e *Women and Socialism* [Mulheres e socialismo], de August Bebel, ela fez um discurso na Agremiação Socialista do Harlem, em 1906, intitulado "What Socialism Will Do for Women" [O que o socialismo fará pelas mulheres][41]. Embora seu pai, um pouco com base na ideologia da supremacia masculina, estivesse relutante em permitir que Elizabeth falasse em público, a recepção entusiasmada que ela teve no Harlem fez com que ele mudasse de ideia. Acompanhada pelo pai, ela se acostumou a falar nas ruas, uma tática radical típica da época. Elizabeth Gurley Flynn teve sua primeira experiência na prisão pouco tempo depois – acusada de "discursar sem permissão", ela foi levada para a cadeia com o pai[42].

Aos dezesseis anos, a carreira de Elizabeth Gurley Flynn como ativista pelos direitos da classe trabalhadora havia sido lançada. Sua tarefa inicial foi uma defesa de "Big Bill" Haywood, acusado de crimes por uma conspiração instigada por trustes do setor de cobre. Durante suas viagens pela região oeste em favor

---

[40] Ibidem, p. 198.

* Ed. bras.: trad. Ivania Pocinho Motta, São Paulo, Boitempo, 2016. (N. E.)

[41] Elizabeth Gurley Flynn, *The Rebel Girl: An Autobiography* (Nova York, International Publishers, 1973), p. 53.

[42] Ibidem, p. 62.

de Haywood, ela se uniu às lutas da IWW em Montana e em Washington[43]. Depois de dois anos como membro do Partido Socialista, Elizabeth Gurley Flynn se tornou uma importante articuladora da IWW. Renunciou ao cargo que ocupava no Partido Socialista, "convencida de que ele era estéril e sectário em comparação com esse movimento de base que estava tomando o país"[44].

Com uma abundante experiência em greves, incluindo diversos confrontos com a polícia, Elizabeth Gurley Flynn foi a Lawrence, Massachusetts, em 1912, quando trabalhadoras e trabalhadores do setor têxtil entraram em greve. Suas reivindicações eram simples e convincentes. Nas palavras de Mary Heaton Vorse,

> Em Lawrence, os salários eram tão baixos que 35% das pessoas ganhavam menos de 7 dólares por semana. Menos de um quinto recebia mais do que 12 dólares por semana. Elas eram divididas por nacionalidade. Falavam mais de quarenta idiomas e dialetos diferentes, mas estavam unidas pela miséria e pelo fato de que suas crianças morriam. Uma em cada cinco crianças com menos de um ano morria. [...] Poucas outras cidades nos Estados Unidos tinham taxas de mortalidade maiores. Eram todas cidades industriais.[45]

De todas as pessoas que discursaram na assembleia de greve, disse Vorse, que cobriu o caso para a *Harper's Weekly*, Elizabeth Gurley Flynn foi a maior inspiração para esses trabalhadores. Suas palavras os incentivavam a perseverar.

> Quando Elizabeth Gurley Flynn falou, o entusiasmo da multidão se tornou visível. Ela ficou ali, jovem, com seus olhos azuis irlandeses, seu rosto branco como magnólia e sua nuvem de cabelos negros, o retrato de uma jovem líder revolucionária. Ela emocionou a todos, elevou-lhes o ânimo em seu apelo por solidariedade. [...] Foi como se uma chama tivesse arrebatado a audiência, algo emocionante e poderoso, um sentimento que havia tornado a libertação do povo algo possível.[46]

Em suas viagens pelo país como agitadora de greves da IWW, Elizabeth Gurley Flynn às vezes trabalhava com o conhecido líder indígena norte-americano Frank Little. Em 1916, por exemplo, eles representaram juntos os Wobblies durante a greve nas empresas de extração de ferro das montanhas de Mesabi,

---

[43] Richard O. Boyer, "Elizabeth Gurley Flynn", *Masses and Mainstream*, maio 1952, p. 7.
[44] Ibidem, p. 12.
[45] Mary Heaton Vorse, *A Footnote to Folly: Reminiscences* (Nova York, Farrar & Rinehart, 1935), p. 3-4.
[46] Ibidem, p. 9.

em Minnesota. Menos de um ano depois, Elizabeth soube que Frank Little havia sido linchado em Butte, Montana. Ele havia sido atacado por uma gangue após discursar para a mão de obra mineira em greve na região: "Seis homens mascarados vieram ao hotel durante a noite, arrombaram a porta, arrancaram Frank da cama, levaram-no até as vigas de sustentação da ferrovia, nas cercanias da cidade, e lá o enforcaram"[47].

Um mês após a morte de Frank Little, um processo aberto pelas autoridades federais acusou 168 pessoas de conspirar com ele "para dificultar a aplicação de certas leis dos Estados Unidos [...]"[48]. Elizabeth Gurley Flynn era a única mulher entre os acusados, e Ben Fletcher, um estivador e líder da IWW na Filadélfia, o único negro citado na ação judicial[49].

A julgar pelas reflexões autobiográficas de Elizabeth Gurley Flynn, ela estava ciente, desde o início de sua carreira política, da opressão específica sofrida pelo povo negro. Sua consciência da importância da luta antirracista foi, sem dúvida, intensificada por seu envolvimento na IWW. Os Wobblies declararam publicamente que

> há apenas *uma* organização operária nos Estados Unidos que admite trabalhadoras e trabalhadores de cor em condição de absoluta igualdade com as pessoas brancas: a Trabalhadores Industriais do Mundo. [...] Na IWW, o trabalhador de cor, homem ou mulher, está em pé de igualdade com qualquer outro trabalhador.[50]

Mas a IWW era uma organização sindical focada na mão de obra industrial, que – graças à discriminação racista – ainda era esmagadoramente branca. A minúscula minoria de pessoas negras na mão de obra industrial quase não incluía mulheres, que permaneciam absolutamente excluídas das atividades industriais. De fato, a maioria da mão de obra negra, tanto masculina quanto feminina, ainda trabalhava na agricultura ou nos serviços domésticos. Como consequência disso, apenas uma fração da população negra podia ser alcançada por um sindicato industrial – a menos que o sindicato lutasse de modo vigoroso pela admissão de pessoas negras na indústria.

---

[47] Elizabeth Gurley Flynn, *The Rebel Girl*, cit., p. 232.
[48] Ibidem, p. 233.
[49] Idem. Ver também William Z. Foster, *History of the Communist Party of the United States*, cit., p. 116.
[50] Philip S. Foner, *Organized Labor and the Black Worker*, cit., p. 198.

Em 1937, Elizabeth Gurley Flynn se tornou uma integrante ativa do Partido Comunista[51] e, pouco depois, despontou como uma das principais líderes da organização. Trabalhando em contato direto com pessoas da comunidade negra comunista, como Benjamin Davis e Claudia Jones, ela desenvolveu uma nova compreensão do papel central da libertação negra na batalha geral pela emancipação da classe trabalhadora. Em 1948, Flynn publicou um artigo na *Political Affairs*, a revista teórica do partido, sobre o significado do Dia Internacional da Mulher. Como ela diz nesse texto,

> o direito ao trabalho, à formação, à atualização e à valorização por tempo de serviço; meios de proteção à saúde e à segurança; creches adequadas: essas continuam a ser as demandas urgentes das mulheres da classe trabalhadora organizada e são necessárias para todas as pessoas que trabalham duro, especialmente as mulheres negras [...].[52]

Criticando a desigualdade entre as veteranas de guerra e seus pares do sexo masculino, recordou seu público leitor de que as veteranas negras sofriam em um grau ainda maior do que suas irmãs brancas. De fato, as mulheres negras geralmente estavam presas por um grilhão triplo de opressão: "Toda desigualdade e limitação impostas à mulher branca estadunidense são agravadas mil vezes entre as mulheres negras, triplamente exploradas – como negras, como trabalhadoras e como mulheres"[53]. Essa mesma análise do "risco triplo", a propósito, foi posteriormente sugerida pelas mulheres negras que tentaram influenciar a fase inicial do movimento contemporâneo pela libertação feminina.

Se a primeira autobiografia de Elizabeth Gurley Flynn, *I Speak My Own Piece* (ou *The Rebel Girl*) [Expondo minhas próprias ideias/A garota rebelde], oferece vislumbres fascinantes de suas experiências como ativista da IWW, o segundo livro, *The Alderson Story* (ou *My Life as a Political Prisoner*) [A história de Alderson/Minha vida como prisioneira política], revela uma maturidade política renovada e uma consciência mais profunda em relação ao racismo. Durante a investida da era McCarthy contra o Partido Comunista, Flynn foi presa em Nova York com outras três mulheres, acusada de "ensinar e defender

---

[51] Elizabeth Gurley Flynn, *The Rebel Girl*, cit., p. 10 (nota da edição).
[52] Idem, "1948 – A Year of Inspiring Anniversaries for Women", *Political Affairs*, v. 27, n. 3, mar. 1948, p. 264.
[53] Ibidem, p. 262.

a subversão violenta contra o governo"⁵⁴. As outras eram Marian Bachrach, Betty Gannet e Claudia Jones, mulher negra que imigrara de Trinidad para os Estados Unidos quando jovem. Em junho de 1951, as quatro comunistas foram levadas pela polícia para a Casa de Detenção Feminina de Nova York. O "único episódio agradável" que "iluminou nossa estadia ali" envolveu a festa de aniversário que Elizabeth, Betty e Claudia organizaram para uma das detentas. "Abatida e sozinha", a prisioneira negra de dezenove anos "mencionou por acaso que no dia seguinte seria seu aniversário"⁵⁵. As três mulheres conseguiram obter um bolo com o delegado.

> Fizemos velas para o bolo com lenços de papel, cobrimos a mesa da melhor forma possível com guardanapos e cantamos "Parabéns pra você". Fizemos discursos em homenagem a ela, e ela chorou de surpresa e felicidade. No dia seguinte, recebemos um bilhete escrito por ela:
> "Queridas Claudia, Betty e Elizabeth. Estou muito feliz pelo que vocês fizeram para o meu aniversário. Realmente não sei como agradecer. [...] Ontem foi uma das melhores passagens de ano de minha vida. Acho que, mesmo que vocês sejam todas comunistas, são as melhores pessoas que já conheci. O motivo de eu escrever 'comunistas' nesta carta é que algumas pessoas não gostam de comunistas apenas por acreditarem que comunistas são contra o povo norte-americano, mas eu não acho isso. Acho que vocês estão entre as pessoas mais gentis que já conheci em todos esses dezenove anos de vida e nunca vou me esquecer de vocês, não importa onde eu esteja. [...] Espero que vocês saiam desse apuro e nunca tenham de voltar a um lugar como este."⁵⁶

Depois que três das quatro mulheres (o caso de Marian Bachrach foi julgado em separado por causa de seus problemas de saúde) foram julgadas com base na Lei Smith*, elas foram condenadas e sentenciadas a cumprir pena no Reformatório Federal Feminino de Alderson, Virgínia. Pouco antes de sua

---

⁵⁴ Idem, *The Alderson Story: My Life As a Political Prisoner* (Nova York, International Publishers, 1972), p. 9.

⁵⁵ Ibidem, p. 17.

⁵⁶ Ibidem, p. 17-8. [No original, Angela Davis destaca que se trata de uma citação com a grafia exata, isto é, incluindo os deslizes gramaticais. Aqui, por ser uma tradução e o texto já estar grafado de modo diferente, optamos por não reproduzir os deslizes ortográficos, mas preservamos o estilo coloquial do bilhete. – N. E.]

* Aprovada pelo Congresso dos Estados Unidos em 1940, a Lei Smith classificava como crime a incitação da derrubada do governo, além de exigir o registro de todas as pessoas que não tivessem cidadania estadunidense e residissem no país. (N. T.)

chegada à prisão, uma ordem judicial determinou o fim da segregação em suas dependências. Outra vítima da Lei Smith – Dorothy Rose Blumenberg, de Baltimore – já havia cumprido parte de sua pena de três anos como uma das primeiras detentas brancas a ser presa ao lado de mulheres negras. "Nós nos sentimos satisfeitas e orgulhosas por trazerem comunistas para ajudar na integração das prisões."[57] Ainda assim, como Elizabeth Gurley Flynn destacou, o fim legal da segregação nos alojamentos prisionais não resultou no fim da discriminação racial. As mulheres negras continuavam a ser designadas para os trabalhos mais duros – "na fazenda, na fábrica de conservas, na manutenção e na criação de porcos, até que [a segregação] fosse abolida"[58].

Como uma das líderes do Partido Comunista, Elizabeth Gurley Flynn estabeleceu um profundo compromisso com a luta pela libertação negra e acabou percebendo que a resistência do povo negro nem sempre é conscientemente política. Ela observou que, entre as detentas de Alderson,

> existia mais solidariedade entre as mulheres negras, sem dúvida resultante da vida fora da prisão, especialmente no Sul. A mim parecia que elas tinham um caráter mais virtuoso e, de longe, mais forte e mais confiável, menos inclinado a bisbilhotar ou a delatar, do que as presidiárias brancas.[59]

Ela fez amizade mais facilmente com as mulheres negras da prisão do que com as presidiárias brancas. "Para ser franca, eu confiava mais nas mulheres negras do que nas brancas. Elas eram mais controladas, menos histéricas, menos mimadas e mais maduras."[60] As mulheres negras, por sua vez, eram mais receptivas a Elizabeth. Talvez porque sentissem nessa comunista branca uma afinidade instintiva com a luta.

CLAUDIA JONES

Nascida em Trinidad quando a ilha fazia parte das Índias Ocidentais Britânicas, Claudia Jones emigrou para os Estados Unidos, com a mãe e o pai, ainda muito jovem. Mais tarde, ela se tornou uma das incontáveis pessoas negras em todo o país a se unir ao movimento pela libertação dos nove adolescentes de Scottsboro. Foi por meio de seu trabalho no Comitê de Defesa de Scottsboro

---

[57] Ibidem, p. 32.
[58] Ibidem, p. 176.
[59] Ibidem, p. 180.
[60] Idem.

que ela conheceu membros do Partido Comunista, ao qual se juntou com entusiasmo[61]. Por volta dos vinte anos, Claudia Jones assumiu a responsabilidade pela Comissão de Mulheres do partido e se tornou líder e símbolo de luta para mulheres comunistas do país.

Entre os vários artigos que Claudia Jones publicou na revista *Political Affairs*, um dos mais marcantes foi o texto de junho de 1949, intitulado "An End to the Neglect of the Problems of Negro Women" [Um fim à negligência com os problemas da mulher negra][62]. Nesse ensaio, sua visão sobre as mulheres negras tem o objetivo de refutar os estereótipos comuns da supremacia masculina em relação à natureza do papel das mulheres. A liderança das mulheres negras, aponta Jones, sempre foi indispensável para a luta de seu povo pela liberdade. Raramente mencionado em textos históricos ortodoxos, por exemplo, era o fato de que "as greves de mão de obra meeira dos anos 1930 foram incitadas pelas mulheres negras"[63]. Além disso,

> as mulheres negras tiveram um papel impressionante no período anterior à fundação do Congress of Industrial Organizations [Congresso das Organizações Industriais; CIO, na sigla original], tanto como trabalhadoras quanto como esposas de trabalhadores, nas greves e em outras lutas pela conquista do reconhecimento do princípio do sindicalismo industrial nos setores automobilístico, siderúrgico, de embalagens etc. Mais recentemente, a militância das sindicalistas negras demonstra-se na greve da mão de obra do setor de embalagens e, mais ainda, na greve da mão de obra do setor de tabaco, na qual líderes como Moranda Smith e Velma Hopkins surgiram como sindicalistas de destaque.[64]

Claudia Jones repreendeu progressistas – e especialmente sindicalistas – por não reconhecerem os esforços de organização das trabalhadoras domésticas negras. Como a maioria das trabalhadoras negras ainda era contratada para funções domésticas, ela argumentou, as atitudes paternalistas em relação às empregadas domésticas influenciavam a definição social vigente das mulheres negras enquanto grupo: "Relegar continuamente as mulheres negras ao trabalho doméstico ajudou a perpetuar e intensificar o chauvinismo dirigido contra elas"[65].

---

[61] Joseph North, "Communist Women", cit., p. 29.
[62] O artigo foi reeditado em *Political Affairs*, v. 53, n. 3, mar. 1974.
[63] Ibidem, p. 33.
[64] Idem.
[65] Ibidem, p. 35.

Jones não tinha medo de lembrar suas próprias amigas e camaradas brancas de que "muitas pessoas progressistas, e mesmo algumas comunistas, ainda são culpadas de explorar trabalhadoras domésticas negras"[66]. E elas às vezes são culpadas de "participar na difamação das 'empregadas domésticas' em conversas com suas vizinhas burguesas e com familiares"[67]. Claudia Jones era profundamente comunista – uma comunista dedicada, que acreditava que o socialismo guardava a única esperança de libertação para as mulheres negras, para o povo negro como um todo e, na verdade, para a classe trabalhadora multirracial. Por isso, sua crítica era motivada por um desejo construtivo de encorajar suas colegas e camaradas brancas a se livrarem das próprias atitudes racistas e sexistas. Quanto ao partido em si, "em nossas [...] agremiações, devemos realizar uma intensa discussão sobre o papel das mulheres negras a fim de dotar a militância do partido de um entendimento claro, para que possa empreender as lutas necessárias nas fábricas e nas comunidades"[68].

Como muitas mulheres negras argumentaram antes dela, Claudia Jones alegava que as mulheres brancas no movimento progressista – especialmente as comunistas brancas – tinham uma responsabilidade específica em relação às mulheres negras.

> As próprias relações econômicas entre as mulheres negras e as brancas, que perpetuam relacionamentos do tipo "madame/empregada", nutrem atitudes chauvinistas e incumbem as mulheres brancas progressistas, especialmente as comunistas, de lutar conscientemente contra todas as manifestações de chauvinismo branco, abertas ou sutis.[69]

Quando Claudia Jones foi condenada à prisão com base na Lei Smith, indo para o Reformatório Federal Feminino de Alderson, descobriu um verdadeiro microcosmo da sociedade racista que já conhecia tão bem. Embora a prisão estivesse judicialmente obrigada a acabar com a segregação em suas dependências, Claudia foi enviada ao "alojamento das detentas de cor", o que a isolou de suas duas camaradas brancas, Elizabeth Gurley Flynn e Betty Gannet. Flynn, em particular, sofreu com essa separação, pois ela e Claudia Jones eram amigas próximas, além de camaradas. Quando Claudia foi solta, em outubro de 1955 – dez

---

[66] Idem.
[67] Idem.
[68] Ibidem, p. 41.
[69] Ibidem, p. 35.

meses depois de as comunistas chegarem a Alderson –, Elizabeth ficou feliz pela amiga, embora ciente da dor que ela mesma sentiria pela ausência de Claudia. "Minha janela dava para a rodovia e pude vê-la partir. Ela se virou para acenar – alta, esguia, bela, vestida de marrom dourado – e foi embora. Esse foi o dia mais difícil que passei na prisão. Eu me senti muito sozinha."[70]

No dia em que Claudia Jones deixou Alderson, Elizabeth Gurley Flynn escreveu um poema intitulado "Farewell to Claudia" [Adeus a Claudia]:

> Esse dia se aproxima cada vez mais, querida camarada,
> Quando eu, com tristeza, devo de você me separar,
> Dia após dia, um sofrimento lúgubre e sombrio
> Em meu coração ansioso vem se arrastar.
>
> Não mais a verei andando pelos corredores,
> Não mais verei seus olhos alegres e seu rosto luminoso,
> Não mais ouvirei sua risada jovial e sonora,
> Não mais serei envolvida por seu amor, neste lugar tenebroso.
>
> Palavras não podem expressar o quanto sentirei sua falta,
> Estes são dias entediantes, solitários, de pensamentos não ditos,
> Sinto-me desolada e vazia, nesta manhã cinzenta e deprimente,
> Encarando meus futuros dias solitários, aos corredores da prisão restritos.
>
> Às vezes, sinto que você nunca esteve em Alderson,
> Tão cheia de vida, tão distante daqui você parece.
> Tão orgulhosa por andar, falar, trabalhar, ser,
> Sua presença aqui é como um sonho febril que desvanece.
>
> Mas agora que o sol brilha, entre a neblina e a escuridão,
> Sinto uma súbita alegria, porque você pôde ir embora.
> Porque você andará mais uma vez pelas ruas do Harlem,
> Porque hoje, pelo menos para você, é de liberdade a aurora.
>
> Serei forte em nossa fé comum, querida camarada,
> Serei autossuficiente, e aos nossos ideais firme e leal seguirei aqui,
> Serei forte, e manterei minha mente e minha alma fora da prisão,
> Encorajada e inspirada por memórias sempre amorosas de ti.[71]

---

[70] Elizabeth Gurley Flynn, *The Alderson Story*, cit., p. 118.

[71] Ibidem, p. 211. [No original: *"Nearer and nearer drew this day, dear comrade, / When I from you must sadly part, / Day after day, a dark foreboding sorrow, / Crept through my anxious heart. / No more to see you striding down the pathway, / No more to see your smiling eyes and radiant face. /*

Pouco depois da libertação de Claudia Jones, as pressões do macartismo levaram à sua deportação para a Inglaterra. Ela deu seguimento à sua atividade política por algum tempo, editando um jornal chamado *West Indian Gazette*. Mas sua saúde frágil continuou a piorar, e logo ela contraiu uma doença que lhe tirou a vida.

No more to hear your gay and pealing laughter, / No more encircled by your love, in this sad place. / How I will miss you, words will fail to utter, / I am alone, my thoughts unshared, these weary days, / I feel bereft and empty, on this gray and dreary morning, / Facing my lonely future, hemmed in by prison ways. / Sometimes I feel you've never been in Alderson, / So full of life, so detached from here you seem. / So proud of walk, of talk, of work, of being, / Your presence here is like a fading fevered dream. / Yet as the sun shines now, through fog and darkness, / I feel a sudden joy that you are gone, / That once again you walk the streets of Harlem, / That today for you at least is Freedom's dawn. / I will be strong in our common faith, dear comrade, / I will be self-sufficient, to our ideals firm and true, / I will be strong to keep my mind and soul outside a prison, / Encouraged and inspired by ever loving memories of you." – N. E.]

ESTUPRO, RACISMO E O MITO DO ESTUPRADOR NEGRO

Alguns dos sintomas mais evidentes da desintegração social só são reconhecidos como um problema sério após assumirem tamanha proporção epidêmica que parecem não ter solução. O estupro é um dos casos em questão. Hoje, nos Estados Unidos, é um dos crimes violentos que mais crescem[1]. Após muito tempo de silêncio, de sofrimento e de atribuição equivocada de culpa, a agressão sexual emerge de forma explosiva como uma das marcantes disfunções da sociedade capitalista atual. A preocupação pública crescente com o estupro nos Estados Unidos inspirou inúmeras mulheres a revelar seus enfrentamentos passados com abusadores efetivos ou potenciais. Como resultado, um fato assombroso veio à luz: terrivelmente, poucas mulheres podem alegar não ter sido vítimas, pelo menos uma vez na vida, ou de uma tentativa de ataque sexual, ou de uma agressão sexual consumada.

Nos Estados Unidos e em outros países capitalistas, as leis contra estupros foram, em regra, elaboradas originalmente para proteger homens das classes mais altas, cujas filhas e esposas corriam o risco de ser agredidas. O que acontece com as mulheres da classe trabalhadora, em geral, tem sido uma preocupação menor por parte dos tribunais; como resultado, são consideravelmente poucos os homens brancos processados pela violência sexual que cometeram contra essas mulheres. Embora estupradores raramente sejam levados à justiça, a acusação de estupro tem sido indiscriminadamente dirigida aos homens negros, tanto os culpados quanto os inocentes. Por isso, dos 455 homens condenados por estupro que foram executados entre 1930 e 1967, 405 eram negros[2].

Na história dos Estados Unidos, a acusação fraudulenta de estupro se destaca como um dos artifícios mais impiedosos criados pelo racismo. O

---

[1] Nancy Gager e Cathleen Schurr, *Sexual Assault: Confronting Rape in America* (Nova York, Grosset & Dunlap, 1976), p. 1.

[2] Michael Meltsner, *Cruel and Unusual: The Supreme Court and Capital Punishment* (Nova York, Random House, 1973), p. 75.

mito do estuprador negro tem sido invocado sistematicamente sempre que as recorrentes ondas de violência e terror contra a comunidade negra exigem justificativas convincentes. Se as mulheres negras têm estado visivelmente ausentes das fileiras do movimento antiestupro da atualidade, isso pode se dever, em parte, à postura de indiferença desse movimento em relação ao uso da falsa acusação de estupro como forma de incitar agressões racistas. Um número grande demais de inocentes tem sido oferecido em sacrifício a câmaras de gás e enviado a celas de prisão perpétua para que as mulheres negras se juntem àquelas que frequentemente buscam o auxílio de policiais e juízes. Além disso, na própria condição de vítimas de estupro, elas têm encontrado pouca ou nenhuma simpatia desses homens de uniformes e togas. E histórias sobre ataques de policiais a mulheres negras – vítimas de estupro que, às vezes, sofrem um segundo estupro – são ouvidas com muita frequência para ser descartadas como anormais. "Mesmo quando o movimento pelos direitos civis de Birmingham estava mais forte", por exemplo,

> jovens ativistas frequentemente afirmavam que nada poderia proteger as mulheres negras de serem estupradas pela polícia de Birmingham. Recentemente, em dezembro de 1974, em Chicago, uma jovem negra de dezessete anos relatou ter sido estuprada por dez policiais. Alguns dos homens foram suspensos, mas no final todo o caso foi varrido para debaixo do tapete.[3]

Nas fases iniciais do movimento antiestupro contemporâneo, poucas teóricas feministas analisaram com seriedade as circunstâncias particulares envolvendo as mulheres negras na condição de vítimas de estupro. O nó histórico que ata as mulheres negras (sistematicamente abusadas e violadas por homens brancos) aos homens negros (mutilados e assassinados devido à manipulação racista das acusações de estupro) apenas começou a ser reconhecido de modo significativo. Sempre que as mulheres negras desafiaram o estupro, elas expuseram simultaneamente o uso das acusações falsas de estupro enquanto arma mortal do racismo contra seus companheiros. Como uma escritora extremamente observadora afirma:

> O mito do estuprador negro de mulheres brancas é irmão gêmeo do mito da mulher negra má – ambos elaborados para servir de desculpa e para facilitar a exploração

---

[3] *The Racist Use of Rape and the Rape Charge: A Statement to the Women's Movement From a Group of Socialist Women* (Louisville, Socialist Women's Caucus, 1974), p. 5-6.

continuada de homens negros e de mulheres negras. As mulheres negras perceberam esse vínculo de modo muito claro e desde o começo se colocaram na dianteira da luta contra os linchamentos.[4]

Gerda Lerner, autora dessa passagem, é uma das poucas mulheres brancas que escreveram sobre o tema do estupro no início dos anos 1970 e que examinaram em profundidade o efeito combinado do racismo e do sexismo para as mulheres negras. O caso de Joan Little[5], julgado no verão de 1975, ilustra a teoria de Lerner. Levada a julgamento sob a acusação de assassinato, a jovem negra teria sido responsável por matar um vigia branco em uma cadeia da Carolina do Norte, onde era a única mulher presa. Quando Joan Little depôs, ela contou como o vigia a havia estuprado em sua cela e como o matara em legítima defesa com o mesmo picador de gelo que ele havia usado para ameaçá-la. Ela recebeu o apoio ardoroso de organizações e pessoas da comunidade negra de todo o país, bem como do movimento feminino jovem, e sua absolvição foi saudada como uma importante vitória possibilitada por essa campanha de massa. Imediatamente após sua libertação, a srta. Little lançou diversos apelos comoventes a favor de um homem negro chamado Delbert Tibbs, que aguardava execução na Flórida após ter sido condenado, com base em uma falsa acusação, pelo estupro de uma mulher branca.

Muitas mulheres negras atenderam ao apelo de Joan Little e apoiaram a causa de Delbert Tibbs. Mas poucas mulheres brancas – e certamente poucos grupos organizados no interior do movimento antiestupro – seguiram sua sugestão de se mobilizar pela libertação desse homem negro, vitimado de modo tão flagrante pelo racismo do Sul. Nem mesmo quando o advogado de Little, Jerry Paul, anunciou sua decisão de representar Delbert Tibbs as mulheres brancas ousaram levantar-se em sua defesa. Em 1978, entretanto, quando as acusações contra Tibbs foram retiradas, ativistas brancas antiestupro haviam começado gradualmente a se alinhar com tal causa. Sua relutância inicial, porém, foi um dos episódios históricos que confirmaram as suspeitas de muitas mulheres negras de que o movimento antiestupro era, em grande medida, alheio às suas preocupações específicas.

O fato de as mulheres negras não terem se juntado em massa ao movimento antiestupro não significa, portanto, que se opusessem a medidas gerais de combate ao estupro. Antes do fim do século XIX, mulheres negras pioneiras

---

4 Gerda Lerner (org.), *Black Women in White America*, cit., p. 193.
5 Ver Angela Davis, "Joan Little: The Dialectics of Rape", *Ms. Magazine*, v. 3, n. 12, jun. 1975.

do movimento associativo orquestraram um dos primeiros protestos públicos organizados contra o abuso sexual. Sua tradição de oitenta anos na luta organizada contra o estupro reflete como as mulheres negras têm sofrido, de modo amplo e exagerado, a ameaça de violência sexual. Uma das características históricas marcantes do racismo sempre foi a concepção de que os homens brancos – especialmente aqueles com poder econômico – possuiriam um direito incontestável de acesso ao corpo das mulheres negras.

A escravidão se sustentava tanto na rotina do abuso sexual quanto no tronco e no açoite. Impulsos sexuais excessivos, existentes ou não entre os homens brancos como indivíduos, não tinham nenhuma relação com essa verdadeira institucionalização do estupro. A coerção sexual, em vez disso, era uma dimensão essencial das relações sociais entre o senhor e a escrava. Em outras palavras, o direito alegado pelos proprietários e seus agentes sobre o corpo das escravas era uma expressão direta de seu suposto direito de propriedade sobre pessoas negras como um todo. A licença para estuprar emanava da cruel dominação econômica e era por ela facilitada, como marca grotesca da escravidão[6].

O padrão do abuso sexual institucionalizado de mulheres negras se tornou tão forte que conseguiu sobreviver à abolição da escravatura. Estupros coletivos, perpetrados pela Ku Klux Klan e outras organizações terroristas do período posterior à Guerra Civil, tornaram-se uma arma política clara no esforço para inviabilizar o movimento pela igualdade negra. Durante os tumultos ocorridos em Memphis, em 1866, por exemplo, a violência dos assassinatos cometidos por gangues foi brutalmente complementada por ataques sexuais orquestrados contra mulheres negras. Após os tumultos, várias mulheres negras testemunharam a um comitê do Congresso sobre os brutais estupros que sofreram pelas mãos das gangues[7]. Este depoimento sobre eventos similares ocorridos durante os ataques de 1871 em Meridian, Mississippi, foi dado por uma mulher negra chamada Ellen Parton:

> Moro em Meridian; moro aqui há nove anos; minha profissão, lavar, passar e esfregar; a noite de quarta-feira foi a última em que eles vieram à minha casa; por "eles" quero dizer bandos ou grupos de homens; eles vieram na segunda, na terça e na quarta-feira; na segunda-feira à noite, eles disseram que não tinham vindo

---

[6] Ver capítulo 1.
[7] Herbert Aptheker, *A Documentary History of the Negro People in the United States*, v. 2, cit., p. 552 e seg.

nos machucar; na terça-feira à noite, eles disseram ter vindo pelas armas; eu disse a eles que não havia nenhuma, e eles disseram que aceitariam minha palavra; na quarta-feira à noite, eles vieram, reviraram os armários e baús e me estupraram; eram oito deles na casa; não sei quantos estavam do lado de fora.[8]

O abuso sexual de mulheres negras, é óbvio, nem sempre se manifesta na forma de uma violência tão aberta e pública. Há o drama diário do racismo representado pelos incontáveis e anônimos enfrentamentos entre as mulheres negras e seus abusadores brancos – homens convencidos de que seus atos são naturais. Essas agressões têm sido ideologicamente sancionadas por políticos, intelectuais e jornalistas, bem como por literatos que com frequência retratam as mulheres negras como promíscuas e imorais. Até mesmo a extraordinária escritora Gertrude Stein descreveu uma de suas personagens negras como possuidora da "simples e promíscua imoralidade do povo negro"[9]. A imposição dessa maneira de enxergar as mulheres negras aos homens brancos da classe trabalhadora foi um momento de triunfo para o avanço da ideologia racista.

O racismo sempre encontrou forças em sua habilidade de encorajar a coerção sexual. Embora as mulheres negras e suas irmãs de minorias étnicas tenham sido os alvos principais desses ataques de inspiração racista, as mulheres brancas também sofreram. Uma vez que os homens brancos estavam convencidos de que podiam cometer ataques sexuais contra as mulheres negras impunemente, sua conduta em relação às mulheres de sua própria raça não podia permanecer ilesa. O racismo sempre serviu como um estímulo ao estupro, e as mulheres brancas dos Estados Unidos necessariamente sofreram o efeito indireto desses ataques. Esta é uma das muitas maneiras pelas quais o racismo alimenta o sexismo, tornando as mulheres brancas vítimas indiretas da opressão dirigida em especial às suas irmãs de outras etnias.

A experiência da Guerra do Vietnã proporciona um exemplo adicional do modo como o racismo pode funcionar enquanto incitação ao estupro. Uma vez que foi incutida na cabeça dos soldados dos Estados Unidos a visão de que lutavam contra uma raça inferior, eles acabaram aprendendo que estuprar as vietnamitas era um dever militar necessário. Eram até mesmo instruídos a

---

[8] Gerda Lerner (org.), *Black Women in White America*, cit., p. 185-6.
[9] Gertrude Stein, *Three Lives* (1909) (Nova York, Vintage, 1970), p. 86 [ed. bras.: *Três vidas*, trad. Vanessa Barbara, São Paulo, Cosac Naify, 2008].

"revistar" mulheres com seus pênis[10]. Tratava-se de uma política não escrita do Comando Militar dos Estados Unidos: encorajar o estupro de maneira sistemática, já que se tratava de uma arma de terrorismo de massa extremamente eficaz. Onde estão os milhares e milhares de veteranos da Guerra do Vietnã que testemunharam esses horrores e deles participaram? Em que medida essas experiências brutais afetaram suas atitudes em relação às mulheres como um todo? Embora seja bastante equivocado apontar os veteranos da Guerra do Vietnã como os principais autores de crimes sexuais, não pode haver muitas dúvidas de que as terríveis repercussões da experiência no Vietnã ainda são sentidas por todas as mulheres dos Estados Unidos nos dias de hoje.

É uma dolorosa ironia que algumas teóricas antiestupro que ignoram o papel instigador desempenhado pelo racismo não hesitem em argumentar que os homens de minorias étnicas são especialmente propensos a cometer violência sexual contra mulheres. Em seu impressionante estudo sobre estupro, Susan Brownmiller alega que a opressão histórica dos homens negros afastou deles muitas das manifestações "legítimas" da supremacia masculina. Como consequência, eles têm de recorrer a atos de violência sexual explícita. Em seu retrato da "população dos guetos", Brownmiller insiste que "as salas de jantar dos executivos de grandes empresas e as escaladas do monte Everest não são geralmente acessíveis àqueles que formam a subcultura da violência. O acesso ao corpo feminino – pela força – está ao seu alcance"[11].

Quando o livro de Brownmiller, *Against Our Will: Men, Women and Rape* [Contra nossa vontade: homens, mulheres e estupro], foi publicado, alguns círculos o elogiaram de modo efusivo. A revista *Time*, que a elegeu como uma das mulheres do ano em 1976, descreveu o livro como "a mais rigorosa e provocadora obra acadêmica que já surgiu no movimento feminista"[12]. Em outros círculos, entretanto, o livro foi severamente criticado por seu papel na restauração do velho mito racista do estuprador negro.

Não se pode negar que o livro de Brownmiller seja uma contribuição acadêmica pioneira à literatura contemporânea sobre o estupro. Ainda assim, muitos dos argumentos que ela usa infelizmente estão impregnados de ideias racistas. Um exemplo característico é sua reinterpretação do linchamento de

---

[10] Arlene Eisen-Bergman, *Women in Vietnam*, cit., parte I, cap. 5.
[11] Susan Brownmiller, *Against Our Will: Men, Women and Rape* (Nova York, Simon & Schuster, 1975), p. 194.
[12] "A Dozen Who Made a Difference", *Time*, v. 107, n. 1, 5 jan. 1976, p. 20.

Emmett Till, de catorze anos, em 1953. Depois que esse adolescente assobiou para uma mulher branca, no Mississippi, seu corpo mutilado foi encontrado no fundo do rio Tallahatchie. "O gesto de Till", disse Brownmiller, "foi mais do que uma molecagem ousada"[13].

> Emmett Till estava mostrando aos seus colegas negros que ele e, por dedução, *eles* podiam ter uma mulher branca, e Carolyn Bryant era o alvo convenientemente próximo. Em termos concretos, o acesso a *todas* as mulheres brancas estava em análise. [...] E quanto ao assobio de lobo, o "gesto de ousadia adolescente" de Till? [...] O assobio não foi um fiu-fiu discreto nem uma aprovação melodiosa a um tornozelo elegante. [...] Foi um insulto deliberado, pouco menos que uma agressão física, um último aviso a Carolyn Bryant de que aquele menino negro, Till, tinha em mente a ideia de possuí-la.[14]

Embora Brownmiller deplore a punição sádica imposta a Emmett Till, o jovem negro emerge, mesmo assim, como um sexista culpado – quase tão culpado quanto seus assassinos brancos racistas. Afinal, ela argumenta, tanto Till quanto seus algozes estavam exclusivamente preocupados com seus direitos de posse sobre as mulheres.

Infelizmente, Brownmiller não é a única escritora contemporânea a ser influenciada pela ideologia racista. De acordo com Jean MacKellar, em seu livro *Rape: The Bait and the Trap* [Estupro: a isca e a armadilha], "os negros criados na vida difícil do gueto aprendem que podem conseguir o que querem somente se apoderando daquilo. A violência é a regra no jogo pela sobrevivência. As mulheres são a presa autêntica: para obter uma mulher é preciso dominá-la"[15].

MacKellar estava tão completamente hipnotizada pela propaganda racista que faz a desavergonhada afirmação de que 90% de todos os estupros notificados nos Estados Unidos são cometidos por homens negros[16]. Na medida em que o número correspondente do FBI é de 47%[17], é difícil acreditar que a declaração de MacKellar não seja uma provocação intencional.

---

[13] Susan Brownmiller, *Against Our Will*, cit., p. 247.
[14] Idem.
[15] Jean MacKellar, *Rape: The Bait and the Trap* (Nova York, Crown, 1975), p. 72.
[16] "Em suma, para cada estupro notificado em que o agressor é um homem branco, há nove cometidos por negros. Os homens negros, que representam cerca de um décimo da população masculina dos Estados Unidos, estão envolvidos em 90% dos estupros notificados", idem.
[17] Susan Brownmiller, *Against Our Will*, cit., p. 213.

Os estudos mais recentes sobre estupro nos Estados Unidos reconheceram a disparidade entre a incidência real de ataques sexuais e as notificações que chegam à polícia. De acordo com Susan Brownmiller, por exemplo, os casos reportados de estupro estão entre um a cada cinco e um a cada vinte[18]. Um estudo publicado pelo coletivo Feministas Radicais de Nova York concluiu que os estupros notificados representam um número tão baixo quanto cerca de 5% dos casos[19]. Ainda assim, em grande parte da literatura contemporânea sobre o estupro há a tendência de equiparar o "estuprador dos registros policiais" com o "estuprador típico". Se esse padrão persistir, será praticamente impossível revelar as reais causas sociais do estupro.

O livro *The Politics of Rape* [A política do estupro], de Diana Russell, infelizmente reforça a noção corrente de que o estuprador típico é um homem de minorias étnicas – ou, se ele for branco, um homem pobre ou da classe trabalhadora. Com o subtítulo *The Victim's Perspective* [A perspectiva da vítima], o livro é baseado em uma série de entrevistas com vítimas de estupro da área da baía de São Francisco. Dos 22 casos que ela relata, 12 – isto é, mais da metade – envolvem mulheres que foram estupradas por homens negros, de origem mexicana ou indígenas. É revelador o fato de que apenas 26% das 95 entrevistas que ela originalmente realizou para o livro envolvam homens de minorias étnicas[20]. Se esse processo dúbio de seleção não é suficiente para despertar profundas suspeitas de racismo, consideremos o conselho que ela oferece às mulheres brancas:

> Se alguns homens negros enxergam o estupro de mulheres brancas como um ato de vingança ou uma manifestação justificável de hostilidade contra os brancos, penso que seria igualmente realista que as mulheres brancas tivessem menos confiança nos homens negros do que muitas delas têm.[21]

Brownmiller, MacKellar e Russell são, sem dúvida, mais sutis do que os ideólogos anteriores do racismo. Mas, tragicamente, suas conclusões guardam semelhanças com as ideias de acadêmicos que fazem apologia ao racismo, como Winfield Collins, que em 1918 publicou um livro intitulado *The Truth About Lynching and the Negro in the South (In Which the Author Pleads that the South*

---

[18] Ibidem, p. 175.
[19] Noreen Connell e Cassandra Wilson (orgs.), *Rape: The First Sourcebook for Women, by New York Radical Feminists* (Nova York, New American Library, 1974), p. 151.
[20] Diana Russell, *The Politics of Rape: The Victim's Perspective* (Nova York, Stein & Day, 1975).
[21] Ibidem, p. 163.

Be Made Safe for the White Race) [A verdade sobre os linchamentos e o negro no Sul (no qual o autor defende que o Sul se torne seguro para a raça branca)]:

> Duas das características mais evidentes do negro são a total falta de castidade e a completa ignorância da veracidade. A frouxidão sexual do negro, considerada tão imoral ou até criminosa na civilização do homem branco, pode ter sido tudo menos uma virtude em seu habitat de origem. Lá, a natureza criou nele intensas paixões sexuais para compensar sua alta taxa de mortalidade.[22]

Collins recorre a argumentos pseudobiológicos, enquanto Brownmiller, Russell e MacKellar invocam explicações ligadas ao meio, mas, em última análise, todos afirmam que os homens negros são motivados de modo especialmente poderoso a praticar violência sexual contra as mulheres.

Um dos primeiros trabalhos teóricos associados ao movimento feminista atual a lidar com o tema estupro e raça é *A dialética do sexo: um manifesto da revolução feminista*, de Shulamith Firestone. O racismo em geral, afirma Firestone, é na verdade uma extensão do sexismo. Invocando a noção bíblica de que "as raças são nada mais que os vários progenitores, irmãos e irmãs da Família do Homem"[23], ela desenvolve um conceito em que define o homem branco como pai, a mulher branca como esposa e mãe, e as pessoas negras como crianças. Ao transpor a teoria freudiana do complexo de Édipo para termos raciais, Firestone insinua que os homens negros nutrem um incontrolável desejo de manter relações sexuais com as mulheres brancas. Eles querem matar o pai e dormir com a mãe[24]. Além disso, para "ser um homem", o homem negro deve

> desatar-se desse laço com a fêmea branca, relacionando-se com ela, caso necessário, apenas de modo a degradá-la. Ademais, em razão de seu ódio virulento e do ciúme daquele que a possui (o homem branco), ele pode cobiçá-la como coisa a ser conquistada a fim de se vingar do homem branco.[25]

Como Brownmiller, MacKellar e Russell, Firestone sucumbe ao velho sofisma racista de culpar a vítima. Seja de forma inocente ou consciente, suas

---

[22] Winfield H. Collins, *The Truth About Lynching and the Negro in the South (In Which the Author Pleads that the South Be Made Safe for the White Race)* (Nova York, Neale, 1918), p. 94-5.
[23] Shulamith Firestone, *The Dialectic of Sex: The Case for Feminist Revolution* (Nova York, Bantam, 1971), p. 108 [ed. bras.: *A dialética do sexo: um manifesto da revolução feminista*, trad. Vera Regina Rebello Terra, Rio de Janeiro, Labor, 1976].
[24] Ibidem, p. 108 e seg.
[25] Ibidem, p. 110.

exposições facilitaram a restauração do desgastado mito do estuprador negro. Sua miopia histórica ainda as impede de compreender que a representação dos homens negros como estupradores reforça o convite aberto do racismo para que os homens brancos se aproveitem sexualmente do corpo das mulheres negras. A imagem fictícia do homem negro como estuprador sempre fortaleceu sua companheira inseparável: a imagem da mulher negra como cronicamente promíscua. Uma vez aceita a noção de que os homens negros trazem em si compulsões sexuais irresistíveis e animalescas, toda a raça é investida de bestialidade. Se os homens negros voltam os olhos para as mulheres brancas como objetos sexuais, então as mulheres negras devem por certo aceitar as atenções sexuais dos homens brancos. Se elas são vistas como "mulheres fáceis" e prostitutas, suas queixas de estupro necessariamente carecem de legitimidade.

Durante os anos 1920, um conhecido político do Sul declarou que não existia nenhuma "moça de cor virtuosa" com mais de catorze anos[26]. Por fim, descobriu-se que esse homem branco tinha duas famílias – uma com uma mulher branca, outra com uma mulher negra. Walter White, um importante líder do combate aos linchamentos e secretário-executivo da Associação Nacional para o Progresso das Pessoas de Cor, acusou legitimamente esse homem de "explicar e desculpar suas próprias negligências morais ao enfatizar a 'imoralidade' das mulheres da 'raça inferior'"[27].

Um escritor negro contemporâneo, Calvin Hernton, infelizmente sucumbe a falsidade semelhante sobre as mulheres negras. No estudo *Sex and Racism* [Sexo e racismo], ele insiste que, "durante a escravidão, a mulher negra começou a desenvolver um conceito depreciativo de si mesma não apenas como mulher, mas também como ser humano"[28]. De acordo com a análise de Hernton, "após vivenciar a incessante imoralidade sexual do Sul branco", "a mulher negra se tornou 'promíscua e fácil', e podia ser 'de qualquer um'. Na verdade, ela passou a enxergar a si mesma como o Sul a via e a tratava, pois não tinha outra moralidade na qual moldar sua condição de mulher"[29].

A análise de Hernton nunca ultrapassa o véu ideológico que resultou em uma minimização das afrontas sexuais constantemente cometidas contra as mulheres

---

[26] Walter White, *Rope and Faggot: A Biography of Judge Lynch* (Nova York, Alfred A. Knopf, 1929), p. 66.
[27] Idem.
[28] Calvin Hernton, *Sex and Racism in America* (Nova York, Grove, 1965), p. 125.
[29] Ibidem, p. 124.

negras. Ele cai na armadilha de culpar a vítima pelas punições bárbaras que ela foi historicamente obrigada a suportar.

Ao longo de toda a história dos Estados Unidos, as mulheres negras têm manifestado uma consciência coletiva de sua condição de vítimas sexuais. Elas também compreenderam que não poderiam resistir de modo adequado aos abusos sexuais sofridos sem atacar simultaneamente as acusações fraudulentas de estupro como pretextos para os linchamentos. O uso do estupro como um instrumento de terror pela supremacia branca antecede em alguns séculos a instituição do linchamento. Durante o período de escravidão, o linchamento de pessoas negras não ocorria de forma ampla – pela simples razão de que os proprietários de escravos relutavam em destruir sua valiosa propriedade. Açoitamento sim, mas linchamento não. Em conjunto com o açoitamento, o estupro era um método extremamente eficiente para manter tanto as mulheres negras quanto os homens negros sob controle. Tratava-se de uma arma rotineira de repressão.

Linchamentos ocorreram, sim, antes da Guerra Civil – mas tinham como alvo mais frequente os abolicionistas brancos, sem valor financeiro no mercado. De acordo com o jornal de William Lloyd Garrison, o *Liberator*, mais de trezentas pessoas brancas foram linchadas ao longo de duas décadas a partir de 1836[30]. A frequência de linchamentos crescia à medida que a campanha antiescravagista conquistava poder e influência: "Conforme os proprietários de escravos viam a luta se voltar contra eles, apesar de seu desesperado empenho para controlar essas forças, recorriam mais e mais à força e à fogueira"[31]. Segundo a conclusão de Walter White, "o linchador entrou em cena como um leal defensor dos lucros do proprietário de escravos"[32].

Com a emancipação dos escravos, a população negra não tinha mais valor de mercado para os antigos proprietários, e "a indústria de linchamentos passou por uma revolução"[33]. Quando Ida B. Wells fez a pesquisa para seu primeiro panfleto contra os linchamentos, publicado em 1895 com o título *A Red Record* [Um registro vermelho], ela calculou que ocorreram mais de 10 mil linchamentos entre 1865 e 1895.

---

[30] Walter White, *Rope and Faggot*, cit., p. 91.
[31] Ibidem, p. 92.
[32] Ibidem, p. 86.
[33] Ibidem, p. 94.

Não foram todos, nem quase todos, os assassinatos cometidos por homens brancos durante os últimos trinta anos que vieram à luz, mas as estatísticas, do modo como foram reunidas e preservadas pelos homens brancos, e que não foram questionadas, mostram que durante esses anos mais de dez mil pessoas negras foram assassinadas a sangue frio, sem a formalidade do julgamento judicial e da execução legal. E ainda assim, como evidência da absoluta impunidade com que o homem branco ousa matar um negro, o mesmo registro mostra que durante todos esses anos, e por todos esses assassinatos, apenas três homens brancos foram julgados, condenados e executados. Como nenhum homem branco foi linchado pelo assassinato de pessoas de cor, essas três execuções são as únicas ocorrências de pena de morte para homens brancos pelo assassinato de negros.[34]

Atrelado a esses linchamentos e as incontáveis barbaridades neles envolvidas, o mito do estuprador negro foi trazido à tona. Seu terrível poder de persuasão só poderia existir no interior do irracional mundo da ideologia racista. Por mais ilógico que seja o mito, não se trata de uma aberração espontânea. Ao contrário, o mito do estuprador negro era uma invenção obviamente política. Como aponta Frederick Douglass, durante a escravidão, os homens negros não eram rotulados como estupradores de forma indiscriminada. Ao longo de toda a Guerra Civil, na verdade, nem um único homem negro foi acusado publicamente de estuprar uma mulher branca[35]. Se os homens negros possuíssem um impulso animalesco de estuprar, argumentava Douglass, esse suposto instinto estuprador certamente teria sido ativado quando as mulheres brancas foram deixadas desprotegidas por seus companheiros, que estavam em combate no Exército Confederado.

Imediatamente após a Guerra Civil, o espectro ameaçador do estuprador negro ainda não havia aparecido no cenário histórico. Mas os linchamentos, reservados durante a escravidão aos abolicionistas brancos, provavam ser uma arma política valiosa. Antes que os linchamentos pudessem ser consolidados como uma instituição popularmente aceita, entretanto, a barbaridade e o horror que representavam precisavam ser justificados de maneira convincente. Essas foram as circunstâncias que engendraram o mito do estuprador negro – pois a acusação de estupro acabou por se tornar a mais poderosa entre as várias

---

[34] Ida B. Wells-Barnett, *On Lynching* (Nova York, Arno/New York Times, 1969), p. 8.
[35] Frederick Douglass, "Why is the Negro Lynched", em Philip S. Foner, *The Life and Writings of Frederick Douglass*, v. 4, cit., p. 498-9. Panfleto publicado originalmente em 1894, com o título "The Lesson of the Hour".

tentativas de legitimar os linchamentos de pessoas negras. A instituição do linchamento, por sua vez, complementada pelos contínuos estupros de mulheres negras, tornou-se um elemento essencial da estratégia de terror racista do pós-guerra. Dessa forma, a brutal exploração da força de trabalho negra estava garantida e, após a traição da Reconstrução, a dominação política do povo negro como um todo estava assegurada.

Durante a primeira grande onda de linchamentos, a propaganda que incitava a defesa da feminilidade branca contra os irrefreáveis instintos violadores dos homens negros foi notável por sua ausência. Tal qual observou Frederick Douglass, os homicídios ilegais de pessoas negras eram mais frequentemente descritos como medidas preventivas para impedir que as massas negras se levantassem em revolta[36]. Naquela época, a função política dos assassinatos cometidos por gangues era evidente. O linchamento era uma contrainsurgência sem disfarces, uma garantia de que o povo negro não conseguiria alcançar seus objetivos de cidadania e igualdade econômica. "Durante esse período", Douglass destacou,

> [...] as justificativas para o assassinato de negros eram supostas conspirações negras, rebeliões negras, planos dos negros para matar toda a população branca, tramas negras para incendiar a cidade e praticar violência generalizada [...], mas nunca foi dita ou murmurada uma palavra sobre afrontas de negros contra mulheres e crianças brancas.[37]

Mais tarde, quando se tornou evidente que essas conspirações, tramas e rebeliões eram invencionices nunca materializadas, a justificativa mais comum para os linchamentos foi alterada. No período posterior a 1872, anos de crescimento de grupos justiceiros como Ku Klux Klan e Cavaleiros da Camélia Branca [Knights of the White Camellia], um novo pretexto foi fabricado. Os linchamentos eram apresentados como medida necessária para impedir a supremacia negra sobre a população branca – em outras palavras, para reafirmar a supremacia branca[38].

Após a traição da Reconstrução e a concomitante supressão do direito de voto dos negros, o espectro da supremacia política negra como pretexto para os linchamentos se tornou obsoleto. Ainda assim, à medida que a estrutura econômica do pós-guerra ganhava forma, solidificando a superexploração da

---

[36] Ibidem, p. 501.
[37] Idem.
[38] Idem.

força de trabalho negra, o número de linchamentos continuava a crescer. Essa foi a conjuntura histórica em que as queixas de estupro emergiram como a principal justificativa para os linchamentos. A explicação de Frederick Douglass dos motivos políticos subjacentes à criação do mítico estuprador negro é uma brilhante análise do modo como a ideologia se transforma para ir ao encontro de novas condições históricas.

> Os tempos mudaram, e os acusadores dos negros acharam necessário mudar também. Eles foram obrigados a inventar novas acusações para se adaptar aos tempos. As velhas acusações não são mais válidas. Com elas, a aprovação do Norte e da espécie humana não poderia ser garantida. Homens honestos não acreditam mais que exista qualquer base para temer a supremacia negra. Os tempos e os fatos eliminaram esses velhos ninhos de mentiras. Um dia, essas mentiras foram poderosas. Fizeram seu trabalho diário com terrível energia e eficácia, mas agora foram postas de lado como inúteis. A mentira perdeu seu poder de enganar. As novas circunstâncias tornaram necessária uma justificativa mais rigorosa, mais forte e mais efetiva para a barbárie do Sul e, por isso, de acordo com minha teoria, temos de encarar uma acusação mais chocante e explosiva do que as de supremacia negra ou rebelião negra.[39]

Essa acusação mais chocante e explosiva, claro, era o estupro. Os linchamentos agora eram explicados e racionalizados como um método para vingar as agressões de homens negros contra a feminilidade branca do Sul. Como insistiu alguém que fazia apologia dos linchamentos, era necessário encontrar "um modo de responder a uma condição fora do comum com meios fora do comum – daí os linchamentos, a fim de manter o controle sobre o negro no Sul"[40].

Embora a maioria dos linchamentos nem mesmo envolvesse a acusação de agressão sexual, a queixa racista de estupro se tornou uma explicação comum, muito mais eficaz do que qualquer uma das duas tentativas anteriores de justificar os ataques das gangues contra a população negra. Em uma sociedade em que a supremacia masculina permeava tudo, homens motivados pelo dever de defender suas mulheres podiam ser desculpados pelos excessos que cometessem. O fato de que suas razões eram nobres era uma justificativa mais do que suficiente para as barbaridades resultantes. Como o senador Ben Tillman, da Carolina do Sul, disse a seus colegas em Washington no início do século XX,

---

[39] Ibidem, p. 502.
[40] Winfield H. Collins, *The Truth About Lynching and the Negro in the South*, cit., p. 58.

"quando homens brancos austeros e de expressão triste levavam à morte uma criatura de forma humana que deflorou uma mulher branca, eles vingavam o mal maior, o crime mais negro [...]"[41]. Tais crimes, disse ele, levavam os homens civilizados a "retornar ao tipo de barbárie original cujos impulsos, em tais circunstâncias, sempre foram 'matar, matar, matar'"[42].

As repercussões desse novo mito eram enormes. A oposição aos linchamentos individuais – pois quem ousaria defender um estuprador? – não apenas foi reprimida como o apoio de pessoas brancas à causa da igualdade negra começou a diminuir. No fim do século XIX, a maior organização de massa de mulheres brancas, a Women's Christian Temperance Union, foi dirigida por uma mulher que vilipendiava publicamente os homens negros por seus supostos ataques às mulheres brancas. Mais do que isso, Frances Willard chegou ao ponto de caracterizar os homens negros como particularmente propensos ao alcoolismo, o que, por sua vez, exacerbava seu impulso de estuprar.

> O botequim é o centro do poder do negro. Uísque de qualidade e em grande quantidade são o chamado para grandes gangues de pele escura. A raça de cor se multiplica como gafanhoto no Egito. O botequim é o centro de seu poder. A segurança das mulheres, das crianças, do lar, está ameaçada em milhares de localidades neste momento, então que os homens não ousem ir tão longe que não possam avistar sua casa.[43]

A caracterização dos homens negros como estupradores acarretou uma incrível confusão nas fileiras dos movimentos progressistas. Tanto Frederick Douglass como Ida B. Wells mostram, em suas respectivas análises, que, assim que queixas de estupro se propagaram a ponto de se tornarem desculpas que legitimavam os linchamentos, antigos defensores brancos da igualdade negra passaram a temer cada vez mais a associação de seu nome com a luta pela libertação do povo negro. Essas pessoas ou permaneciam em silêncio ou, como Frances Willard, falavam de modo agressivo contra os crimes sexuais indiscriminadamente atribuídos aos homens negros. Douglass descreveu o impacto catastrófico da acusação falsa de estupro no movimento pela igualdade negra em geral:

> Esfriou os amigos [do negro]; esquentou seus inimigos e, em certa medida, conteve os generosos esforços, tanto no país como no exterior, que homens bons estavam

---

[41] Nancy Gager e Cathleen Schurr, *Sexual Assault*, cit., p. 163.
[42] Idem.
[43] Ida B. Wells-Barnett, *On Lynching*, cit., p. 59.

acostumados a fazer por seu progresso e sua ascensão. Foi uma decepção para seus amigos do Norte e para muitos de seus bons amigos do Sul, pois quase todos eles, em certa medida, aceitaram essa acusação contra o negro como verdadeira.[44]

Qual era a realidade por trás desse mito terrivelmente poderoso do estuprador negro? Sem dúvida, houve alguns casos de homens negros que estupraram mulheres brancas. Mas o número de estupros que de fato aconteceram era desproporcional às alegações implicadas no mito. Como indicado anteriormente, durante toda a Guerra Civil não houve um único caso notificado de uma mulher branca que tenha sido estuprada por um escravo. Embora praticamente todos os homens brancos do Sul estivessem na frente de batalha, nunca foi levantada nenhuma queixa de estupro. Frederick Douglass argumenta que dirigir as acusações de estupro aos homens negros como um todo não era aceitável, simplesmente porque isso indicava uma mudança radical e instantânea do caráter mental e moral do povo negro: "A história não apresenta um exemplo de transformação tão extrema, tão artificial e tão completa no caráter de nenhuma classe de homens como essa acusação pressupõe. A mudança é grande demais e em um tempo muito curto"[45].

Até mesmo as circunstâncias reais da maioria dos linchamentos contradiziam o mito do estuprador negro. A maioria dos assassinatos cometidos pelas gangues nem sequer envolvia a acusação de estupro. Embora a queixa de estupro fosse invocada como uma justificativa comum para linchamentos em geral, a maioria dos linchamentos acontecia por outros motivos. Em um estudo publicado em 1931 pela Comissão Sulista para o Estudo sobre Linchamentos, foi revelado que, entre 1889 e 1929, apenas um sexto das vítimas de gangues havia sido realmente acusado de estupro: 37,7% foram acusados de assassinato; 5,8% de agressões graves; 7,1% de roubo; 1,8% de insulto a uma pessoa branca, e 24,2% foram acusados de crimes diversos – a maioria dos quais assombrosamente trivial. De acordo com os dados da comissão, 16,7% das vítimas linchadas foram acusadas de estupro e 6,7% de tentativa de estupro[46].

Embora seus argumentos fossem contestados pelos fatos, muitas das pessoas que faziam apologia dos linchamentos afirmavam que apenas a obrigação

---

[44] Philip S. Foner, *The Life and Writings of Frederick Douglass*, v. 4, cit., p. 503.
[45] Ibidem, p. 499.
[46] *Lynchings and What They Mean: General Findings of the Southern Commission on the Study of Lynching* (Atlanta, 1931), p. 19.

dos homens brancos de defender suas mulheres poderia motivá-los a cometer ataques tão bárbaros contra os homens negros. Em 1904, Thomas Nelson Page, ao escrever para a *North American Review*, colocou todo o peso dos linchamentos nos ombros dos homens negros e em sua incontrolável propensão para cometer crimes sexuais.

> O crime de linchamento provavelmente não cessará até que o crime de violar e matar mulheres e crianças seja menos frequente do que tem sido ultimamente. E esse crime, que se limita quase completamente à raça negra, não diminuirá de forma significativa até que os próprios negros o peguem com as mãos e o esmaguem.[47]

E os homens brancos do Sul, disse Ben Tillman no Senado dos Estados Unidos, não deveriam "se submeter ao [negro] que satisfaz sua luxúria com nossas esposas e filhas sem linchá-lo"[48]. Em 1892, quando o senador Tillman era governador da Carolina do Sul, ele declarou, no local onde oito homens negros haviam sido enforcados, que lideraria pessoalmente uma gangue de linchadores contra qualquer homem negro que ousasse estuprar uma mulher branca. Durante seu mandato como governador, ele entregou um homem negro a uma gangue branca, ainda que a vítima do linchamento tivesse sido publicamente absolvida pela mulher branca responsável pela queixa de estupro[49].

A colonização da economia do Sul pelos capitalistas do Norte deu aos linchamentos seu impulso mais vigoroso. Se a população negra, por meio do terror e da violência, podia continuar a ser o grupo mais brutalmente explorado no interior das fileiras cada vez maiores da classe trabalhadora, os capitalistas poderiam tirar disso uma dupla vantagem. Lucros extras resultariam da superexploração da força de trabalho negra, e a hostilidade da mão de obra branca contra seus empregadores seria neutralizada. Trabalhadoras brancas e trabalhadores brancos que concordavam com os linchamentos assumiam necessariamente uma postura de solidariedade racial com os homens brancos que eram seus verdadeiros opressores. Tratava-se de um momento crítico na popularização da ideologia racista.

Se o povo negro tivesse simplesmente aceitado uma condição de inferioridade econômica e política, os assassinatos praticados por gangues teriam

---

[47] Citado em Gerda Lerner (org.), *Black Women in White America*, cit., p. 205-6.
[48] John Hope Franklin e Isidore Starr (orgs.), *The Negro in Twentieth Century America*, cit., p. 67.
[49] Ida B. Wells-Barnett, *On Lynching*, cit., p. 57.

provavelmente diminuído. Mas, como um grande número de ex-escravas e ex-escravos se recusou a abrir mão de seus sonhos de progresso, mais de 10 mil linchamentos ocorreram durante as três décadas posteriores à guerra[50]. Qualquer pessoa que desafiasse a hierarquia racial era marcada como potencial vítima das gangues. O infinito rol de mortos acabou por incluir todos os tipos de insurgentes – desde negros proprietários de negócios bem-sucedidos e trabalhadores que pressionavam por salários mais altos até aqueles que se recusavam a ser chamados de "meninos" e as mulheres negras que ousavam resistir aos abusos sexuais de homens brancos. Ainda assim, a opinião pública havia sido cativada, e era ponto pacífico que os linchamentos eram uma reação justa aos bárbaros crimes sexuais contra a feminilidade branca. E uma importante pergunta deixava de ser feita: e quanto às inúmeras mulheres que foram linchadas – e algumas vezes estupradas antes de serem mortas pelas gangues? Ida B. Wells se refere ao "horrível caso de uma mulher de San Antonio, Texas, que foi colocada dentro de um barril cujas laterais estavam atravessadas por pregos, lançado morro abaixo para que ela morresse"[51].

O *Chicago Defender* publicou a seguinte notícia em 18 de dezembro de 1915, sob o título "Rape, Lynch Negro Mother" ["Mãe negra estuprada e linchada"]:

> Columbus, Mississippi, 17 de dezembro – Na quinta-feira da semana passada, Cordelia Stevenson foi encontrada no início da manhã enforcada no tronco de uma árvore, sem roupas, morta [...]. Ela foi enforcada ali na noite anterior por uma gangue sedenta de sangue que havia ido até sua casa, arrancado-a do sono e arrastado-a pelas ruas sem nenhuma resistência. Eles a carregaram para um ponto distante, fizeram sua imoralidade e então a enforcaram.[52]

Dado o papel central do estuprador negro fictício na formação do racismo pós-escravidão, é, na melhor das hipóteses, uma teoria irresponsável a que representa os homens negros como os autores mais frequentes de violência sexual. Na pior das hipóteses, é uma agressão contra o povo negro como um todo, pois o estuprador mítico implica a prostituta mítica. Entendendo que a acusação de estupro era um ataque a toda a comunidade negra, as mulheres negras assumiram rapidamente a liderança do movimento de combate os linchamentos. Ida B. Wells-Barnett foi a força motriz por trás da cruzada

---

[50] Ibidem, p. 8.
[51] Idem, *Crusade for Justice*, cit., p. 149.
[52] Ralph Ginzburg, *One Hundred Years of Lynchings* (Nova York, Lancer, 1969), p. 96.

contra os linchamentos, destinada a se estender por muitas décadas. Em 1892, três conhecidos dessa jornalista negra foram linchados em Memphis, Tennessee, assassinados por uma gangue racista porque a loja que abriram em um bairro negro era forte concorrente de uma loja de propriedade de pessoas brancas. Ida B. Wells apressou-se em falar contra esse linchamento nas páginas de seu jornal, *The Free Speech*. Durante sua viagem a Nova York, três meses depois, a redação foi destruída por um incêndio. Ameaçada de linchamento, ela decidiu permanecer no Leste e "contar ao mundo pela primeira vez a verdadeira história dos linchamentos de negros, que estavam se tornando numerosos e terríveis"[53].

Os artigos de Wells no *New York Age* motivaram mulheres negras a organizar uma campanha de apoio a seu favor, o que levou à criação de agremiações de mulheres negras[54]. Como resultado de seus esforços pioneiros, mulheres negras de todo o país se tornaram ativas na cruzada contra os linchamentos. A própria Ida B. Wells viajou de cidade em cidade, lançando apelos a autoridades religiosas, profissionais e à classe trabalhadora para que falassem contra a afronta representada pela lei de linchamentos. Durante suas viagens ao exterior, um importante movimento de solidariedade foi organizado na Grã-Bretanha, o que teve acentuado impacto na opinião pública nos Estados Unidos. O grau do sucesso de Ida B. Wells foi tamanho que ela provocou a ira do *New York Times*. O perverso editorial a seguir foi publicado após a viagem de Wells à Inglaterra, em 1904:

> No dia imediatamente posterior ao retorno da srta. Wells aos Estados Unidos, um homem negro agrediu uma mulher branca em Nova York "com intenções de lascívia e roubo". [...] As circunstâncias de seu crime diabólico podem servir para convencer a missionária mulata de que a divulgação em Nova York, exatamente agora, de sua teoria de afronta ao negro é, para dizer o mínimo, inoportuna.[55]

Mary Church Terrell, a primeira presidenta da Associação Nacional das Mulheres de Cor, foi outra excepcional líder negra que se dedicou à luta contra os linchamentos. Em 1904, ela respondeu a um virulento artigo de Thomas Nelson Page, "The Lynching of Negroes – Its Cause and Prevention" [O linchamento de negros – causa e prevenção]. Ela publicou na *North American Review*, onde saiu

---

[53] Ida B. Wells, *Crusade for Justice*, cit., p. 63.
[54] Ver capítulo 8.
[55] Ida B. Wells, *Crusade for Justice*, cit., p. 218.

o artigo de Page, um ensaio intitulado "Lynching From a Negro's Point of View" [Linchamentos do ponto de vista do negro]. Com uma lógica convincente, Terrell refutou de modo sistemático a justificativa de Page aos linchamentos como uma reação compreensível às supostas agressões sexuais contra mulheres brancas[56].

Trinta anos depois de Ida B. Wells dar início à campanha contra os linchamentos, uma organização chamada Cruzadas Contra os Linchamentos foi fundada. Estabelecida em 1922 com a chancela da Associação Nacional para o Progresso das Pessoas de Cor e liderada por Mary Talbert, a organização tinha como objetivo criar um movimento integrado de mulheres contra os linchamentos.

> O que Mary B. Talbert fará agora? O que as mulheres de cor estadunidenses farão sob sua liderança? Uma organização levada a cabo por mulheres de cor pretende unir, até dezembro de 1922, 1 MILHÃO DE MULHERES de todos os tipos e cores contra os linchamentos.
> Preste atenção, sr. Linchador!
> Tal classe de mulheres geralmente consegue o que deseja.[57]

Essa não foi a primeira vez que mulheres negras estenderam a mão às suas irmãs brancas. Elas faziam parte da mesma tradição de luta de mulheres grandiosas da história, como Sojourner Truth e Frances E. W. Harper. Ida B. Wells fez, pessoalmente, um apelo às mulheres brancas, como também o fez sua contemporânea, Mary Church Terrell. E as mulheres do movimento associativo negro tentaram, em conjunto, persuadir as mulheres do movimento associativo branco a direcionar parte de sua energia à campanha contra os linchamentos.

As mulheres brancas não reagiram em massa a esses apelos até a criação da Associação de Mulheres do Sul pela Prevenção de Linchamentos, em 1930, sob a liderança de Jessie Daniel Ames[58]. A associação foi estabelecida para repudiar a alegação de que os linchamentos eram necessários para a proteção da feminilidade sulista: "O programa das mulheres do Sul tem sido direcionado à exposição da falsidade da afirmação de que o linchamento é necessário para protegê-las e à ênfase do real perigo dos linchamentos para todos os valores do lar e da religião"[59].

---

[56] Gerda Lerner (org.), *Black Women in White America*, cit., p. 205-11.
[57] Ibidem, p. 215.
[58] Ver Jessie Daniel Ames, *The Changing Character of Lynching, 1931-1941* (Nova York, AMS Press, 1973).
[59] Ibidem, p. 19.

O pequeno grupo de mulheres que participaram do encontro de fundação da associação, em Atlanta, discutiu o papel das mulheres brancas nos linchamentos daquele momento. Elas destacaram que as mulheres geralmente estavam presentes nas multidões que se reuniam em torno das gangues linchadoras e, em alguns casos, eram integrantes ativas delas. Além disso, as mulheres brancas que permitiam que suas crianças testemunhassem assassinatos de pessoas negras estavam doutrinando-as nos hábitos racistas do Sul. O estudo de Walter White sobre linchamentos, publicado um ano antes do encontro dessas mulheres, argumentava que uma das piores consequências dos assassinatos praticados por essas gangues era o desvirtuamento da mente das crianças brancas sulistas. Quando White viajou à Flórida para investigar um linchamento, uma menina de nove ou dez anos contou a ele sobre "como nos divertimos queimando os pretos"[60].

Em 1930, Jessie Daniel Ames e as cofundadoras da Associação de Mulheres do Sul pela Prevenção de Linchamentos decidiram recrutar as massas de mulheres brancas do Sul para uma campanha destinada a derrotar as gangues racistas empenhadas em matar pessoas negras. Finalmente, elas conseguiram mais de 40 mil assinaturas para o pacto da associação:

> Declaramos que o linchamento é um crime indefensável, destrói todos os princípios de governo, é odioso e hostil a todos os ideais religiosos e humanitários, é desonroso e degradante para toda e qualquer pessoa envolvida. [...] A opinião pública aceitou com muita facilidade a afirmação de linchadores e membros de gangues de que eles agem unicamente em defesa das mulheres. À luz dos fatos, não ousamos mais permitir que essa afirmação fique sem ser contestada, nem que aqueles dispostos à vingança pessoal e à selvageria cometam atos violentos e ilegais em nome das mulheres. Solenemente nos comprometemos a formar uma nova opinião pública no Sul, que não tolerará, por nenhum motivo, as ações de gangues ou de linchadores. Ensinaremos nossas crianças em casa, na escola e na igreja uma nova interpretação da lei e da religião; ajudaremos todas as autoridades a cumprir seu juramento de posse; e, por fim, iremos nos juntar a cada pastor, editor, professor e cidadão patriota em um programa educativo para erradicar de nossa terra os linchamentos e as gangues para sempre.[61]

Essas corajosas mulheres brancas sofreram oposição, hostilidade e até ameaças de morte. Suas contribuições foram inestimáveis no interior da cruzada contra

---

[60] Walter White, *Rope and Faggot*, cit., p. 3.
[61] Jessie Daniel Ames, *The Changing Character of Lynching*, cit., p. 64.

os linchamentos. Sem suas incansáveis iniciativas para apresentar petições, suas campanhas por cartas, seus encontros e manifestações, a onda de linchamentos não teria sido revertida tão rapidamente. Ainda assim, a Associação de Mulheres do Sul pela Prevenção de Linchamentos foi um movimento que chegou quarenta anos atrasado. Por quatro décadas ou mais, as mulheres negras vinham liderando a campanha contra os linchamentos e, por um tempo quase igualmente longo, apelaram para que suas irmãs brancas se unissem a elas. Uma das maiores fraquezas do estudo de Susan Brownmiller sobre estupro é sua absoluta desconsideração dos esforços pioneiros das mulheres negras no movimento antilinchamento. Embora Brownmiller corretamente enalteça Jessie Daniel Ames e a Associação de Mulheres do Sul pela Prevenção de Linchamentos, ela não faz mais do que menções passageiras a Ida B. Wells, Mary Church Terrell ou Mary Talbert e as Cruzadas Contra os Linchamentos.

Embora a Associação de Mulheres do Sul pela Prevenção de Linchamentos fosse uma resposta tardia aos apelos de suas irmãs negras, o grande alcance das realizações dessas mulheres ilustra de maneira dramática o lugar especial das mulheres brancas na luta contra o racismo. Quando Mary Talbert e suas Cruzadas Contra os Linchamentos estenderam a mão às mulheres brancas, sentiram que estas poderiam se identificar mais prontamente com a causa negra em razão da opressão que elas próprias sofriam enquanto mulheres. Além disso, o linchamento em si, como um terrível instrumento do racismo, também servia para fortalecer a dominação masculina.

> Dependência econômica, nenhum contato com ocupações que não sejam "educadas, refinadas, femininas", atividades mentais restritas ao campo da vida doméstica: todas essas restrições impostas por homens têm sido mais pesadas para as mulheres do Sul, onde são mantidas com mais rigidez do que em qualquer outra parte do país.[62]

Durante a Cruzada Contra os Linchamentos, as críticas à manipulação racista da acusação de estupro não tinham o objetivo de isentar os homens negros que de fato cometessem crimes de agressão sexual. Já em 1894, Frederick Douglass alertou que seus pronunciamentos contra o mito do estuprador negro não deveriam ser mal interpretados como uma defesa do estupro em si.

> Não alego que negros sejam santos e anjos. Não refuto que sejam capazes de cometer o crime que lhes é imputado, mas refuto totalmente que sejam mais viciados em

---

[62] Walter White, *Rope and Faggot*, cit., p. 159.

cometer tal crime do que qualquer outra espécie da família humana. [...] Não sou defensor de nenhum homem culpado desse crime abominável, mas um defensor do povo de cor enquanto uma classe.[63]

O ressurgimento do racismo durante a metade dos anos 1970 tem sido acompanhado pela restauração do mito do estuprador negro. Infelizmente, esse mito às vezes tem sido legitimado por mulheres brancas associadas à batalha contra o estupro. Consideremos, por exemplo, o trecho com que Susan Brownmiller conclui o capítulo intitulado "A Question of Race" [Uma questão de raça] de seu livro:

> Atualmente, a incidência de verdadeiros estupros, combinada com a imagem mental do fantasma ameaçador do estuprador – e, em particular, do espectro mitificado do homem negro como estuprador, para o qual ele, em nome de sua masculinidade, agora contribui –, deve ser entendida como um mecanismo de controle contra a liberdade, o direito de ir e vir e as aspirações de todas as mulheres, brancas e negras. A encruzilhada do racismo e do sexismo tinha de ser um ponto de encontro violento. Não há sentido em fingir que não seja.[64]

A provocadora distorção que Brownmiller faz de casos históricos como o dos nove jovens de Scottsboro, de Willie McGee e de Emmett Till é projetada para dissipar qualquer simpatia pelos homens negros que são vítimas de acusações fraudulentas de estupro. Quanto a Emmett Till, ela claramente nos convida a inferir que, caso esse garoto de catorze anos não tivesse sido alvejado na cabeça e jogado no rio Tallahatchie depois de assobiar para uma mulher branca, ele provavelmente teria tido êxito em estuprar outra mulher branca.

Brownmiller tenta persuadir quem a lê de que as palavras absurdas e propositadamente sensacionalistas de Eldridge Cleaver – que chamou o estupro de um "ato de insurreição" contra a "sociedade branca" – são representativas. Parece que ela tem a intenção de evocar na imaginação de seu público leitor exércitos de homens negros, com seus pênis eretos, correndo a toda velocidade em direção às mulheres brancas ao seu alcance. Nas fileiras desse exército estão o fantasma de Emmett Till, o estuprador Eldridge Cleaver e Imamu Baraka, que certa vez escreveu: "Levante, niilismo do papaizinho negro. Estupre as garotas brancas. Estupre os pais delas. Corte a garganta das mães delas". Mas

---

[63] Philip S. Foner, *The Life and Writings of Frederick Douglass*, v. 4, cit., p. 496.
[64] Susan Brownmiller, *Against Our Will*, cit., p. 255.

Brownmiller vai além. Ela não só inclui homens como Calvin Hernton – cujo livro é inequivocamente sexista –, mas também, entre outros, George Jackson, que nunca tentou justificar o estupro. As ideias de Eldridge Cleaver, diz ela,

> refletem uma tendência de pensamento entre intelectuais e escritores negros do sexo masculino que se que estava bastante em voga no fim dos anos 1960 e foi empregada com impressionante entusiasmo por radicais brancos do sexo masculino e parte do *establishment* intelectual branco como uma desculpa perfeitamente aceitável para estupros cometidos por homens negros.[65]

A discussão que Susan Brownmiller faz sobre estupro e raça evidencia um sectarismo impensado que beira o racismo. Ao emular uma defesa da causa de todas as mulheres, ela algumas vezes confina a si mesma na posição de defender a causa específica das mulheres *brancas*, independentemente das implicações disso. Sua análise do caso dos nove jovens de Scottsboro é um exemplo revelador. Como a própria Brownmiller destaca, esses nove adolescentes acusados e condenados por estupro passaram longos anos de sua vida na prisão porque duas mulheres brancas cometeram perjúrio ao testemunhar. Ainda assim, ela não tem nada além de desprezo pelos homens negros e pelo movimento em defesa deles – e sua simpatia pelas duas mulheres brancas é gritante. "A esquerda lutou arduamente por seus símbolos de injustiça racial, transformando em heróis atordoados um punhado de rapazes patéticos, semianalfabetos, presos nas garras da jurisprudência do Sul, que só queriam escapar da condenação."[66]

Por outro lado, as duas mulheres brancas, cujo testemunho falso levou os nove garotos de Scottsboro para a prisão, estavam "encurraladas por um bando de homens brancos que já acreditavam que um estupro havia acontecido. Confusas e com medo, elas entraram no jogo"[67].

Ninguém pode negar que as mulheres foram manipuladas pelos racistas do Alabama. Entretanto, é errado retratá-las como peças inocentes de um jogo, isentas da responsabilidade de colaborar com as forças do racismo. Ao escolher ficar ao lado das mulheres brancas, independentemente das circunstâncias, a própria Brownmiller é vencida pelo racismo. Sua incapacidade de alertar as mulheres brancas sobre a urgência de combinar uma feroz contestação do

---

[65] Ibidem, p. 248-9.
[66] Ibidem, p. 237.
[67] Ibidem, p. 233.

racismo com a batalha necessária contra o sexismo é uma importante vantagem para as forças racistas de hoje.

O mito do estuprador negro continua a levar a cabo o pérfido trabalho da ideologia racista. E deve ser responsável por grande parte do fracasso da maioria das teóricas antiestupro na busca da identidade do enorme número de estupradores anônimos, que seguem sem denúncia, julgamento e condenação. Enquanto suas análises focarem acusados de estupro que são denunciados e presos – portanto, apenas uma fração dos estupros de fato cometidos –, os homens negros (e outros homens de minorias étnicas) serão inevitavelmente vistos como os vilões responsáveis pela atual epidemia de violência sexual. O anonimato que cerca a imensa maioria dos estupros é, em consequência, tratado como um detalhe estatístico – ou, mais do que isso, como um mistério cujo sentido é indecifrável.

Mas, em primeiro lugar, por que existem tantos estupradores anônimos? Não seria esse anonimato um privilégio usufruído pelos homens cuja condição social os protege de processos judiciais? Embora os homens brancos que são empregadores, executivos, políticos, médicos, professores universitários etc. sejam conhecidos por "tirar vantagem" de mulheres que eles consideram socialmente inferiores, seus delitos sexuais raramente vêm à luz em tribunais. Portanto, não é bastante provável que esses homens da classe capitalista e da classe média sejam responsáveis por uma proporção significativa dos estupros não notificados? Muitos desses estupros certamente envolvem vítimas que são mulheres negras: sua experiência histórica mostra que a ideologia racista subentende um convite aberto ao estupro. Como a base da licença para estuprar as mulheres negras durante a escravidão era o poder econômico dos proprietários de escravos, a estrutura de classe da sociedade capitalista também abriga um incentivo ao estupro. Na verdade, parece que homens da classe capitalista e seus parceiros de classe média são imunes aos processos judiciais porque cometem suas agressões sexuais com a mesma autoridade incontestada que legitima suas agressões diárias contra o trabalho e a dignidade de trabalhadoras e trabalhadores.

A existência generalizada do assédio sexual no trabalho nunca foi um grande segredo. De fato, é precisamente no trabalho que as mulheres – em especial quando não estão organizadas em sindicatos – são mais vulneráveis. Por já terem estabelecido a dominação econômica sobre suas subordinadas do sexo feminino, empregadores, gerentes e supervisores podem tentar reafirmar sua autoridade em termos sexuais. O fato de que as mulheres da classe trabalhadora são mais intensamente exploradas do que os homens contribui para sua vulnerabilidade ao abuso sexual, enquanto a coerção sexual reforça, ao mesmo tempo, sua vulnerabilidade à exploração econômica.

Homens da classe trabalhadora, seja qual for sua etnia, podem ser motivados a estuprar pela crença de que sua masculinidade lhes concede o privilégio de dominar as mulheres. Ainda assim, como eles não possuem a autoridade social ou econômica – exceto quando um homem branco estupra uma mulher de minorias étnicas – que garanta imunidade a processos judiciais, o incentivo não é nem de perto tão poderoso quanto o é para os homens da classe capitalista. Quando homens da classe trabalhadora aceitam o convite ao estupro que lhes é estendido pela ideologia da supremacia masculina, eles estão aceitando um suborno, uma compensação ilusória à sua falta de poder.

A estrutura de classe do capitalismo encoraja homens que detêm poder econômico e político a se tornarem agentes cotidianos da exploração sexual. A presente epidemia de estupros ocorre em um momento em que a classe capitalista está furiosamente reafirmando sua autoridade em face de desafios globais e nacionais. Tanto o racismo quanto o sexismo, centrais para a estratégia doméstica de aumentar a exploração econômica, têm recebido um encorajamento sem precedentes. Não é mera coincidência que, à medida que a incidência de casos de estupro tem aumentado, a posição das trabalhadoras tem piorado de modo visível. As perdas econômicas das mulheres são tão severas que seus salários, quando comparados aos dos homens, estão mais baixos do que há uma década. A proliferação da violência sexual é a face brutal de uma intensificação generalizada do sexismo, que necessariamente acompanha essa agressão econômica.

Seguindo o padrão estabelecido pelo racismo, o ataque contra as mulheres espelha a situação de deterioração da mão de obra de minorias étnicas e a crescente influência do racismo no sistema judicial, nas instituições de ensino e na postura de negligência calculada do governo em relação à população negra e a outras minorias étnicas. Os sinais mais dramáticos do perigoso ressurgimento do racismo são a nova visibilidade da Ku Klux Klan e a correspondente epidemia de agressões violentas contra negros, descendentes de mexicanos e indígenas. A presente epidemia de estupros guarda uma extraordinária semelhança com essa violência estimulada pelo racismo.

Dada a complexidade do contexto social em que o estupro acontece hoje, qualquer tentativa de tratá-lo como um fenômeno isolado está fadada ao fracasso. Uma estratégia eficaz contra o estupro deve ter como objetivo mais do que a erradicação do estupro – ou mesmo do sexismo – por si só. A luta contra o racismo deve ser um tema contínuo do movimento antiestupro, que deve defender não apenas as mulheres de minorias étnicas, mas também as muitas vítimas da manipulação racista das acusações de estupro. As dimensões críticas da violência sexual constituem uma das facetas de uma profunda e contínua crise do capitalismo. Como lado violento do sexismo, a ameaça de estupro persistirá enquanto a opressão generalizada contra as mulheres continuar a ser uma muleta essencial para o capitalismo. O movimento antiestupro e suas importantes atividades atuais – que variam de ajuda emocional e legal a campanhas educacionais e de autodefesa – devem ser situados em um contexto estratégico que tenha em vista a derrota definitiva do capitalismo monopolista.

12
RACISMO, CONTROLE DE NATALIDADE E DIREITOS REPRODUTIVOS

Quando feministas do século XIX apresentaram a reivindicação pela "maternidade voluntária", nasceu a campanha pelo controle de natalidade. Suas proponentes foram chamadas de radicais e submetidas à mesma zombaria que recaiu sobre as primeiras defensoras do sufrágio feminino. A "maternidade voluntária" era considerada uma audácia, uma afronta e uma excentricidade por pessoas que insistiam que a esposa não tinha o direito de recusar-se a satisfazer os anseios sexuais do marido. Com o tempo, claro, o direito ao controle de natalidade, assim como o direito das mulheres ao voto, seria um ponto mais ou menos pacífico para a opinião pública estadunidense. Mas em 1970, um século depois, o apelo por aborto legal e de fácil acesso não era menos controverso do que a questão da "maternidade voluntária" que deu início ao movimento pela contracepção nos Estados Unidos.

O controle de natalidade – escolha individual, métodos contraceptivos seguros, bem como abortos, quando necessários – é um pré-requisito fundamental para a emancipação das mulheres. Uma vez que o direito ao controle de natalidade é obviamente uma vantagem para as mulheres de todas as classes e raças, seria de se esperar que mesmo os grupos mais diversos de mulheres tentassem se unir em torno da questão. Na realidade, entretanto, o movimento pelo controle de natalidade raramente foi bem-sucedido em reunir mulheres de diferentes origens sociais, e as líderes do movimento quase nunca divulgaram amplamente as verdadeiras preocupações das mulheres da classe trabalhadora. Além disso, algumas vezes os argumentos desenvolvidos pelas defensoras do controle de natalidade se basearam em premissas flagrantemente racistas. O potencial progressista do controle de natalidade continua sendo indiscutível. Mas, na verdade, o histórico desse movimento deixa muito a desejar no âmbito da contestação do racismo e da exploração de classe.

A vitória mais importante do movimento contemporâneo pelo controle de natalidade [nos Estados Unidos] ocorreu no início dos anos 1970, quando o aborto foi finalmente declarado legal. Surgida na infância do movimento de libertação feminina, a luta pela legalização do aborto incorporou todo o entusiasmo e a militância do jovem movimento. Em janeiro de 1973, a campanha pelo direito ao aborto conseguiu um resultado triunfante. No caso Roe *versus* Wade (v. 410 de casos da Suprema Corte dos Estados Unidos) e no caso Doe *versus* Bolton (idem), a Suprema Corte dos Estados Unidos determinou que o direito da mulher à privacidade individual implicava seu direito de decidir sobre fazer ou não um aborto.

As fileiras da campanha pelo direito ao aborto não incluíam um número substancial de mulheres de minorias étnicas. Dada a composição racial do movimento mais amplo pela libertação feminina, isso não significava uma surpresa. Quando eram levantadas questões sobre a ausência de mulheres racialmente oprimidas tanto no movimento mais amplo quanto na campanha pelo direito ao aborto, duas explicações eram comumente apresentadas nos debates e na literatura do período: as mulheres de minorias étnicas estavam sobrecarregadas pela luta de seu povo contra o racismo; e/ou elas ainda não haviam se conscientizado da centralidade do sexismo. Mas o real significado da pele branca como leite da campanha pelo direito ao aborto não seria encontrado na consciência aparentemente míope ou subdesenvolvida das mulheres de minorias étnicas. A verdade está escondida nas bases ideológicas do próprio movimento pelo controle de natalidade.

O fracasso da campanha pelo direito ao aborto em conduzir uma autoavaliação histórica levou a uma apreciação perigosamente superficial das atitudes de suspeita da população negra em relação ao controle de natalidade em geral. É verdade que, quando algumas pessoas negras não hesitaram em igualar o controle de natalidade ao genocídio, a reação pareceu exagerada – e até paranoica. Ainda assim, as ativistas brancas pelo direito ao aborto não compreenderam uma mensagem profunda, pois sob esses gritos de genocídio havia importantes indicações sobre a história do movimento pelo controle de natalidade. Esse movimento, por exemplo, tornou-se conhecido por defender a esterilização involuntária – uma forma racista de "controle de natalidade" em massa. Se algum dia as mulheres viessem a desfrutar do direito de planejar sua gravidez, tanto as medidas legais e facilmente acessíveis de controle de natalidade quanto o aborto teriam de ser complementados pelo fim da prática abusiva da esterilização.

Quanto à campanha pelo direito ao aborto em si, como as mulheres de minorias étnicas poderiam deixar de compreender sua urgência? Elas estavam muito mais familiarizadas do que suas irmãs brancas com os bisturis mortalmente desastrados de pessoas inaptas que buscavam lucro na ilegalidade. Em Nova York, por exemplo, durante os muitos anos que precederam a descriminalização do aborto no estado, cerca de 80% das mortes causadas por abortos ilegais envolviam mulheres negras e porto-riquenhas[1]. Imediatamente depois da descriminalização, as mulheres de minorias étnicas receberam quase metade de todos os abortos legais. Se a campanha pelo direito ao aborto do início dos anos 1970 precisava ser lembrada de que as mulheres de minorias étnicas queriam desesperadamente escapar dos charlatões de fundo de quintal, também deveria ter percebido que essas mesmas mulheres não estavam dispostas a expressar sentimentos pró-aborto. Elas eram a favor do *direito ao aborto*, o que não significava que fossem defensoras do aborto. Quando números tão grandes de mulheres negras e latinas recorrem a abortos, as histórias que relatam não são tanto sobre o desejo de ficar livres da gravidez, mas sobre as condições sociais miseráveis que as levam a desistir de trazer novas vidas ao mundo.

As mulheres negras têm autoinduzido abortos desde os primeiros dias da escravidão. Muitas escravas se recusavam a trazer crianças a um mundo de trabalho forçado interminável, em que correntes, açoites e o abuso sexual de mulheres eram as condições da vida cotidiana. Um médico que clinicava na Geórgia por volta da metade do século XIX percebeu que abortos e abortos espontâneos eram muito mais comuns entre suas pacientes escravas do que entre as mulheres brancas que ele tratava. De acordo com o médico, ou as mulheres negras realizavam trabalhos pesados demais, ou:

> como os proprietários de terras acreditavam, as negras são possuidoras de um segredo por meio do qual destroem o feto no início da gestação [...]. Todos os clínicos do país estão cientes das reclamações frequentes dos proprietários de terras [sobre a] [...] tendência antinatural da mulher africana em destruir sua prole.[2]

Expressando choque porque "famílias inteiras de mulheres não conseguem ter nenhuma criança"[3], esse médico nunca considerou o quanto "antinatural"

---

[1] Edwin M. Gold et al., "Therapeutic Abortions in New York City: A Twenty-Year Review", *American Journal of Public Health*, v. 55, jul. 1965, p. 964-72, citado em Lucinda Cisla, "Unfinished Business: Birth Control and Women's Liberation", em Robin Morgan (org.), *Sisterhood is Powerful: An Anthology of Writings From the Women's Liberation Movement* (Nova York, Vintage, 1970), p. 261. Também citado em Robert Staples, *The Black Woman in America* (Chicago, Nelson Hall, 1974), p. 146.
[2] Herbert Gutman, *The Black Family in Slavery and Freedom*, cit., p. 80-1 (nota).
[3] Idem.

era criar os filhos sob o regime da escravidão. O episódio anteriormente mencionado de Margaret Garner, uma escrava fugitiva que matou a própria filha e tentou suicídio quando foi encontrada por captores de escravos, é um bom exemplo: "Ela se comprazia porque a menina estava morta – 'assim ela nunca saberá o que uma mulher sofre como escrava' – e implorava para ser julgada por assassinato. 'Irei cantando para a forca em vez de voltar para a escravidão'"[4].

Por que os abortos autoinduzidos e os atos relutantes de infanticídio eram ocorrências tão comuns durante a escravidão? Não era porque as mulheres negras haviam descoberto soluções para suas agonias, e sim porque elas estavam desesperadas. Abortos e infanticídios eram atos de desespero, motivados não pelo processo biológico do nascimento, mas pelas condições opressoras da escravidão. A maioria dessas mulheres, sem dúvida, teria expressado seu ressentimento mais profundo caso alguém saudasse seus abortos como um passo rumo à liberdade.

Durante o início da campanha pelo direito ao aborto, muito frequentemente se supunha que os abortos legais representariam uma alternativa viável à miríade de problemas criados pela pobreza. Como se o fato de nascerem menos crianças pudesse gerar mais empregos, salários mais altos, escolas melhores etc. etc. Essa hipótese refletia a tendência de encobrir a diferença entre o *direito ao aborto* e a defesa generalizada de *abortos*. Com frequência, a campanha falhou em dar voz às mulheres que queriam o *direito* aos abortos legais, ainda que deplorassem as condições sociais que as proibiam de dar à luz mais crianças.

A renovada ofensiva contra o direito ao aborto que irrompeu durante a segunda metade dos anos 1970 tornou absolutamente necessário enfocar com mais intensidade as necessidades das mulheres pobres e racialmente oprimidas. Em 1977, a aprovação da emenda Hyde pelo Congresso determinou a retirada de fundos federais para abortos, levando as legislaturas de vários estados a fazer o mesmo. Desse modo, mulheres negras, porto-riquenhas, de origem mexicana e indígenas, ao lado de suas irmãs brancas pobres, foram efetivamente destituídas do direito a abortos legais. Como as esterilizações cirúrgicas, financiadas pelo Departamento de Saúde, Educação e Bem-Estar, continuaram gratuitas a quem as solicitasse, mais e mais mulheres pobres foram forçadas a optar pela infertilidade permanente. O que é urgentemente necessário é uma ampla campanha em defesa de direitos reprodutivos para todas as mulheres – em especial para

---

[4] Herbert Aptheker, "The Negro Woman", [*Masses and Mainstream*, v. 2, n. 2, 1948,] p. 12.

aquelas que são, com frequência, obrigadas por suas circunstâncias econômicas a abdicar do direito à reprodução em si.

O desejo das mulheres de controlar seu sistema reprodutivo é provavelmente tão antigo quanto a própria história da humanidade. Já em 1844, o *United States Practical Receipt Book* [Livro prático de fórmulas dos Estados Unidos] continha, entre várias receitas de alimentos, produtos de limpeza e medicamentos, "fórmulas" de "loções para prevenir a gravidez". Para produzir a "Loção Preventiva de Hannay", por exemplo, "pegue uma parte de carbonato de potássio e seis partes de água. Misture e filtre. Conserve em garrafas fechadas e use, com ou sem sabão, imediatamente após a relação"[5]. Para a "Loção Preventiva de Abernethy", "pegue 25 partes de bicloreto de mercúrio, 400 partes de leite de amêndoas, 100 partes de álcool, 1.000 partes de água de rosas. Mergulhe a glande em um pouco da mistura. [...] Infalível, se usada no momento adequado"[6].

Embora as mulheres provavelmente sempre tenham sonhado com métodos infalíveis de contracepção, os direitos reprodutivos só puderam emergir como uma reivindicação legítima depois que os direitos das mulheres, em sua totalidade, tornaram-se o foco de um movimento organizado. Em um ensaio intitulado "Marriage" [Casamento], escrito durante os anos 1850, Sarah Grimké defende o "direito, por parte da mulher, de decidir *quando* ela deve se tornar mãe, quantas vezes e em que circunstâncias"[7]. Aludindo à observação cômica de um médico, Grimké concordou que se as esposas e os maridos dessem à luz alternadamente, "nenhuma família teria mais de três crianças, o marido parindo uma e a mulher, duas"[8]. Mas, como ela insiste, "o *direito* de decidir sobre essa questão tem sido quase completamente negado à mulher"[9].

Sarah Grimké defendia o direito das mulheres à abstinência sexual. Em torno dessa época, aconteceu o famoso "casamento emancipado" de Lucy Stone e Henry Blackwell. Ambos abolicionistas e ativistas dos direitos das mulheres, casaram-se em uma cerimônia de protesto contra a tradicional abdicação das mulheres de seus direitos individuais, seu nome e suas propriedades. Ao concordar que, como marido, ele não tinha o direito à "custódia da pessoa da

---

[5] Citado em Rosalyn Baxandall et al. (org.), *America's Working Women*, cit., p. 17.
[6] Idem.
[7] Gerda Lerner, *The Female Experience*, cit., p. 91.
[8] Idem.
[9] Idem.

esposa"[10], Henry Blackwell prometeu que não tentaria impor os preceitos de seus desejos sexuais à esposa.

A noção de que a mulher poderia se recusar a se submeter às exigências sexuais do marido se tornou a ideia central do apelo pela "maternidade voluntária". Nos anos 1870, quando o movimento pelo sufrágio feminino alcançou o auge, as feministas defendiam publicamente a maternidade voluntária. Em um discurso realizado em 1873, Victoria Woodhull afirmou que

> a mulher que se submete à relação sexual contra sua vontade ou desejo praticamente comete suicídio; quanto ao marido que a obriga a isso, comete assassinato e deve ser punido, como seria caso a tivesse estrangulado até a morte por rejeitá-lo.[11]

Woodhull, claro, era uma defensora notória do "amor livre". Sua defesa do direito da mulher de se abster das relações sexuais no casamento como um meio de controlar a gravidez foi associada a seu ataque generalizado à instituição do casamento.

Não foi coincidência o fato de que a consciência das mulheres sobre seus direitos reprodutivos tenha nascido no interior do movimento organizado em defesa da igualdade política das mulheres. Na verdade, se elas permanecessem para sempre sobrecarregadas por incessantes partos e frequentes abortos espontâneos, dificilmente conseguiriam exercitar os direitos políticos que poderiam vir a conquistar. Além disso, os novos sonhos das mulheres de seguir uma carreira profissional e outros caminhos de autodesenvolvimento fora do casamento e da maternidade só poderiam ser realizados se elas conseguissem limitar e planejar suas gestações. Nesse sentido, o slogan da "maternidade voluntária" continha uma visão nova e autenticamente progressista da condição da mulher. Ao mesmo tempo, entretanto, essa visão estava rigidamente associada ao estilo de vida de que gozavam as classes médias e a burguesia. As aspirações por trás da reivindicação da "maternidade voluntária" não refletiam as condições das mulheres da classe trabalhadora, engajadas em uma luta muito mais fundamental pela sobrevivência econômica. Uma vez que essa primeira reivindicação pelo controle de natalidade foi associada a objetivos que só poderiam ser atingidos

---

[10] "Marriage of Lucy Stone under Protest" foi publicado em Elizabeth Cady Stanton, Susan B. Anthony et al., *History of Woman Suffrage*, v. 1, cit., citado em Miriam Schneir, *Feminism*, cit., p. 104.

[11] Discurso de Victoria Woodhull, "The Elixir of Life", citado em Miriam Schneir, *Feminism*, cit., p. 153.

por mulheres com riqueza material, um grande número de mulheres pobres e da classe trabalhadora teve certa dificuldade em se identificar com o embrionário movimento pelo controle de natalidade.

Por volta do fim do século XIX, a taxa de natalidade de crianças brancas nos Estados Unidos sofreu um expressivo declínio. Como nenhuma inovação contraceptiva havia sido apresentada ao público, a queda na taxa de natalidade sugeria que as mulheres estavam restringindo significativamente sua atividade sexual. Em 1890, a típica mulher branca nascida nos Estados Unidos dava à luz não mais do que quatro crianças[12]. Uma vez que a sociedade estadunidense estava se tornando cada vez mais urbana, esse novo padrão de nascimentos não deveria ser uma surpresa. Enquanto a vida no campo exigia famílias grandes, no contexto da vida urbana essas mesmas famílias se tornavam disfuncionais. Ainda assim, o fenômeno foi publicamente interpretado pelos ideólogos do capitalismo monopolista em ascensão de modo racista e em oposição à classe trabalhadora. Já que as mulheres brancas nativas estavam dando à luz menos crianças, o fantasma do "suicídio de raça" foi levantado nos círculos oficiais.

Em 1905, o presidente Theodore Roosevelt concluiu seu discurso durante o jantar do Lincoln Day* com a declaração de que "a pureza da raça deve ser mantida"[13]. Em 1906, ele equiparou abertamente a queda na taxa de natalidade entre a população branca nativa à iminente ameaça do "suicídio de raça". Em seu discurso sobre o estado da União** daquele ano, Roosevelt fez uma advertência às mulheres brancas de famílias aristocráticas engajadas na "esterilidade voluntária – o único pecado para o qual a pena é a morte da nação, o suicídio da raça"[14]. Esses comentários foram feitos em um período de crescimento acelerado da ideologia racista e de grandes ondas de tumultos raciais e linchamentos no cenário doméstico. Além disso, o próprio presidente Roosevelt tentava reunir

---

[12] Mary P. Ryan, *Womanhood in America: From Colonial Times to the Present* (Nova York, Franklin Watts, 1975), p. 162.

* O Lincoln Day é uma comemoração anual batizada em homenagem ao presidente Abraham Lincoln, ocasião em que o Partido Republicano promove jantares em diversas localidades a fim de levantar fundos para suas atividades partidárias. A comemoração não tem data fixa nem relação com o dia de nascimento de Lincoln, 12 de fevereiro de 1809. (N. T.)

[13] Melvin Steinfeld, *Our Racist Presidents* (San Ramon, Consensus, 1972), p. 212.

** No original, *state of the Union*. Anualmente, o presidente dos Estados Unidos realiza, diante do Congresso, o discurso sobre o estado da União, em que resume as condições gerais do país, apresenta indicadores sociais e destaca suas propostas de medidas legislativas para o ano em curso. (N. T.)

[14] Bonnie Mass, *Population Target: The Political Economy of Population Control in Latin America* (Toronto, Women's Educational Press, 1977), p. 20.

apoio para a tomada das Filipinas pelos Estados Unidos, a mais recente iniciativa imperialista do país.

Como o movimento pelo controle de natalidade reagiu à acusação de Roosevelt de que sua causa estava promovendo o suicídio da raça? O estratagema propagandístico do presidente foi um fracasso, de acordo com uma importante historiadora do movimento pelo controle de natalidade, porque, ironicamente, levou a um maior apoio à causa. Ainda assim, como sustenta Linda Gordon, essa controvérsia "também trouxe à frente de batalha aquelas questões que mais distanciavam as feministas da classe trabalhadora e das mulheres pobres"[15].

> Isso aconteceu de duas formas. Primeiro, as feministas enfatizavam cada vez mais o controle de natalidade como um caminho para carreiras profissionais e para a educação superior – objetivos inalcançáveis para a população pobre, com ou sem controle de natalidade. No contexto do movimento feminista como um todo, o episódio do suicídio da raça foi um fator adicional para que o feminismo fosse identificado quase que exclusivamente com as aspirações das mulheres privilegiadas da sociedade. Segundo, as feministas que defendiam o controle de natalidade começaram a difundir a ideia de que a população pobre tinha a obrigação moral de reduzir o tamanho de sua família, porque as famílias grandes drenavam os impostos e os gastos com caridade dos ricos e porque as crianças pobres eram menos propensas a se tornar "superiores".[16]

A aceitação da tese de suicídio da raça, em maior ou menor medida, por mulheres como Julia Ward Howe e Ida Husted Harper refletia a capitulação do movimento sufragista à postura racista das mulheres do Sul. Se as sufragistas aquiesceram aos argumentos que invocavam a extensão do voto às mulheres como a salvação da supremacia branca, então as defensoras do controle de natalidade ou aquiesceram ou apoiaram os novos argumentos invocando o controle de natalidade como um meio de prevenir a proliferação das "classes baixas" e como um antídoto ao suicídio de raça. Este poderia ser prevenido pela introdução de métodos contraceptivos entre a população negra, imigrante e pobre em geral. Assim, as brancas prósperas de sólida linhagem ianque poderiam continuar sendo superiores em número na população. Dessa forma, o viés

---

[15] Linda Gordon, *Woman's Body, Woman's Right: Birth Control in America* (Nova York, Penguin, 1976), p. 157.
[16] Ibidem, p. 158.

de classe e o racismo se infiltraram no movimento pelo controle de natalidade ainda em sua infância. Cada vez mais, aceitava-se nos círculos do movimento que as mulheres pobres, tanto negras quanto imigrantes, tinham um "dever moral de restringir o tamanho de sua família"[17]. O que era reivindicado como um "direito" para as mulheres privilegiadas veio a ser interpretado como um "dever" para as mulheres pobres.

Quando Margaret Higgins Sanger iniciou sua cruzada de uma vida inteira pelo controle de natalidade – um termo que ela cunhou e popularizou –, parecia que os matizes racistas e hostis à classe trabalhadora do período anterior seriam superados. A própria Margaret Sanger tinha suas origens na classe trabalhadora e estava bastante familiarizada com as dificuldades devastadoras da pobreza. Quando sua mãe morreu, aos 48 anos, ela havia dado à luz nada menos do que 11 crianças. Mais tarde, as memórias que Sanger tinha dos problemas de sua família confirmariam sua crença de que as mulheres da classe trabalhadora tinham uma necessidade especial do direito de planejar e espaçar suas gestações de forma autônoma. Já adulta, sua filiação ao movimento socialista era um motivo a mais para a esperança de que a campanha pelo controle de natalidade se movesse em uma direção mais progressista.

Ao entrar para o Partido Socialista, em 1912, Margaret Sanger assumiu a responsabilidade de recrutar para o partido mulheres das agremiações de trabalhadoras de Nova York[18]. O jornal da organização, *The Call*, publicou artigos escritos por ela na página feminina. Ela escreveu uma série intitulada "What Every Mother Should Know" [O que toda mãe deve saber], outra chamada "What Every Girl Should Know" [O que toda garota deve saber] e fez coberturas *in loco* de greves envolvendo mulheres. A familiaridade de Sanger com os bairros da classe trabalhadora de Nova York era consequência dos numerosos atendimentos que ela, enfermeira formada, realizava nas áreas pobres da cidade. Durante essas visitas, destaca a autora em sua autobiografia, ela conheceu um número incontável de mulheres que possuíam um desejo desesperado de mais conhecimento sobre o controle de natalidade.

De acordo com as reflexões autobiográficas de Sanger, um dos vários atendimentos que ela realizou como enfermeira no Lower East Side nova-iorquino

---

[17] Idem.
[18] Margaret Sanger, *An Autobiography* (Nova York, Dover, 1971), p. 75.

a convenceu a empreender uma cruzada pessoal pelo controle de natalidade. Ao atender um chamado de rotina, ela encontrou uma mulher de 28 anos, Sadie Sachs, que havia tentado induzir um aborto. Passado o momento crítico, a jovem pediu ao médico informações sobre prevenção de gravidez. Segundo o relato que Sanger faz da história, o médico recomendou que ela "dissesse a Jake [o marido] para dormir no telhado"[19].

> Olhei rapidamente para a sra. Sachs. Mesmo com as lágrimas que me vieram de repente, pude ver estampada em seu rosto a expressão de absoluto desespero. Simplesmente olhamos uma para a outra, sem trocar palavra até que a porta se fechasse atrás do médico. Então, ela levantou suas mãos finas, de veias azuis, e as juntou em súplica. "Ele não entende. Ele é só um homem. Mas você entende, não é? Por favor, me conte o segredo, eu nunca vou sussurrá-lo para alma nenhuma. Por favor!"[20]

Três meses depois, Sadie Sachs morreu devido a outro aborto autoinduzido. Naquela noite, conta Margaret Sanger, ela jurou dedicar toda sua energia para adquirir e disseminar métodos contraceptivos: "Fui dormir, sabendo que, sem importar o que custasse, eu não lidaria mais com cuidados paliativos e superficiais; resolvi ir à raiz do mal, fazer algo para mudar o destino das mães cujas dores eram tão vastas quanto o céu"[21].

Durante a primeira fase da cruzada de Sanger pelo controle de natalidade, ela manteve sua filiação ao Partido Socialista – e a campanha em si estava diretamente associada com o crescimento da militância da classe trabalhadora. Recebeu o apoio convicto de pessoas como Eugene Debs, Elizabeth Gurley Flynn e Emma Goldman, que representavam, respectivamente, o Partido Socialista, a IWW e o movimento anarquista. Margaret Sanger, por sua vez, expressava o compromisso de seu próprio movimento com a causa anticapitalista nas páginas de seu jornal, *Woman Rebel*, que era "dedicado aos interesses das mulheres trabalhadoras"[22]. Pessoalmente, ela continuava a marchar nas filas de piquetes com trabalhadoras e trabalhadores em greve e condenava publicamente os ataques violentos contra grevistas. Em 1914, por exemplo, quando a Guarda Nacional massacrou dezenas de mineiros de

---

[19] Ibidem, p. 90.
[20] Ibidem, p. 91.
[21] Ibidem, p. 92.
[22] Ibidem, p. 106.

descendência mexicana em Ludlow, Colorado, Sanger se uniu ao movimento operário para denunciar o papel de John D. Rockefeller no ataque[23].

Infelizmente, a aliança entre a campanha pelo controle de natalidade e o movimento operário radical não teve vida longa. Embora socialistas e demais ativistas da classe trabalhadora continuassem a apoiar a reivindicação pelo controle de natalidade, esta não ocupava um lugar central em sua estratégia geral. E a própria Sanger começou a subestimar a centralidade da exploração capitalista em sua análise da pobreza, argumentando que ter muitos filhos levava as trabalhadoras à sua miserável situação. Além disso, "sem perceber, as mulheres estavam perpetuando a exploração da classe trabalhadora", acreditava ela, "ao inundar continuamente o mercado de trabalho com mão de obra nova"[24]. Ironicamente, Sanger pode ter sido encorajada a adotar essa postura pelas ideias neomalthusianas, abraçadas por alguns círculos socialistas. Figuras importantes do movimento socialista europeu, como Anatole France e Rosa Luxemburgo, haviam proposto uma "greve de nascimentos" para evitar o fluxo ininterrupto de operários para o mercado capitalista[25].

Quando Margaret Sanger cortou seus laços com o Partido Socialista, a fim de construir uma campanha independente pelo controle de natalidade, ela e suas colaboradoras se tornaram mais suscetíveis do que nunca à propaganda contra a população negra e de imigrantes daquele período. Como suas predecessoras, que foram enganadas pela propaganda do "suicídio de raça", as defensoras do controle de natalidade começaram a abraçar a ideologia racista predominante. A influência fatal do movimento eugenista logo destruiria o potencial progressista da campanha pelo controle de natalidade.

Durante as primeiras décadas do século XX, a ascensão da popularidade do movimento eugenista dificilmente era um avanço fortuito. As ideias eugenistas eram perfeitamente adequadas para as necessidades ideológicas dos jovens capitalistas monopolistas. As incursões imperialistas na América Latina e no Pacífico precisavam ser justificadas, assim como a intensificação da exploração da mão de obra negra no Sul e da mão de obra imigrante no Norte e no Oeste. As teorias raciais pseudocientíficas, associadas à campanha eugenista, forneciam desculpas dramáticas para a ação dos jovens monopólios. Em consequência,

---

[23] Bonnie Mass, *Population Target*, cit., p. 27.
[24] Bruce Dancis, "Socialism and Women in the United States, 1900-1912", cit., p. 96.
[25] David M. Kennedy, *Birth Control in America: The Career of Margaret Sanger* (New Haven/Londres, Yale University Press, 1976), p. 21-2.

esse movimento conquistou o apoio incondicional de capitalistas importantes, como os Carnegies, os Harrimans e os Kelloggs[26].

Em 1919, a influência do eugenismo no movimento pelo controle de natalidade era inequívoca. Em um artigo publicado por Margaret Sanger no jornal da American Birth Control League [Liga Estadunidense pelo Controle de Natalidade; ABCL, na sigla original], ela definiu que "a questão capital do controle de natalidade" era "mais crianças para os aptos, menos para os inaptos"[27]. Na mesma época, a ABCL acolheu entusiasticamente em seus salões o autor de *The Rising Tide of Color Against White World Supremacy* [A maré ascendente da cor contra a supremacia branca mundial][28]. Lothrop Stoddard, professor de Harvard e teórico do movimento eugenista, foi convidado a integrar o conselho de diretores. Nas páginas do jornal da ABCL, começaram a ser publicados artigos de Guy Irving Birch, diretor da Sociedade Eugenista Estadunidense. Birch defendia o controle de natalidade como uma arma para "prevenir o povo estadunidense de ser substituído pela estirpe negra ou estrangeira, seja pela imigração, seja por taxas de natalidade excessivamente altas, entre outras causas, neste país"[29].

Em 1932, a Sociedade Eugenista podia se orgulhar de que pelo menos 26 estados haviam aprovado leis de esterilização compulsória e de que milhares de pessoas "inaptas" já haviam sido cirurgicamente impedidas de se reproduzir[30]. Margaret Sanger deu sua aprovação pública a esse fato. "Pessoas com atraso e deficiência mental, epilépticas, analfabetas, miseráveis, que não têm condições de obter um emprego, criminosas, prostitutas e viciadas" deveriam ser cirurgicamente esterilizadas, ela afirmou em um programa de rádio[31]. Ela não desejava ser tão intransigente a ponto de deixar essas pessoas sem opção; se quisessem, disse, elas poderiam escolher uma vida inteira de segregação em campos de trabalho.

No interior da Liga Estadunidense pelo Controle de Natalidade, a reivindicação pelo controle de natalidade entre as pessoas negras adquiriu o mesmo

---

[26] Bonnie Mass, *Population Target*, cit., p. 20.
[27] Linda Gordon, *Woman's Body, Woman's Right*, cit., p. 281.
[28] Bonnie Mass, *Population Target*, cit., p. 20.
[29] Linda Gordon, *Woman's Body, Woman's Right*, cit., p. 283.
[30] Herbert Aptheker, "Sterilization, Experimentation and Imperialism", *Political Affairs*, v. 53, n. 1, jan. 1974, p. 44.
[31] Gena Corea, *The Hidden Malpractice* (Nova York, A Jove/HBJ Book, 1977), p. 149.

viés racista da reivindicação pela esterilização compulsória. Em 1939, a organização que sucedeu a liga, a Federação dos Estados Unidos pelo Controle de Natalidade, criou o "Projeto Negro". Nas palavras da federação,

> a massa de negros, particularmente no Sul, ainda procria de forma negligente e desastrosa, o que resulta no aumento, entre os negros ainda mais do que entre os brancos, daquela parte da população que é menos apta e menos capaz de criar filhos de maneira apropriada.[32]

Convocando o recrutamento de pastores negros para liderar comitês locais de controle de natalidade, a proposta da federação sugeria que a população negra se tornasse tão vulnerável quanto possível à sua propaganda pelo controle de natalidade. "Não queremos que se espalhe a noção", escreveu Margaret Sanger em correspondência a uma colega, "de que desejamos exterminar a população negra, e o pastor é o homem que pode corrigir essa ideia caso ela ocorra a algum de seus fiéis mais rebeldes"[33].

Esse episódio confirmou a vitória ideológica do racismo associado às ideias eugenistas no movimento pelo controle de natalidade. O potencial progressista do movimento foi roubado quando passou a defender não o direito individual das pessoas de minorias étnicas ao *controle de natalidade*, e sim a estratégia racista de *controle populacional*. A campanha pelo controle de natalidade foi usada para cumprir uma função essencial na execução da política populacional racista e imperialista do governo dos Estados Unidos.

As ativistas pelo direito ao aborto do início dos anos 1970 deveriam ter analisado a história de seu movimento. Se tivessem feito isso, talvez houvessem compreendido por que tantas de suas irmãs negras adotaram uma postura de suspeita em relação à causa. Elas teriam entendido o quanto era importante desfazer os atos racistas de suas antecessoras, que defenderam o controle de natalidade e a esterilização compulsória como formas de eliminar os setores "inaptos" da população. Consequentemente, as jovens feministas brancas poderiam ter sido mais receptivas à sugestão de que sua campanha pelo direito ao aborto incluísse uma enérgica condenação da prática abusiva da esterilização, agora mais disseminada do que nunca.

---

[32] Linda Gordon, *Woman's Body, Woman's Right*, cit., p. 332.
[33] Ibidem, p. 332-3.

Apenas quando a mídia decidiu que a esterilização descuidada de duas jovens negras de Montgomery, Alabama, era um escândalo a ser denunciado que a caixa de Pandora da prática abusiva da esterilização foi finalmente escancarada. Mas, no momento em que o caso das irmãs Relf foi revelado, na prática era tarde demais para influenciar a política do movimento pelo direito ao aborto. Isso aconteceu no verão de 1973, e a decisão da Suprema Corte legalizando o aborto já havia sido anunciada em janeiro. Apesar disso, a necessidade urgente da oposição em massa à prática abusiva da esterilização se tornou tragicamente evidente. Os fatos que cercavam a história das irmãs Relf eram terrivelmente simples. Minnie Lee, que tinha doze anos, e Mary Alice, que tinha catorze, foram levadas, sem despertar nenhuma suspeita, a uma sala de operações onde cirurgiões roubaram de modo irreversível sua capacidade de dar à luz[34]. A cirurgia havia sido ordenada pelo Comitê de Ação Comunitária de Montgomery, financiado pelo Departamento de Saúde, Educação e Bem-Estar, após a droga Depo-Provera, anteriormente administrada às garotas como medida de prevenção à gravidez, revelar-se cancerígena em testes com animais[35].

Depois que o Centro Sulista de Apoio Jurídico para Pobres abriu um processo em nome das irmãs Relf, a mãe das jovens revelou que ela, sem saber, "consentiu" com a operação, tendo sido enganada por assistentes sociais que cuidaram do caso de suas filhas. Pediu-se à sra. Relf, que não sabia ler, que colocasse um "X" em um documento, cujo conteúdo não lhe foi revelado. Ela supôs, disse, que se tratava de uma autorização para a continuidade da aplicação de injeções de Depo-Provera, mas, como descobriu mais tarde, havia autorizado a esterilização cirúrgica de suas filhas[36].

Após a publicidade em torno do caso das irmãs Relf, ocorrências semelhantes vieram à tona. Só em Montgomery, onze meninas, também adolescentes, haviam sido esterilizadas de modo similar. As clínicas de controle de natalidade financiadas pelo Departamento de Saúde em outros estados, como foi revelado, também haviam submetido jovens à prática abusiva da esterilização. Além disso, outras mulheres revelaram histórias pessoais igualmente ultrajantes. Nial Ruth Cox, por exemplo, processou o estado da Carolina do Norte. Quando tinha

---

[34] Herbert Aptheker, "Sterilization, Experimentation and Imperialism", cit., p. 38. Ver também Anne Braden, "Forced Sterilization: Now Women Can Fight Back", *Southern Patriot*, set. 1973.
[35] Idem.
[36] Jack Slater, "Sterilization, Newest Threat to the Poor", *Ebony*, v. 28, n. 12, out. 1973, p. 150.

dezoito anos – oito anos antes do processo –, autoridades ameaçaram cortar os pagamentos assistenciais de sua família, a não ser que ela se submetesse à esterilização cirúrgica[37]. Antes de consentir com a operação, ela recebeu a garantia de que sua infertilidade seria temporária[38].

A ação judicial de Nial Ruth Cox voltava-se contra um Estado que praticava diligentemente a teoria da eugenia. Sob os auspícios da Comissão de Eugenia da Carolina do Norte, segundo se revelou, 7.686 esterilizações haviam sido realizadas desde 1933. Embora as operações fossem justificadas como medidas para prevenir a reprodução de "pessoas com deficiência mental", cerca de 5 mil dessas pessoas esterilizadas eram negras[39]. De acordo com Brenda Feigen Fasteau, advogada da União Estadunidense pelas Liberdades Civis [American Civil Liberties Union; Aclu, na sigla original] que representava Nial Ruth Cox, o histórico recente da Carolina do Norte não era muito melhor: "Até onde posso analisar, as estatísticas revelam que, desde 1964, aproximadamente 65% das mulheres esterilizadas na Carolina do Norte eram negras e aproximadamente 35% eram brancas"[40].

Como revelou a onda de publicidade expondo a prática abusiva da esterilização, o estado vizinho, Carolina do Sul, havia sido cenário de atrocidades ainda maiores. Dezoito mulheres de Aiken denunciaram ter sido esterilizadas por um médico chamado dr. Clovis Pierce no início dos anos 1970. Único obstetra da cidadezinha, Pierce havia esterilizado de modo sistemático beneficiárias do programa de assistência médica Medicaid que já tinham duas ou mais crianças. De acordo com uma enfermeira de seu consultório, dr. Pierce insistia que mulheres grávidas beneficiárias de políticas de bem-estar social "teriam de se submeter [sic!] à esterilização voluntária" se quisessem que ele realizasse seus partos[41]. Embora estivesse "cansado de pessoas que se divertem por aí, têm bebês e pagam por eles com meus impostos"[42], o dr. Pierce recebia cerca de 60 mil dólares em dinheiro dos contribuintes pelas esterilizações que realizava. Durante seu julgamento, ele teve o apoio da Associação Médica da Carolina do Sul, cujos membros declararam que médicos "têm o dever moral e

---

[37] Anne Braden, "Forced Sterilization", cit.
[38] Les Payne, "Forced Sterilization for the Poor?", *San Francisco Chronicle*, 26 fev. 1974.
[39] Harold X., "Forced Sterilization Pervades South", *Muhammed Speaks*, 10 out. 1975.
[40] Jack Slater, "Sterilization, Newest Threat to the Poor", cit., p. 150.
[41] Les Payne, "Forced Sterilization for the Poor?", cit.
[42] Idem.

o direito legal de insistir em obter a permissão de esterilização antes de aceitar pacientes, desde que isso aconteça na primeira consulta"[43].

As revelações de prática abusiva de esterilizações durante aquele período expuseram a cumplicidade do governo federal. Inicialmente, o Departamento de Saúde, Educação e Bem-Estar alegou que, em 1972, a esterilização havia sido feita em aproximadamente 16 mil mulheres e 8 mil homens graças aos programas federais[44]. Mais tarde, entretanto, esses números passaram por uma drástica revisão. Carl Shultz, diretor do Escritório para Questões Populacionais do Departamento de Saúde, Educação e Bem-Estar, estimou que, na verdade, entre 100 mil e 200 mil esterilizações haviam sido financiadas pelo governo federal naquele ano[45]. A propósito, na Alemanha, durante o governo de Hitler, foram realizadas 250 mil esterilizações sob a lei nazista de saúde hereditária[46]. É possível que o histórico dos nazistas, ao longo de todos os anos de seu domínio, tenha sido quase igualado pelas esterilizações financiadas pelo governo dos Estados Unidos em um único ano?

Dado o genocídio histórico cometido pelos Estados Unidos contra a população nativa, pressupõe-se que indígenas seriam dispensados da campanha de esterilização do governo. Mas, de acordo com o testemunho da dra. Connie Uri a um comitê de audiências do Senado, até 1976, cerca de 24% de todas as mulheres indígenas em idade reprodutiva haviam sido esterilizadas[47]. "Nossa linhagem de sangue está sendo interrompida", disse a médica choctaw ao comitê, "nossas crianças não nascerão. [...] Esse é o genocídio de nosso povo"[48]. De acordo com a dra. Uri, o Hospital do Serviço de Saúde Indígena de Claremore, Oklahoma, vinha esterilizando uma em cada quatro mulheres que davam à luz em suas dependências[49].

A população indígena é um alvo especial da propaganda de esterilização do governo. Em um dos panfletos do Departamento de Saúde dirigidos a essa população, há uma ilustração de uma família com *dez crianças* e *um cavalo* e

---

[43] Idem.
[44] Herbert Aptheker, "Sterilization, Experimentation and Imperialism", cit., p. 40.
[45] Les Payne, "Forced Sterilization for the Poor?", cit.
[46] Herbert Aptheker, "Sterilization, Experimentation and Imperialism", cit., p. 48.
[47] Arlene Eisen, "They're Trying to Take Our Future: Native American Women and Sterilization", *The Guardian*, 23 mar. 1972.
[48] Idem.
[49] Idem.

outra de uma família com *uma criança* e *dez cavalos*. Os desenhos dão a entender que ter mais crianças significa mais pobreza, enquanto ter menos crianças significa prosperidade – como se os dez cavalos pertencentes à família com uma criança tivessem aparecido magicamente, graças ao controle de natalidade e à cirurgia de esterilização.

A política do governo dos Estados Unidos para a população doméstica tem um inegável viés racista. Mulheres indígenas, de origem mexicana, porto-riquenhas e negras continuam a ser esterilizadas em números desproporcionais. De acordo com o Estudo Nacional de Fertilidade, realizado em 1970 pelo Escritório de Controle Populacional da Universidade de Princeton, 20% de todas as mulheres negras casadas foram esterilizadas de modo permanente[50]. Aproximadamente o mesmo percentual de mulheres de origem mexicana se tornou infértil devido a cirurgias[51]. Além disso, 43% das mulheres esterilizadas por meio de programas subsidiados pelo governo federal eram negras[52].

O impressionante número de mulheres porto-riquenhas que têm sido esterilizadas reflete uma política especial do governo que remonta a 1939. Naquele ano, o Comitê Interdepartamental para Porto Rico do governo do presidente Roosevelt emitiu uma declaração atribuindo os problemas econômicos da ilha ao fenômeno da superpopulação[53]. Esse comitê propôs que fossem realizados esforços para reduzir a taxa de natalidade a não mais do que o nível da taxa de mortalidade[54]. Logo depois, uma campanha experimental de esterilização foi realizada em Porto Rico. Embora, em um primeiro momento, a Igreja Católica tenha se colocado contra tal experimento e forçado a interrupção do programa em 1946, no início dos anos 1950 ela se converteu aos ensinamentos e à prática do controle populacional[55]. Nesse período, mais de 150 clínicas de controle de natalidade foram abertas, o que resultou em um declínio de 20% no crescimento populacional em meados dos anos 1960[56]. Nos anos 1970, mais de 35% de todas as mulheres porto-riquenhas em idade fértil haviam sido cirurgicamente

---

[50] Citado em um panfleto lançado pelo Committee to End Sterilization Abuse [Comitê pelo Fim da Prática Abusiva da Esterilização], box A244, Cooper Station, Nova York 10003.
[51] Idem.
[52] Idem.
[53] Linda Gordon, *Woman's Body, Woman's Right*, cit., p. 338.
[54] Idem.
[55] Bonnie Mass, *Population Target*, cit., p. 92.
[56] Ibidem, p. 91.

esterilizadas[57]. De acordo com Bonnie Mass, que faz uma crítica séria da política populacional do governo dos Estados Unidos,

> se projeções puramente matemáticas forem consideradas com seriedade, se a presente taxa de esterilização mensal de 19 mil pessoas tiver continuidade, a população trabalhadora e camponesa da ilha será extinta nos próximos dez ou vinte anos [...] [estabelecendo] pela primeira vez na história mundial um uso sistemático do controle populacional capaz de eliminar uma geração inteira.[58]

Durante os anos 1970, as devastadoras implicações do experimento porto-riquenho começaram a emergir com inequívoca clareza. A presença de corporações altamente mecanizadas dos setores industriais metalúrgico e farmacêutico em Porto Rico havia exacerbado o problema do desemprego. A possibilidade de um exército cada vez maior de pessoas desempregadas era um dos maiores incentivos ao programa de esterilização em massa. Hoje, nos Estados Unidos, um enorme número de pessoas de minorias étnicas – em especial a juventude racialmente oprimida – tornou-se parte de uma fonte permanente de mão de obra desempregada. Considerando-se o exemplo de Porto Rico, dificilmente se trata de uma coincidência que a ocorrência crescente da esterilização tenha acompanhado o ritmo das altas taxas de desemprego. Conforme números cada vez maiores de pessoas brancas sofrem as brutais consequências do desemprego, elas também podem esperar tornar-se alvo da propaganda oficial de esterilização.

O predomínio da prática abusiva da esterilização no fim dos anos 1970 pode ter sido maior do que nunca. Embora o Departamento de Saúde, Educação e Bem-Estar tenha lançado, em 1974, suas linhas diretivas, aparentemente projetadas para prevenir as esterilizações involuntárias, a situação ainda assim tem se deteriorado. Quando, em 1975, o Projeto de Liberdade Reprodutiva da União Estadunidense pelas Liberdades Civis realizou uma pesquisa nos hospitais de ensino, descobriu-se que 40% dessas instituições não estavam sequer cientes das regulações do Departamento de Saúde[59]. Apenas 30% dos hospitais analisados pela Aclu estavam ao menos tentando se adaptar às normas[60].

---

[57] Linda Gordon, *Woman's Body, Woman's Right*, cit., p. 401. Ver também o já citado panfleto do Comitê pelo Fim da Prática Abusiva da Esterilização.
[58] Bonnie Mass, *Population Target*, cit., p. 108.
[59] Rahemah Aman, "Forced Sterilization", *Union Wage*, 4 mar. 1978.
[60] Idem.

Em 1977, a emenda Hyde acrescentou mais uma dimensão às práticas coercitivas da esterilização. Como resultado dessa lei aprovada pelo Congresso, os fundos federais destinados a abortos foram extintos para todos os casos, exceto os que envolviam estupro, risco de morte ou doença severa. De acordo com Sandra Salazar, do Departamento de Saúde Pública da Califórnia, a primeira vítima da emenda Hyde foi uma mulher de origem mexicana, de 27 anos, residente no Texas. Ela morreu devido a um aborto ilegal realizado no México, pouco depois que o Texas interrompeu os abortos financiados pelo governo. Houve muitas outras vítimas – mulheres para quem a esterilização se tornou a única alternativa aos abortos, que se tornaram inalcançáveis. As esterilizações continuam a ser financiadas pelo governo federal [dos Estados Unidos] e são gratuitas para as mulheres pobres que as solicitem.

Ao longo da última década, a luta contra a prática abusiva da esterilização tem sido empreendida principalmente pelas mulheres porto-riquenhas, negras, de origem mexicana e indígenas. Sua causa ainda não foi encampada pelo movimento de mulheres como um todo. No interior das organizações que representam os interesses das mulheres brancas de classe média, tem havido certa relutância em apoiar as reivindicações da campanha contra a esterilização abusiva, porque essas mulheres frequentemente têm negado seu direito individual à esterilização quando desejam dar esse passo. Enquanto as mulheres de minorias étnicas são constantemente encorajadas a se tornarem inférteis, as mulheres brancas que gozam de condições econômicas prósperas são incentivadas, pelas mesmas forças, a se reproduzir. Dessa forma, algumas vezes elas consideram o "período de espera" e outros detalhes da solicitação do "consentimento informado" para a esterilização como inconveniências adicionais para mulheres como elas. Ainda assim, quaisquer que sejam as inconveniências para as mulheres brancas de classe média, um direito reprodutivo fundamental das mulheres racialmente oprimidas e pobres está em risco. A prática abusiva da esterilização deve acabar.

A OBSOLESCÊNCIA DAS TAREFAS DOMÉSTICAS SE APROXIMA: UMA PERSPECTIVA DA CLASSE TRABALHADORA

Os incontáveis afazeres que, juntos, são conhecidos como "tarefas domésticas" – cozinhar, lavar a louça, lavar a roupa, arrumar a cama, varrer o chão, ir às compras etc. –, ao que tudo indica, consomem, em média, de 3 mil a 4 mil horas do ano de uma dona de casa[1]. Por mais impressionante que essa estatística seja, ela não é sequer uma estimativa da atenção constante e impossível de ser quantificada que as mães precisam dar às suas crianças. Assim como as obrigações maternas de uma mulher são aceitas como naturais, seu infinito esforço como dona de casa raramente é reconhecido no interior da família. As tarefas domésticas são, afinal de contas, praticamente invisíveis: "Ninguém as percebe, exceto quando não são feitas – notamos a cama desfeita, não o chão esfregado e lustrado"[2]. Invisíveis, repetitivas, exaustivas, improdutivas e nada criativas – esses são os adjetivos que melhor capturam a natureza das tarefas domésticas.

A nova consciência associada ao movimento de mulheres contemporâneo encorajou um número crescente de mulheres a reivindicar que seus companheiros ofereçam algum auxílio nesse trabalho penoso. Muitos homens já começaram a colaborar com suas parceiras em casa, alguns deles até devotando o mesmo tempo que elas aos afazeres domésticos. Mas quantos desses homens se libertaram da concepção de que as tarefas domésticas são "trabalho de mulher"? Quantos deles não caracterizariam suas atividades de limpeza da casa como uma "ajuda" às suas companheiras?

Se fosse possível acabar com a ideia de que as tarefas domésticas são um trabalho da mulher e, ao mesmo tempo, redistribuí-las igualmente entre homens e mulheres, esta seria uma solução satisfatória? Liberadas de sua associação exclusiva com o sexo feminino, as tarefas domésticas deixariam de ser opressivas?

---

[1] Ann Oakley, *Woman's Work*, cit., p. 6.
[2] Barbara Ehrenreich e Deirdre English, "The Manufacture of Housework", *Socialist Revolution*, v. 5, n. 26, out.-dez. 1975, p. 6.

Embora a maioria das mulheres comemore com alegria o advento do "dono de casa", desvincular o trabalho doméstico do sexo não alteraria verdadeiramente a natureza opressiva do trabalho em si. Em última análise, nem as mulheres nem os homens deveriam perder horas preciosas de vida em um trabalho que não é nem estimulante, nem criativo, nem produtivo.

Um dos segredos mais bem guardados das sociedades capitalistas avançadas envolve a possibilidade – a real possibilidade – de transformar radicalmente a natureza das tarefas domésticas. Uma parte substancial das incumbências domésticas das donas de casa pode de fato ser incorporada na economia industrial. Em outras palavras, as tarefas domésticas não precisam mais ser consideradas necessária e imutavelmente uma questão de caráter privado. Equipes treinadas e bem pagas de trabalhadoras e trabalhadores, indo de casa em casa, operando máquinas de limpeza de alta tecnologia, poderiam realizar de forma rápida e eficiente o que a dona de casa atual faz de modo tão árduo e primitivo. Por que um manto de silêncio cobre essa possibilidade de redefinir radicalmente a natureza do trabalho doméstico? Porque a economia capitalista é estruturalmente hostil à industrialização das tarefas domésticas. A socialização das tarefas domésticas implica amplos subsídios governamentais, a fim de garantir que se torne acessível às famílias da classe trabalhadora, para as quais a necessidade desse serviço é mais evidente. Uma vez que, em termos de lucro, o resultado seria pequeno, a industrialização das tarefas domésticas – como todas as iniciativas que não geram lucro – é um anátema para a economia capitalista. Contudo, a rápida expansão da força de trabalho feminina significa que mais e mais mulheres consideram cada vez mais difícil se destacar como donas de casa segundo os padrões tradicionais. Em outras palavras, a industrialização das tarefas domésticas, junto com sua socialização, está se tornando uma necessidade social concreta. As tarefas domésticas, enquanto responsabilidade individual reservada às mulheres e trabalho feminino realizado sob condições técnicas primitivas, finalmente podem estar chegando ao ponto de obsolescência histórica.

Embora as tarefas domésticas, como as conhecemos hoje, possam vir a se tornar velhas relíquias históricas, as atitudes sociais predominantes continuam a associar a eterna condição feminina a imagens de vassouras e pás de lixo, esfregões e baldes, aventais e fogões, vasilhas e panelas. E é verdade que o trabalho da mulher, de uma era histórica a outra, tem sido geralmente associado ao ambiente doméstico. Ainda assim, o trabalho doméstico feminino nem sempre foi o que é hoje, uma vez que, como todos os fenômenos sociais, as tarefas domésticas são um produto dinâmico da história humana. Da mesma forma que sistemas econômicos surgem e desaparecem, o escopo e a qualidade das tarefas domésticas passaram por transformações radicais.

Como Friedrich Engels argumenta em sua obra clássica *Origem da família, da propriedade privada e do Estado*[3], a desigualdade sexual, como a conhecemos hoje, não existia antes do advento da propriedade privada. Durante as primeiras eras da história da humanidade, a divisão sexual do trabalho no interior do sistema de produção econômica era complementar, e não hierárquica. Nas sociedades em que os homens eram responsáveis por caçar animais selvagens e as mulheres, por colher legumes e frutas, os dois sexos tinham incumbências econômicas igualmente essenciais à sobrevivência de sua comunidade. Uma vez que, durante esses períodos, a comunidade era basicamente uma família estendida, o papel central das mulheres nas questões domésticas significava que elas eram adequadamente valorizadas e respeitadas como membros produtivos da comunidade.

A centralidade das incumbências domésticas das mulheres nas culturas pré-capitalistas foi representada em uma experiência pessoal durante uma viagem de jipe que fiz, em 1973, pelas planícies de Masai. Em uma estrada de terra isolada da Tanzânia, vi seis mulheres masai que balançavam, de modo enigmático, uma enorme prancha na cabeça. Como minhas amigas tanzanianas explicaram, essas mulheres provavelmente estavam transportando o telhado de uma casa para um novo vilarejo em construção. Entre o povo masai, vim a saber, as mulheres são responsáveis por todas as atividades domésticas, portanto também pela edificação das casas, frequentemente realocadas, de seu povo nômade. As tarefas domésticas, no que diz respeito às mulheres masai, supõem não apenas cozinhar, limpar, cuidar das crianças, costurar etc., mas também a construção da casa em si. Por mais importantes que sejam as tarefas pecuárias de seus companheiros, as "tarefas domésticas" das mulheres não são menos produtivas nem menos essenciais do que as contribuições econômicas dos homens masai.

Na economia nômade e pré-capitalista dos masai, o trabalho doméstico das mulheres é tão essencial quanto a criação de gado realizada pelos homens.

---

[3] Friedrich Engels, *Origin of the Family, Private Property and the State* (org. Eleanor Burke Leacock, Nova York, International Publishers, 1973) [ed. bras.: *Origem da família, da propriedade privada e do Estado*, trad. Leandro Konder, Rio de Janeiro, Expressão Popular, 2012]. Ver capítulo 2. A introdução de Leacock à edição citada contém muitas observações esclarecedoras a respeito da teoria de Engels sobre o surgimento da supremacia masculina.

Em termos de produtividade, elas gozam de um prestígio social igualmente importante. Nas sociedades capitalistas avançadas, por outro lado, o trabalho doméstico, orientado pela ideia de servir e realizado pelas donas de casa, que raramente produzem algo tangível com seu trabalho, diminui o prestígio social das mulheres em geral. No fim das contas, a dona de casa, de acordo com a ideologia burguesa, é simplesmente a serva de seu marido para a vida toda.

A origem da noção burguesa de que a mulher é a eterna serva do homem carrega em si um enredo revelador. Na relativamente breve trajetória dos Estados Unidos, a "dona de casa" enquanto produto histórico acabado existe há pouco mais de um século. Durante o período colonial, as tarefas domésticas eram totalmente diferentes da rotina de trabalho diária da dona de casa nos Estados Unidos de hoje.

> O trabalho da mulher começava ao nascer do sol e continuava sob a luz da fogueira, pelo tempo que ela conseguisse manter os olhos abertos. Por dois séculos, quase tudo que a família usava ou comia era produzido em casa sob sua orientação. Ela fiava e tingia o fio com que tecia o pano, que ela cortava e costurava para fazer as roupas. Ela cultivava grande parte dos alimentos que sua família comia e reservava o suficiente para os meses de inverno. Ela fazia a manteiga, o queijo, o pão, as velas, o sabão e tricotava as meias da família.[4]

Na economia agrária pré-industrial da América do Norte, uma mulher realizando seus afazeres domésticos era, portanto, fiadeira, tecelã, costureira e também padeira, produtora de manteiga, fabricante de velas e de sabão. *Et cetera, et cetera, et cetera*. Na verdade,

> as exigências da produção doméstica deixavam pouco tempo para as incumbências que, hoje, nós reconheceríamos como tarefas domésticas. Sem dúvida, para os padrões atuais, as mulheres do período anterior à Revolução Industrial eram administradoras do lar desleixadas. Em vez da limpeza diária ou da faxina semanal, havia a faxina de *primavera*. As refeições eram simples e repetitivas; as roupas não eram trocadas com frequência; a roupa suja da casa podia acumular-se, e a lavagem era feita uma vez por mês ou, em algumas casas, uma vez a cada três meses. E, claro, como cada lavagem requeria carregar e esquentar vários baldes de água, padrões mais exigentes de limpeza eram facilmente desencorajados.[5]

---

[4] Barbara Wertheimer, *We Were There*, cit., p. 12.
[5] Barbara Ehrenreich e Deirdre English, "The Manufacture of Housework", cit., p. 9.

As mulheres do período colonial não eram "faxineiras" ou "administradoras" da casa, e sim trabalhadoras completas e realizadas no interior da economia baseada na casa. Elas não apenas produziam a maioria dos artigos de que sua família precisava, como também eram protetoras da saúde da família e da comunidade: "Era responsabilidade [da mulher do período colonial] colher e secar as ervas selvagens usadas [...] como remédios; ela também atuava como médica, enfermeira e parteira em sua própria família e na comunidade"[6].

O *United States Practical Receipt Book* – popular livro de fórmulas e receitas da colônia – trazia receitas de pratos culinários, bem como de produtos para a casa e remédios. Para curar micoses, por exemplo, "adquira um pouco de sanguinária [...] corte e coloque em vinagre, depois lave a região afetada com o líquido"[7].

A importância econômica das funções domésticas das mulheres na América colonial era complementada por seus papéis visíveis na atividade econômica fora de casa. Era perfeitamente aceitável, por exemplo, que uma mulher fosse a responsável por uma taberna.

> Mulheres também dirigiam serrarias e moinhos, encordoavam cadeiras e faziam móveis, operavam abatedouros, estampavam algodão e outros tecidos, faziam renda, eram proprietárias e gerentes de mercearias e lojas de roupas. Trabalhavam em tabacarias, drogarias (onde vendiam poções que elas mesmas faziam) e lojas que vendiam desde alfinetes a balanças de carne. Mulheres montavam óculos, faziam redes e cordas, cortavam e costuravam artigos de couro, faziam cardas para a cardação da lã e eram até pintoras de paredes. Com frequência, eram elas as coveiras da cidade [...].[8]

A onda pós-revolucionária de industrialização resultou em uma proliferação de fábricas na região nordeste do novo país. As fábricas têxteis da Nova Inglaterra foram as primeiras bem-sucedidas do sistema fabril. Como fiar e tecer eram ocupações domésticas tradicionalmente femininas, as mulheres foram as primeiras a ser recrutadas pelos donos de fábricas para operar os novos teares a vapor. Considerando-se a subsequente exclusão das mulheres da produção industrial como um todo, trata-se de uma das grandes ironias da história econômica desse país o fato de que a mão de obra industrial pioneira foi constituída por elas.

---

[6] Barbara Wertheimer, *We Were There*, cit., p. 12.
[7] Citado em Rosalyn Baxandall et al. (org.), *America's Working Women*, cit., p. 17.
[8] Barbara Wertheimer, *We Were There*, cit., p. 13.

À medida que a industrialização avançava, transferindo a produção econômica da casa para a fábrica, a importância do trabalho doméstico das mulheres passou por um desgaste sistemático. Elas foram as perdedoras em duplo sentido: uma vez que seus trabalhos tradicionais foram usurpados pelas fábricas em expansão, toda a economia se deslocou para longe da casa, deixando muitas mulheres em grande parte despojadas de papéis econômicos significativos. Em meados do século XIX, a fábrica fornecia tecidos, velas e sabão. Até mesmo a manteiga, o pão e outros artigos alimentícios começaram a ser produzidos em massa.

> No fim do século XIX, dificilmente alguém ainda fazia a própria goma de tecido ou fervia roupas nas caldeiras. Nas cidades, as mulheres compravam prontos o pão e pelo menos as roupas de baixo, mandavam suas crianças para as escolas e provavelmente algumas roupas para as lavanderias e discutiam as vantagens da comida enlatada [...]. A indústria havia seguido seu fluxo e deixado encostados o tear no sótão e a caldeira de sabão no galpão.[9]

À medida que o capitalismo industrial de aproximava de sua consolidação, a clivagem entre a nova esfera econômica e a velha economia familiar se tornava mais rigorosa. A realocação física da produção econômica provocada pela expansão do sistema fabril foi, sem dúvida, uma transformação drástica. Contudo, ainda mais radical foi a revalorização generalizada da produção necessária ao novo sistema econômico. Enquanto os bens produzidos em casa tinham valor principalmente porque satisfaziam às necessidades básicas da família, a importância das mercadorias produzidas em fábricas residia predominantemente em seu valor de troca – em seu poder de satisfazer as demandas por lucro dos empregadores. Essa revalorização da produção econômica revelou, para além da separação física entre casa e fábrica, uma fundamental separação *estrutural* entre a economia familiar doméstica e a economia voltada ao lucro do capitalismo. Como as tarefas domésticas não geram lucro, o trabalho doméstico foi naturalmente definido como uma forma inferior de trabalho, em comparação com a atividade assalariada capitalista.

Um importante subproduto ideológico dessa transformação econômica radical foi o surgimento da "dona de casa". As mulheres começaram a ser redefinidas ideologicamente como as guardiãs de uma desvalorizada vida doméstica.

---

[9] Barbara Ehrenreich e Deirdre English, "The Manufacture of Housework", cit., p. 10.

Como ideologia, entretanto, essa redefinição do lugar das mulheres entrava em flagrante contradição com os grandes números de mulheres imigrantes que inundavam as fileiras da classe trabalhadora no Nordeste. Essas imigrantes brancas eram, em primeiro lugar, trabalhadoras assalariadas e, apenas de modo secundário, donas de casa. E havia outras mulheres – milhões de mulheres – que trabalhavam duramente fora de casa como produtoras forçadas da economia escravagista do Sul. A realidade do lugar da mulher na sociedade estadunidense do século XIX envolvia as mulheres brancas, cujos dias eram gastos na operação das máquinas das fábricas em troca de salários extremamente baixos, assim como certamente envolvia as mulheres negras, que trabalhavam sob a coerção da escravidão. A "dona de casa" refletia uma realidade parcial, pois ela era, na verdade, um símbolo da prosperidade econômica de que gozavam as classes médias emergentes.

Embora a "dona de casa" tivesse suas raízes nas condições sociais da burguesia e das classes médias, a ideologia do século XIX estabeleceu a dona de casa e a mãe como modelos universais de feminilidade. Como a propaganda popular representava a vocação de *todas* as mulheres em função dos papéis que elas exerciam no lar, mulheres obrigadas a trabalhar em troca de salários passaram a ser tratadas como visitantes alienígenas no mundo masculino da economia pública. Fora de sua esfera "natural", as mulheres não seriam tratadas como trabalhadoras assalariadas completas. O preço que pagavam envolvia longas jornadas, condições de trabalho precárias e salários repulsivamente inadequados. A exploração que sofriam era ainda mais intensa do que a de seus colegas homens. Nem é preciso dizer que o sexismo emergiu como uma fonte de sobrelucro exorbitante para os capitalistas.

A separação estrutural entre a economia pública do capitalismo e a economia privada do lar tem sido continuamente reforçada pelo primitivismo obstinado do trabalho doméstico. Apesar da proliferação de utensílios para a casa, o trabalho doméstico se manteve, em termos qualitativos, inalterado pelos avanços tecnológicos introduzidos pelo capitalismo industrial. As tarefas domésticas ainda consomem milhares de horas do ano típico de uma dona de casa. Em 1903, Charlotte Perkins Gilman propôs uma definição de trabalho doméstico para refletir as revoluções que haviam transformado a estrutura e o teor das tarefas domésticas nos Estados Unidos:

> A expressão "trabalho doméstico" não se aplica a um tipo específico de trabalho, mas a certo grau de trabalho, um estado de desenvolvimento pelo qual todos os tipos de trabalho passam. Todas as indústrias foram uma vez "domésticas", ou seja,

foram realizadas em casa e no interesse da família. Todas as indústrias, desde aquele período remoto, ascenderam a graus mais elevados, exceto uma ou duas que nunca saíram de seu grau primitivo.[10]

"O lar", sustenta Gilman, "não se desenvolveu na proporção de nossas outras instituições." A economia do lar revela "a manutenção de indústrias primitivas na moderna comunidade industrial e o confinamento das mulheres nessas indústrias e em sua limitada área de expressão"[11].

As tarefas domésticas, Gilman insiste, desvirtuam a humanidade das mulheres:

> Ela é feminina mais do que o suficiente, como o homem é masculino mais do que o suficiente; mas ela não é humana como ele é humano. A vida em casa não traz à luz nossa humanidade, pois todas as marcas distintivas do progresso humano estão do lado de fora.[12]

A verdade da afirmação de Gilman é corroborada pela experiência histórica das mulheres negras dos Estados Unidos. Ao longo da história do país, a maioria das mulheres negras trabalhou fora de casa. No período da escravidão, as mulheres trabalhavam arduamente ao lado de seus companheiros nas lavouras de algodão e tabaco, e, quando a indústria se transferiu para o Sul, elas podiam ser vistas nas fábricas de tabaco, nas refinarias de açúcar e até nas serrarias e em equipes que forjavam o aço para as ferrovias. No trabalho, as mulheres escravizadas eram equivalentes a seus companheiros. Porque elas sofriam uma dura igualdade sexual no trabalho, gozavam de maior igualdade sexual em casa, na senzala, do que suas irmãs brancas que eram "donas de casa".

Como consequência direta de seu trabalho fora de casa – tanto como mulheres "livres" quanto como escravas –, as mulheres negras nunca tiveram como foco central de sua vida as tarefas domésticas. Elas escaparam, em grande medida, ao dano psicológico que o capitalismo industrial impôs às donas de casa brancas de classe média, cujas supostas virtudes eram a fraqueza feminina e a submissão de esposa. As mulheres negras dificilmente poderiam lutar por fraqueza; elas tiveram de se tornar fortes, porque sua família e sua comunidade precisavam de sua força para sobreviver. A prova das forças acumuladas que as

---

[10] Charlotte Perkins Gilman, *The Home: Its Work and Its Influence* (Chicago/Londres, University of Illinois Press, 1972; reimpressão da edição de 1903), p. 30-1.
[11] Ibidem, p. 10.
[12] Ibidem, p. 217.

mulheres negras forjaram por meio de trabalho, trabalho e mais trabalho pode ser encontrada nas contribuições de muitas líderes importantes que surgiram no interior da comunidade negra. Harriet Tubman, Sojourner Truth, Ida Wells e Rosa Parks não são mulheres negras excepcionais na medida em que são epítomes da condição da mulher negra.

As mulheres negras, entretanto, pagaram um preço alto pelas forças que adquiriram e pela relativa independência de que gozavam. Embora raramente tenham sido "apenas donas de casa", elas sempre realizaram tarefas domésticas. Dessa forma, carregaram o fardo duplo do trabalho assalariado e das tarefas domésticas – um fardo duplo que sempre exige que as trabalhadoras possuam a capacidade de perseverança de Sísifo. Como W. E. B. Du Bois observou em 1920:

> algumas poucas mulheres nascem livres, e algumas, entre insultos e acusações de adultério, conquistam a liberdade; mas a liberdade foi empurrada com desdém sobre nossas mulheres de pele negra. Com aquela liberdade, elas estão comprando uma independência sem limites e tão valiosa quanto o preço que pagaram por ela, e no fim cada insulto e lamento terão valido a pena.[13]

Assim como seus companheiros, as mulheres negras trabalharam até não poder mais. Assim como seus companheiros, elas assumiram a responsabilidade de provedoras da família. As qualidades femininas não ortodoxas da assertividade e da independência – pelas quais as mulheres negras têm sido frequentemente elogiadas, mas mais comumente censuradas – são reflexos de seu trabalho e de suas batalhas fora de casa. No entanto, da mesma maneira que suas irmãs brancas chamadas de "donas de casa", elas cozinharam e limparam, além de alimentar e educar incontáveis crianças. E, ao contrário das donas de casa brancas, que aprenderam a se apoiar no marido para ter segurança econômica, as esposas e mães negras, geralmente também trabalhadoras, raramente puderam dispor de tempo e energia para se tornar especialistas na vida doméstica. Como suas irmãs brancas da classe trabalhadora, que também carregam o fardo duplo de trabalhar para sobreviver e de servir a seu marido e a suas crianças, as mulheres negras há muito, muito tempo precisam ser aliviadas dessa situação opressiva.

Hoje, para as mulheres negras e para todas as suas irmãs da classe trabalhadora, a noção de que o fardo das tarefas domésticas e do cuidado com as crianças pode ser tirado de seus ombros e dividido com a sociedade contém um

---

[13] W. E. B. Du Bois, *Darkwater*, cit., p. 185.

dos segredos radicais da libertação feminina. O cuidado das crianças deve ser socializado, a preparação das refeições deve ser socializada, as tarefas domésticas devem ser industrializadas – e todos esses serviços devem estar prontamente acessíveis à classe trabalhadora.

A insuficiência, se não a ausência, de uma discussão pública sobre a viabilidade de transformar as tarefas domésticas em algo socialmente possível é um testemunho dos poderes ofuscantes da ideologia burguesa. O caso não é que o papel doméstico das mulheres não tem recebido nenhuma atenção. Pelo contrário, o movimento de mulheres contemporâneo tem representado as tarefas domésticas como elementos essenciais da opressão feminina. Há, inclusive, um movimento em vários países capitalistas cuja principal preocupação é a situação de opressão das donas de casa. Após chegar à conclusão de que as tarefas domésticas são degradantes e opressivas principalmente porque constituem trabalho *não remunerado*, esse movimento lançou a reivindicação por salários. Um pagamento semanal do governo, argumentam as ativistas, é a chave para melhorar a condição da dona de casa e a posição social das mulheres em geral.

O Movimento pela Remuneração das Tarefas Domésticas teve origem na Itália, onde um primeiro protesto público foi realizado em março de 1974. Dirigindo-se à multidão reunida no distrito de Mestre, uma das oradoras declarou:

> Metade da população mundial não é remunerada – essa é a maior contradição de classe de todas! E essa é nossa luta pela remuneração das tarefas domésticas. É *a* reivindicação estratégica; neste momento, é a reivindicação mais revolucionária para toda a classe trabalhadora. Se vencermos, a classe vence; se perdermos, a classe perde.[14]

De acordo com a estratégia desse movimento, a remuneração contém a chave para a emancipação das donas de casa, e a reivindicação em si é representada como o foco central da campanha pela libertação feminina em geral. Além disso, a luta das donas de casa por remuneração é posta como a questão central de todo o movimento da classe trabalhadora.

As origens teóricas do Movimento pela Remuneração das Tarefas Domésticas podem ser encontradas em um ensaio de Mariarosa Dalla Costa intitulado

---

[14] Discurso de Polga Fortunata, citado em Wendy Edmond e Suzie Fleming (orgs.), *All Work and No Pay: Women, Housework and the Wages Due!* (Bristol, Falling Wall, 1975), p. 18.

"Women and the Subversion of the Community" [As mulheres e a subversão da comunidade][15]. Nesse texto, Dalla Costa defende uma redefinição das tarefas domésticas com base em sua tese de que o caráter privado dos serviços da casa é, na verdade, uma ilusão. A dona de casa, insiste ela, apenas parece estar cuidando das necessidades privadas de seu marido e de suas crianças, mas os reais beneficiários de seus serviços são o atual empregador de seu marido e os futuros empregadores de suas crianças.

> [A mulher] tem sido isolada em casa, forçada a realizar um trabalho considerado não qualificado, o trabalho de dar à luz, criar, disciplinar e servir o trabalhador produtivo. Seu papel no ciclo de produção permaneceu invisível porque apenas o produto de seu trabalho, o *trabalhador*, era visível.[16]

A reivindicação de que a dona de casa seja paga é baseada na suposição de que ela produz uma mercadoria tão importante e valiosa quanto as mercadorias que seu marido produz no emprego. Adotando a lógica de Dalla Costa, o Movimento pela Remuneração das Tarefas Domésticas define as donas de casa como criadoras da força de trabalho vendida pelos membros de sua família como mercadoria no mercado capitalista.

Dalla Costa não foi a primeira teórica a propor essa análise da opressão das mulheres. Tanto Mary Inman, em *In Woman's Defense* [Em defesa da mulher] (1940)[17], quanto Margaret Benston, em "The Political Economy of Women's Liberation" [A economia política da libertação feminina] (1969)[18], definem as tarefas domésticas de modo a estabelecer as mulheres como uma classe especial de mão de obra explorada pelo capitalismo chamada "donas de casa". Os papéis das mulheres na procriação, criação da prole e manutenção da casa possibilitam que os membros de sua família trabalhem – trocando sua força de trabalho por salários –, e isso dificilmente pode ser negado. Mas disso decorre automaticamente que as mulheres em geral, independentemente de sua classe e raça, sejam definidas de modo fundamental por suas funções domésticas?

---

[15] Mariarosa Dalla Costa e Selma James, *The Power of Women and the Subversion of the Community* (Bristol, Falling Wall, 1973).
[16] Ibidem, p. 28.
[17] Mary Inman, *In Woman's Defense* (Los Angeles, Committee to Organize the Advancement of Women, 1940). Ver também idem, *The Two Forms of Production Under Capitalism* (Long Beach, s.n., 1964).
[18] Margaret Benston, "The Political Economy of Women's Liberation", *Monthly Review*, v. 21, n. 4, set. 1969.

Disso decorre automaticamente o fato de que a dona de casa é realmente a trabalhadora secreta no interior do processo de produção capitalista?

Se a Revolução Industrial resultou na separação estrutural entre a economia doméstica e a economia pública, então as tarefas domésticas não podem ser definidas como um componente integrante da produção capitalista. Elas estão, mais exatamente, relacionadas com a produção no sentido de uma *precondição*. O empregador não está minimamente preocupado com o modo como a força de trabalho é produzida e mantida, ele só se preocupa com sua disponibilidade e capacidade de gerar lucro. Em outras palavras, o processo de produção capitalista pressupõe a existência de um conjunto de trabalhadoras e trabalhadores exploráveis.

> A reposição da força de trabalho não é parte do processo de produção social, mas seu pré-requisito. Ela acontece *fora* do processo de trabalho. Sua função é a manutenção da existência humana, que é o objetivo final da produção em todas as sociedades.[19]

Na sociedade sul-africana, onde o racismo levou a exploração econômica a seus limites mais brutais, a economia capitalista distorce sua separação estrutural em relação à vida doméstica de um modo tipicamente violento. Os arquitetos sociais do *apartheid* simplesmente determinaram que a mão de obra negra rende lucros mais altos quando a vida doméstica é descartada por completo. Os homens negros são vistos como unidades de trabalho cujo potencial produtivo os torna valiosos para a classe capitalista. Mas sua esposa e suas crianças "são apêndices supérfluos, improdutivos, de modo que as mulheres não são nada além de acessórios para a capacidade de procriação da unidade de trabalho negra masculina"[20].

Essa caracterização das mulheres sul-africanas como "apêndices supérfluos" está longe de ser uma metáfora. De acordo com a lei local, mulheres negras desempregadas são banidas das áreas brancas (87% do país!) e mesmo, na maioria dos casos, das cidades em que seus maridos moram e trabalham.

A vida doméstica da população negra nos centros industriais da África do Sul é vista pelas pessoas partidárias do *apartheid* como supérflua e não lucrativa.

---

[19] "On the Economic Status of the Housewife", *Political Affairs*, v. 53, n. 3, mar. 1974, p. 4, editorial.
[20] Hilda Bernstein, *For Their Triumphs and For Their Tears: Women in Apartheid South Africa* (Londres, International Defence and Aid Fund, 1975), p. 13.

Mas também é vista como uma ameaça: "Representantes do governo reconhecem o papel das mulheres na economia doméstica e temem que sua presença nas cidades leve à formação de uma população negra com taxas de crescimento relativamente constantes"[21].

A consolidação das famílias sul-africanas nas cidades industrializadas é entendida como uma ameaça porque a vida doméstica pode se tornar a base para um nível intensificado de resistência contra o *apartheid*. Essa é, sem dúvida, a razão pela qual números elevados de mulheres com permissão de residência nas áreas brancas são levados a viver em albergues exclusivamente femininos. Tanto mulheres casadas quanto solteiras acabam morando nesses locais. Neles, a vida familiar é proibida com rigor – marido e esposa não podem visitar um ao outro, e nem a mãe nem o pai podem receber visitas de suas crianças[22].

Essa agressão intensa às mulheres negras na África do Sul já deu resultado, pois apenas 28,2% delas atualmente optam pelo casamento[23]. Por causa da conveniência econômica e da segurança política, o *apartheid* está corroendo – com a aparente intenção de destruir – a própria tessitura da vida doméstica da população negra. Assim, o capitalismo sul-africano demonstra de modo flagrante o quanto a economia capitalista é totalmente dependente do trabalho doméstico.

A dissolução deliberada da vida familiar na África do Sul não poderia ter sido empreendida pelo governo caso fosse realmente verdade que os serviços realizados pelas mulheres em casa são um componente essencial do trabalho remunerado no capitalismo. O fato de que a vida doméstica pode ser descartada pela versão sul-africana do capitalismo é consequência da separação entre a economia doméstica privada e o processo público de produção que caracteriza a sociedade capitalista em geral. Parece inútil argumentar que, com base na lógica interna do capitalismo, as mulheres devem ser remuneradas pelas tarefas domésticas.

Admitindo que a teoria subjacente à reivindicação por salários seja irremediavelmente falha, não seria politicamente desejável insistir, mesmo assim, na proposta de que as donas de casa sejam remuneradas? Não seria possível invocar um imperativo moral para o direito das mulheres de receber uma remuneração pelas horas dedicadas às tarefas domésticas? A ideia de um pagamento para as

---

[21] Elizabeth Landis, "Apartheid and the Disabilities of Black Women in South Africa", *Objective: Justice*, v. 7, n. 1, jan.-mar. 1975, p. 6. Trechos desse texto foram publicados em *Freedomways*, v. 15, n. 4, 1975.

[22] Hilda Bernstein, *For Their Triumphs and For Their Tears*, cit., p. 33.

[23] Elizabeth Landis, "Apartheid and the Disabilities of Black Women in South Africa", cit., p. 6.

donas de casa provavelmente soaria bastante atraente a muitas mulheres. Mas é possível que a atração durasse pouco. Pois quantas dessas mulheres teriam o desejo real de se reconciliar com incumbências domésticas debilitantes e intermináveis em troca de um salário? Poderia um salário alterar o fato de que, como disse Lenin, "as insignificantes e mesquinhas tarefas domésticas esmagam, estrangulam, embrutecem e humilham [a mulher], aprisionam-na à cozinha e ao quarto das crianças e desperdiçam seu trabalho em uma lida brutalmente improdutiva, insignificante, exasperante, embrutecedora e esmagadora"[24]? Seria como se os pagamentos feitos pelo governo às donas de casa acabassem por legitimar ainda mais essa escravidão doméstica.

O fato de que as mulheres beneficiárias de programas de assistência social raramente tenham reivindicado uma compensação por se encarregar das tarefas da casa não é uma crítica implícita ao Movimento pela Remuneração das Tarefas Domésticas? O slogan que articula a alternativa imediata ao sistema desumanizador do bem-estar social frequentemente proposta por elas não é "remuneração pelas tarefas domésticas", mas sim "renda anual garantida para todas as pessoas". Entretanto, o que elas desejam no longo prazo é emprego e creches públicas acessíveis. A garantia de uma renda anual funciona, portanto, como um seguro-desemprego até que sejam criados mais empregos com salários adequados, juntamente com um sistema de creches subsidiado.

As experiências de outro grupo de mulheres revelam o caráter problemático da estratégia da "remuneração das tarefas domésticas". Faxineiras, empregadas domésticas, arrumadeiras – são essas as mulheres que sabem melhor do que ninguém o que significa ser remunerada pelas tarefas domésticas. Sua situação trágica é brilhantemente captada pelo filme de Ousmane Sembène intitulado *La Noire de...* [A negra de...][25]. A personagem principal é uma jovem senegalesa que, depois de procurar emprego, se torna preceptora de uma família francesa que vive em Dakar. Quando a família volta para a França, ela a acompanha, entusiasmada. Entretanto, uma vez na França, ela descobre que será responsável não só por cuidar das crianças, mas por cozinhar, limpar, lavar e todos os outros afazeres domésticos. Em pouco tempo, seu entusiasmo inicial cede lugar à depressão – uma depressão tão profunda que ela recusa o

---

[24] Vladimir Ilitch Ulianov Lenin, "A Great Beginning", em *Collected Works*, v. 29 (Moscou, Progress, 1966), p. 429. Panfleto originalmente publicado em julho de 1919.
[25] Lançado nos Estados Unidos com o título *Black Girl*.

salário que a família oferece. A remuneração não pode compensar sua situação análoga à escravidão. Sem recursos para voltar ao Senegal, ela fica tão tomada pelo desespero que escolhe se suicidar para não viver por tempo indefinido o destino de cozinhar, varrer, tirar o pó, esfregar...

Nos Estados Unidos, as mulheres de minorias étnicas – especialmente as negras – têm sido remuneradas por tarefas domésticas há incontáveis décadas. Em 1910, quando mais da metade de todas as mulheres negras trabalhava fora de casa, um terço delas era contratado como trabalhadoras domésticas remuneradas. Em 1920, mais de metade era de serviçais domésticas e, em 1930, a proporção havia crescido para três em cada cinco[26]. Uma das consequências das enormes mudanças na contratação de mulheres durante a Segunda Guerra Mundial foi uma queda muito bem-vinda no número de trabalhadoras domésticas negras. Ainda assim, em 1960, um terço de todas as mulheres negras que estavam empregadas continuava preso às suas ocupações tradicionais[27]. A proporção de trabalhadoras domésticas negras entrou em queda definitiva apenas quando os cargos administrativos se tornaram mais acessíveis às mulheres negras. Hoje, esse número gira em torno de 13%[28].

As enervantes obrigações domésticas das mulheres em geral oferecem uma flagrante evidência do poder do sexismo. Devido à intrusão adicional do racismo, um vasto número de mulheres negras teve de cumprir as tarefas de sua própria casa e também os afazeres domésticos de outras mulheres. E com frequência as exigências do emprego na casa de uma mulher branca forçavam a trabalhadora doméstica a negligenciar sua própria casa e até mesmo suas próprias crianças. Enquanto empregadas remuneradas, elas eram convocadas a ser mães e esposas substitutas em milhões de casas de famílias brancas.

Durante os mais de cinquenta anos de esforços para se organizarem, as trabalhadoras domésticas tentaram redefinir seu trabalho, rejeitando o papel de dona de casa substituta. As obrigações da dona de casa são intermináveis e indefinidas. A primeira reivindicação das trabalhadoras domésticas foi o delineamento nítido do trabalho a ser realizado por elas. O próprio nome de um dos maiores sindicatos atuais de trabalhadoras domésticas, Técnicas Domésticas dos Estados Unidos, enfatiza sua recusa da função de donas de

---

[26] Jacquelyne Johnson Jackson, "Black Women in a Racist Society", cit., p. 236-7.
[27] Victor Perlo, *Economics of Racism, U.S.A.: Roots of Black Inequality* (Nova York, International Publishers, 1975), p. 24.
[28] Robert Staples, *The Black Woman in America*, cit., p. 27.

casa substitutas, cujo trabalho é realizar "apenas as tarefas domésticas". Enquanto as trabalhadoras domésticas permanecerem à sombra da dona de casa, continuarão a receber remunerações que mais se aproximam das "mesadas" da dona de casa do que do salário de uma trabalhadora. De acordo com o Comitê Nacional de Emprego Doméstico, uma técnica doméstica trabalhando em período integral recebeu, em média, apenas 2.732 dólares em 1976, e dois terços delas receberam menos de 2.000 dólares[29]. Embora a proteção oferecida pela lei do salário mínimo tenha sido estendida às trabalhadoras domésticas muitos anos antes, em 1976 uma cifra alarmante de 40% delas ainda recebia salários excessivamente inferiores. O Movimento pela Remuneração das Tarefas Domésticas parte do princípio de que, se as mulheres forem pagas para ser donas de casa, elas consequentemente gozarão de uma condição social mais elevada. Uma história bem diferente é contada pelas antigas lutas das trabalhadoras domésticas remuneradas, cuja condição é mais miserável do que a de qualquer outro grupo profissional no capitalismo.

Hoje, mais de 50% de todas as mulheres dos Estados Unidos trabalham para sobreviver, e elas constituem 41% da força de trabalho do país. Ainda assim, no momento, uma quantidade imensurável de mulheres não consegue encontrar empregos decentes. Como o racismo, o sexismo é uma das grandes justificativas para as elevadas taxas de desemprego entre mulheres. Muitas delas são "apenas donas de casa" porque, na verdade, são trabalhadoras desempregadas. Portanto, o papel de "apenas dona de casa" não seria desafiado de modo mais efetivo pela reivindicação de empregos para as mulheres em um nível de igualdade com os homens, bem como pela pressão por serviços sociais (creches, por exemplo) e benefícios trabalhistas (licença-maternidade etc.), que permitiriam que mais mulheres trabalhassem fora de casa?

O Movimento pela Remuneração das Tarefas Domésticas desencoraja as mulheres de procurar empregos fora de casa, argumentando que "a escravidão a uma linha de montagem não é libertação da escravidão a uma pia de cozinha"[30]. Entretanto, as porta-vozes da campanha insistem que não defendem o aprisionamento contínuo das mulheres no ambiente isolado de sua casa. Elas alegam que, embora se recusem a trabalhar no mercado capitalista em si, não desejam

---

[29] *Daily World*, 26 jul. 1977, p. 9.
[30] Mariarosa Dalla Costa e Selma James, *The Power of Women and the Subversion of the Community*, cit., p. 40.

atribuir às mulheres a responsabilidade permanente pelas tarefas domésticas. Como diz uma representante do movimento nos Estados Unidos:

> não estamos interessadas em tornar nosso trabalho mais eficiente ou mais produtivo para o capital. Estamos interessadas em reduzir nosso trabalho e, em última instância, em recusá-lo completamente. Mas, enquanto trabalhamos em casa de graça, ninguém se importa verdadeiramente com o quanto e por quanto tempo trabalhamos. O capital só introduz novas tecnologias para cortar os custos de produção depois que a classe trabalhadora obtém ganhos salariais. Apenas se fizermos nosso trabalho ter um custo (isto é, apenas se o tornarmos pouco econômico), o capital "descobrirá" a tecnologia para reduzi-lo. No momento atual, com frequência temos de trabalhar fora, em dupla jornada, para conseguir comprar uma lavadora de louça que poderia reduzir nossas tarefas domésticas.[31]

Assim que as mulheres conquistarem o direito de ser pagas por seu trabalho, elas poderão levantar reivindicações por salários mais altos, obrigando, assim, os capitalistas a promover a industrialização das tarefas domésticas. Seria essa uma estratégia concreta para a libertação feminina ou um sonho irrealizável?

Como se espera que as mulheres conduzam a luta inicial pela remuneração? Dalla Costa defende a *greve das donas de casa*:

> Devemos rejeitar a casa, porque queremos nos unir às outras mulheres, lutar contra todas as situações que pressupõem que as mulheres ficarão em casa [...]. Abandonar a casa já é uma forma de luta, uma vez que os serviços sociais que realizamos ali cessariam de ser realizados nessas condições.[32]

Mas, se as mulheres saírem de casa, para onde elas irão? Como elas se unirão a outras mulheres? Elas realmente sairão de sua casa motivadas apenas pelo desejo de protestar contra suas tarefas domésticas? Não é muito mais realista convocá-las a "sair de casa" em busca de empregos fora de casa, ou ao menos a participar de campanhas de massa por empregos decentes para as mulheres? Certo, o trabalho sob as condições do capitalismo é um trabalho embrutecedor. Certo, não é criativo e é alienante. Ainda assim, com tudo isso, permanece o fato de que, se estão empregadas, as mulheres podem se unir a suas irmãs – e inclusive a seus

---

[31] Pat Sweeney, "Wages for Housework: The Strategy for Women's Liberation", *Heresies*, jan. 1977, p. 104.

[32] Mariarosa Dalla Costa e Selma James, *The Power of Women and the Subversion of the Community*, cit., p. 41.

irmãos – a fim de desafiar os capitalistas no local de produção. Como trabalhadoras, como militantes ativas no movimento operário, as mulheres podem gerar o verdadeiro poder de combater aquele que é o sustentáculo e o beneficiário do sexismo: o sistema capitalista monopolista.

Se a estratégia de reivindicar remuneração para as tarefas domésticas pouco contribui para propiciar uma solução de longo prazo para o problema da opressão das mulheres, ela também não contribui substancialmente para enfrentar o profundo descontentamento das donas de casa contemporâneas. Estudos sociológicos recentes revelaram que as donas de casa estão mais frustradas com sua vida do que nunca. Quando Ann Oakley realizou entrevistas para seu livro *The Sociology of Housework* [A sociologia das tarefas domésticas][33], descobriu que mesmo as donas de casa que inicialmente não pareciam incomodadas por suas tarefas domésticas acabaram expressando uma profunda insatisfação. Os comentários a seguir vieram de uma mulher empregada em uma fábrica:

> *Você gosta das tarefas domésticas?*
> Eu não ligo [...]. Acho que não ligo para as tarefas domésticas porque não estou em casa o dia todo. Vou para o trabalho e só faço tarefas domésticas durante metade do dia. Se eu as fizesse o dia inteiro, eu não iria gostar – o trabalho da mulher nunca acaba, ela sempre está fazendo alguma coisa. Mesmo antes de dormir, você ainda precisa fazer alguma coisa – esvaziar os cinzeiros, lavar uns copos. Você continua trabalhando. É a mesma coisa todo dia; você não pode dizer que não vai fazer aquilo, porque você tem de fazer – como preparar uma refeição: precisa ser feita porque, se você não fizer, as crianças não vão comer [...]. Acho que você se acostuma, você apenas faz automaticamente [...]. Sou mais feliz no trabalho do que sou em casa.
> *O que você diria que há de pior em ser dona de casa?*
> Acho que tem dias em que você sente que vai levantar e fazer as mesmas coisas de sempre – você fica entediada, presa à mesma rotina. Imagino que, se você perguntar a qualquer dona de casa, se ela for honesta, vai dizer que se sente como uma criada a metade do tempo; todas pensam, quando levantam de manhã: "Ah, não, tenho as mesmas coisas de sempre para fazer hoje, até a hora de ir para a cama à noite". É fazer as mesmas coisas – tédio.[34]

Os salários diminuiriam esse tédio? Essa mulher certamente diria que não. Uma dona de casa em tempo integral contou a Oakley sobre o caráter

---

[33] Ann Oakley, *The Sociology of Housework* (Nova York, Pantheon, 1974).
[34] Ibidem, p. 65.

compulsivo das tarefas domésticas: "Acho que o pior é que você tem de fazer o trabalho porque você *está* em casa. Mesmo que eu tenha a opção de não fazê-lo, não sinto que *poderia* realmente não fazê-lo porque sinto que *devo* fazê-lo"[35]. Provavelmente, ser remunerada para fazer esse trabalho agravaria a obsessão dessa mulher.

Oakley chegou à conclusão de que as tarefas domésticas – particularmente quando são ocupações de tempo integral – invadem a personalidade da dona de casa tão profundamente que não é possível distingui-la de seu trabalho: "Em um sentido determinante, a dona de casa *é* seu trabalho: a separação entre os elementos subjetivos e objetivos nessa situação é intrinsecamente mais difícil"[36]. Com frequência, a consequência psicológica é uma personalidade tragicamente reprimida, assombrada pelo sentimento de inferioridade. A libertação psicológica dificilmente pode ser atingida com a simples remuneração da dona de casa.

Outros estudos sociológicos confirmaram o agudo desencantamento sofrido pelas donas de casa contemporâneas. Quando Myra Ferree[37] entrevistou mais de cem mulheres em uma comunidade operária próxima a Boston, "quase o dobro das donas de casa em relação às mulheres que trabalhavam fora revelaram estar insatisfeitas com sua vida". Não é preciso dizer que muitas das trabalhadoras não tinham um emprego inerentemente gratificante: eram garçonetes, operárias, datilógrafas, vendedoras de lojas de departamentos e supermercados etc. Ainda assim, a possibilidade de deixar o isolamento de sua casa, "sair e ver outras pessoas", era tão importante para elas quanto seus ganhos. Será que as donas de casa que sentem estar "ficando loucas dentro de casa" receberiam bem a ideia de ser pagas por aquilo que as deixa loucas? Uma mulher reclamou que "ficar em casa o dia todo é como estar na cadeia" – será que a remuneração derrubaria as paredes de sua cela? O único caminho realista para escapar dessa cadeia é procurar um emprego fora de casa.

Hoje, mais de 50% de todas as mulheres dos Estados Unidos trabalham, e cada uma dessas mulheres é um forte argumento para que o peso das tarefas domésticas seja aliviado. Na verdade, iniciativas capitalistas já começaram a explorar as novas necessidades históricas que as mulheres têm de se emancipar de seus papéis como donas de casa. Cadeias de *fast food* que geram lucros

---

[35] Ibidem, p. 44.
[36] Ibidem, p. 53.
[37] *Psychology Today*, v. 10, n. 4, set. 1976, p. 76.

ilimitados, como McDonald's e Kentucky Fried Chicken (KFC), são testemunhas de que mais mulheres trabalhando significa menos refeições preparadas em casa diariamente. Por mais insípida e sem nutrientes que seja sua comida, por mais explorada que seja sua mão de obra, essas empresas de *fast food* chamam a atenção para a cada vez mais próxima obsolescência da dona de casa. O que é necessário, claro, são novas instituições sociais que assumam uma boa parcela das velhas obrigações da dona de casa. Esse é o desafio que emana das fileiras cada vez maiores de mulheres da classe trabalhadora. A reivindicação pelo atendimento universal e subsidiado em creches é uma consequência direta do número crescente de mães trabalhadoras. E, à medida que mais mulheres se organizam em torno da reivindicação por mais empregos – empregos em termos de completa igualdade com os homens –, questões sérias são cada vez mais levantadas a respeito da viabilidade futura das obrigações das mulheres como donas de casa. É bem verdade que a "escravidão a uma linha de montagem" não é em si a "libertação da pia da cozinha", mas a linha de montagem, sem dúvida, é o mais poderoso incentivo para que a mulher pressione pela eliminação de sua antiga escravidão doméstica.

A abolição das tarefas domésticas enquanto responsabilidade privada e individual das mulheres é claramente um objetivo estratégico da libertação feminina. Mas a socialização das tarefas domésticas – incluindo o preparo das refeições e o cuidado das crianças – pressupõe colocar um fim ao domínio do desejo de lucro sobre a economia. Os únicos passos significativos na direção da eliminação da escravidão doméstica foram dados, de fato, pelos países socialistas atuais. As trabalhadoras, portanto, têm um interesse vital e particular na luta pelo socialismo. Além disso, no capitalismo, as campanhas por empregos em base de igualdade com os homens, combinadas com movimentos pela criação de instituições como creches subsidiadas pelo poder público, contêm um potencial revolucionário explosivo. Essa estratégia coloca em dúvida a validade do capitalismo monopolista e deve, em última análise, apontar na direção do socialismo.

OUTRAS PUBLICAÇÕES DA BOITEMPO

Como a Europa subdesenvolveu a África
WALTER RODNEY
Tradução de **Heci Regina Candiani**
Apresentação de **Angela Davis**
Posfácio de **A. M. Babu**
Orelha de **Matheus Gato**

Interseccionalidade
PATRICIA HILL COLLINS E SIRMA BILGE
Tradução de **Rane Souza**
Orelha de **Winnie Bueno**

O manifesto socialista
BHASKAR SUNKARA
Tradução de **Artur Renzo**
Orelha de **Victor Marques**

Minha carne
PRETA FERREIRA
Prefácio de **Juliana Borges**
Posfácio de **Conceição Evaristo**
Orelha de **Erica Malunguinho**
Quarta capa de **Angela Davis, Allyne Andrade e Silva, Maria Gadú e Carmen Silva**

O patriarcado do salário, volume I
SILVIA FEDERICI
Tradução de **Heci Regina Candiani**
Orelha de **Bruna Della Torre**

Raça, nação, classe
ÉTIENNE BALIBAR E IMMANUEL WALLERSTEIN
Tradução de **Wanda Caldeira Brant**
Orelha de **Silvio Almeida**

Rosa Luxemburgo e a reinvenção da política
HERNÁN OUVIÑA
Tradução de **Igor Ojeda**
Revisão técnica e apresentação de **Isabel Loureiro**
Prefácio de **Silvia Federici**
Orelha de **Torge Löding**
Coedição de **Fundação Rosa Luxemburgo**

DE AUTORIA DE ANGELA DAVIS

Uma autobiografia
ANGELA DAVIS
Tradução de **Heci Regina Candiani**
Prefácio de **Raquel Barreto**
Orelha de **Anielle Franco**
Quarta capa de **Zezé Motta**

A liberdade é uma luta constante
ANGELA DAVIS
Organização de **Frank Barat**
Tradução de **Heci Regina Candiani**
Prefácio à edição brasileira de **Angela Figueiredo**
Prefácio de **Cornel West**
Orelha de **Conceição Evaristo**

Mulheres, cultura e política
ANGELA DAVIS
Tradução de **Heci Regina Candiani**
Orelha de **Vilma Reis**

O sentido da liberdade e outros diálogos difíceis
ANGELA DAVIS
Tradução de **Heci Regina Candiani**
Apresentação de **Robin D. G. Kelley**
Orelha de **Zélia Amador de Deus**
Quarta capa de **Jurema Werneck e Erika Hilton**

a separação entre elementos
6. Com frequência, a
ada pelo sentimento
les remuneração da dona de casa. Ob
o sofrido pelas donas de
heres em uma comunidade
ação às mulheres que trabalhavam fora
iso dizer que muitas das trabalhadoras não tinham um empre
netes, operárias, datilógrafas, vendedoras de lojas de departam
, a possibilidade de deixar o isolamento de sua casa, "sair e ve
las quanto seus ganhos. Será que as donas de casa que senten
beriam bem a ideia de ser pagas por aquilo que as deixa louc
a o dia todo é como ca — será que a remunera
o caminho realista para es par dessa cadeia é procurar u
odas as mulheres dos explorar as novas necessidades his
seus papéis como donas de casa. Cadeias de fast-food
 Kentucky stemunhas d
do significa menos refeições preparadas em casa diariamente. Por mais e sen
ja sua comida, por mais explorada qu obra, essas empresas de fast fo
ção para a cada vez próxima ob dona de casa que é necessári
instituições sociais nham uma boa parcela das velhas ões da dona de
fio que emana d vez maiores de mulheres da balhadora. A re
tendimento u em creches é uma eta do número
rabalhado ivindicaçã
gos – en as s
evant

Publicado em 2016, ano que marcou o cinquentenário de fundação do Partido dos Panteras Negras, organização marxista estadunidense pelos direitos da população negra, este livro foi composto em Adobe Garamond Pro, 11,5/15,5, e reimpresso em papel Avena 80 g/m² pela gráfica Mundial, para a Boitempo, em outubro de 2024, com tiragem de 4 mil exemplares.